U0008725

# 天下憚服

從布衣寄奴到「南朝第一帝」，
劉裕鐵血征伐、啓幕南北朝

李碩 著

# 目次

# 引子

公元四一〇年，舊曆二月五日。慕容鮮卑建立的南燕王朝都城——青州廣固城[1]，終於被晉軍攻占。

屠城命令已經下達。成群結隊的晉軍士兵在街巷間搜索，尋找還有一口氣的敵人。鮮卑人大多皮膚白皙，鬚髮偏棕黃色，被稱為「白虜」，很容易辨認。經過八個月的圍城、血戰、饑荒和瘟疫，他們大多已經喪失了戰鬥力，甚至癱軟到無法行走。

二月的天空，南風開始送來春天的暖意。乾涸的護城河床上，嫩綠的狗尾草已經舒展開了葉子。戰俘們成排跪在河沿，身旁站著行刑的晉軍士兵。隨著軍官的口令，鋼刀揮動，頭顱一齊在空中翻滾、落下岸坡。鮮血噴濺的屍體隨之被踢下，橫七豎八堆積在河底。

亂屍叢中，還有肢體在痙攣、踢踏，然後又被新的屍體壓住、覆蓋。

屠殺之後，全城都將被焚燬。夯土城牆也要被剷平，填入護城河。青草將從亂屍中吸收養分，生長得格外茂盛。

1 廣固城，城址在今山東省青州市區西。

西南的沂山無語綿延，見證了廣固城建成以來的八十多年，漢人流民、羯人、氐人、鮮卑人相繼成為它的統治者，它經歷了三次圍城、血戰和屠殺。這個因分裂和割據而生的城市，終於要消失了。

不久，燕子會從南方飛來，它們將再也找不到舊巢所在的屋椽，和在屋椽下曾經熟悉的人們。晉軍士兵們還在城內搜索，在城外砍殺。和燕子一樣，他們現在也終於回到了自己的北方故鄉。

這個輪迴，用去了整整一百年。

一百年前，西晉王朝諸王爭權，陷入內亂。匈奴人、羯人趁機起兵，攻克都城洛陽。中原大地胡馬縱橫，生靈塗炭。華北漢人為躲避戰亂紛紛南遷，他們和宗族、同鄉結成流民群落，在戰亂中且戰且行，向南渡過黃河、淮河，甚至渡過長江定居下來。曾經短暫統一的西晉王朝，由此變成了偏安東南一隅的東晉王朝。

這些輾轉南遷的漢人，還頑固地保留著北方人的習慣。他們在南國土地上集群而居。除了難改的鄉音，他們還把家鄉的地名帶到了南方。一百年來，他們自報家門，填寫籍貫，總是北方故鄉的郡縣。對他們來說，南方只是暫住之地，他們終究要回到鄉國。

所以，這些正在屠城的晉軍士兵對鮮卑人毫無憐憫。他們砍殺俘虜，如同祖先在秋後的農田裡收穫莊稼。

黃河北岸，生活在北魏拓跋人統治下的漢人，正扶老攜幼、成群結隊向廣固行來。多數人死在了拓跋騎兵的追殺中，少數南渡黃河的百姓，為晉軍帶來了寶貴的糧食，也帶來了北進西征、驅逐拓跋人和羌人、光復中原全境的希望。

廣固城下，北望西顧。幽州，冀州，并州，雍州；中山，鄴城，長安，洛陽。這些淪陷中的故園，裹挾著多少人的血淚回憶。當年，鐵甲戰馬把他們驅趕到了異鄉，並一次次洗劫他們的新家園。但現在，他們不再害怕了。投降的鮮卑騎兵、步兵，已被晉軍整編，和傷兵一起駐紮在城外不遠處，對這邊的屠殺，降兵們報以麻木與漠然。

棄城逃命的南燕皇帝慕容超，已經被晉軍騎兵俘獲，他將被送回江南，在都城建康街市上處斬。那裡是處決人犯的場所，和他一起處斬的，也許有竊賊、殺人犯。這個曾經的鮮卑皇帝，現在只是晉王朝的一名普通人犯。

士兵中悄悄流傳著軍官會議的決定：平定南燕後，主力將班師回彭城休整，準備下半年的西征，目標將是羌人姚氏建立的、定都長安的後秦王朝。

衝動和興奮的情緒在士兵中悄悄瀰漫。經過近一年的戰鬥，他們已經黑瘦疲憊，蓬頭垢面。他們知道，平定中原的日子不遠了。對他們來說，這不僅意味著回到故里，更有勝利的封賞、出人頭地的前程。以前，只有出身高貴的士族才有資格做官，但如今，只要戰場立功，就不愁富貴顯達、光宗耀祖。那些指揮他們的軍官就是最好的例證。

這一切的希望，都集中在城頭的一個人身上。這個人就是遠征軍的統帥，身材瘦高的中年將領劉裕。老兵中流傳著關於他在戰場上的種種神奇傳說，他是官兵心中的戰神。他現在的官職只是三品中軍將軍、揚州刺史，爵豫章郡公。但士兵私下都稱他「劉王」，甚至叫「劉武王」。這些文化不高的士兵們不知道，「武」是諡號，死後才能有。

短短六年間，劉裕和他的老兵們，不僅從篡位者手中再造了晉朝，還向北方異族亮出了流亡者們的反攻之劍。如今，關河澄清已指日可待。

此刻的劉裕，看著城下已進入尾聲的屠殺，心卻在南方千里之外的建康城。

現在的遠征軍中，只有他和一位年輕的將軍知道，一場驚天大亂即將（也許已經）在後方爆發：盤踞廣州的天師道教主盧循，要趁劉裕遠征之機悄然起兵，從海道北上占領建康。

天師道是劉裕的老對手。十一年前，他們在長江下游發起暴動，席捲江浙。劉裕的戎馬生涯，就是從和天師道軍作戰開始的，那時他還是一名最低階軍官。和天師道交手數載，劉裕深知這些人的優勢：慣打海上游擊戰，造船和水戰正是他們所長。

如今晉軍主力在外，建康守備空虛，晉安帝司馬德宗是個白痴，鎮守後方的重將劉毅又患病不起。如果天師道軍揚帆北上，建康無異於囊中之物；而在北方前線，虎視眈眈的拓跋人和羌人隨時會把這支師老兵疲的遠征軍踩成齏粉。

而且，現在遠征軍中已經混入了天師道奸細，正在祕密爭取倒戈者，準備裡應外合、南北齊舉。年輕的將軍沈林子就是這樣獲悉此事的，但他祕密報告了劉裕。劉裕不敢打草驚蛇，他要等克定廣固，才能回頭處置盧循。

而今，廣固終於攻下。安排好占領區的善後事務，劉裕火速班師南歸。軍隊裡一部分是傷殘士兵，一部分是收編的燕軍俘虜，能作戰的晉軍只占一小部分。他們開進到下邳城，這裡是北伐的後勤基地，有泗水南通淮水，循運河可抵長江。劉裕此時才敢逮捕、處死軍中的天師道奸細。他在這裡留下了傷兵，帶著有戰鬥力的部隊從陸路加急南行。

出下邳不遠，迎面又遇到建康派來的加急信使。原來天師道已經起兵，但不是走海路，而是翻越南嶺，順贛江、湘江而下。劉裕的老戰友、江州刺史何無忌帶兵迎戰，大敗身死。敵軍已經進入長江，隨時可能順江而下，建康城陷入驚恐。密信還告知劉裕，朝廷正準備放棄建康，北上投奔劉裕軍。

軍情火急，劉裕讓部隊繼續趕路，自己帶幾十名衛士和軍官兼程換馬向南狂奔，到達長江北岸。

他登上江邊一條渡船，駛向南岸的京口城（今江蘇鎮江市）。

當年的長江就在京口一帶入海。這段江面寬數十里，波濤洶湧與大海無異。搖搖晃晃的船頭上，遙望南岸的一線陸地和煙樹遮掩下的京口城垣，劉裕陷入了江水一樣的茫茫思緒。

四十八年前，他出生在這座京口小城裡的一個貧寒家庭。出生喪母，少年喪父，他跟著後娘和兩個同父異母的弟弟長大。少年時，他在江中洲島的泥灘上砍伐蘆荻賣給人做燒柴，深秋的江水寒冷刺骨。六年前，他又是在這座小城裡聚眾起兵，向篡晉建楚的皇帝桓玄宣戰，以志願投奔的區區一千名兵民，挑戰一個龐大的王朝。

他似乎是幸運的。一次次實力懸殊，甚至螞蟻對抗大象一樣的戰鬥，他居然都是最終勝利者。血戰中他一次次身受重傷，但都奇蹟般活了下來，留下滿身可怕的傷疤。很多人無法置信，只能歸因於鍾山的山神——蔣神[2]與他同命相憐，垂青他這個出身低微的軍官。

但這一次，鍾山上的命運之神，還會再次眷顧他嗎？

本書是一部涵蓋了劉裕一生的戰記，前面有些戰爭他沒有親身參與，但他當時也在關注這些戰事，並受到這些戰事的影響；劉裕親歷的戰爭也是前面這些戰事的繼續。不過，這裡暫時放下戰爭，僅從東晉——南朝乃至整個魏晉南北朝的宏觀背景下談談劉裕的歷史意義，以及歷史侷限。

劉裕生於士族門閥專權的東晉晚期，從一名出身寒微的中下級軍官起步，終結了百年門閥專權史，開啟了南朝（宋齊梁陳）歷史。田餘慶的史學代表作《東晉門閥政治》重點描繪了士族高門在近百年裡如何壟斷朝政，同時高門權臣之間又如何互相傾軋、爭鬥。與之不同的是，本書的關注點則在於該時期士族門閥政治是如何終結、如何被軍人集團取代。

本書並非政治史，而是戰記、戰爭史，但從開端部分桓溫的北伐，以及稍後東晉門閥權臣之間的荊、揚內戰，都可以看到當時士族高門的無能腐朽。從文化上說，這個階層恰是「魏晉風流」的主人公，但在政治上、軍事上他們都毫無建樹。

劉裕給南朝奠定的政治基礎，就是使士族門閥退居邊緣，讓軍人將領成為政壇主導。但這沒能構建一套穩定、良性的政治秩序。軍人的職業習慣是服從有能力的領導，如果在位的皇帝是幼兒或者低能者，南朝軍事將領們就會試圖推舉更有能力掌控局面的人做皇帝。所以南朝皇帝為了鞏固自己的地位，經常對軍事將領階層進行屠殺清洗，這又會激起新一輪的叛亂和朝代更迭。

南朝一百七十年時間，只有梁武帝統治的近半個世紀裡，皇帝能夠籠絡住武將，削弱他們的權力，實現長久和平，但這也造成了梁朝軍隊戰鬥力低下，最後被一支來自北方的小規模叛軍（侯景）瓦解。隨後的陳朝又回歸了軍人集團的統治，當第一代將領逐漸離世之後，陳朝喪失了抗衡北方的能力。

南朝的士族雖然退到了次要位置，不能掌控政權，但在文化上仍然處於壟斷地位，他們很重視強調自己的門第優勢，還完善了琴棋書畫、駢體詩文等雅緻文化。那些靠打仗立功出人頭地的軍事將領們，也很羨慕士族的這種高貴身分，他們的第二代、第三代子孫會以軍人身分為恥，努力學習文化，想鑽營到士族階層裡去。

南朝士族還繼承了魏晉士族的舊病，鄙視一切實用的軍事、民政管理工作，他們覺得這是下等人幹的「俗務」。軍事將領們的後代也受其感染，所以南朝一直沒能出現一個穩定的、有管理能力的統治階層，最常見的循環就是軍事將領集團興起、腐化，再被新興的軍事將領集團取代掉。

在同期的北中國，先是北魏統一北方，近百年後是魏孝文帝的全面漢化改革，然後是北魏瓦解，軍人勢力形成了東西兩個割據政權，地處西部的西魏——北周政權裡，形成了新的「關隴貴族集團」，十幾個家族占據核心地位。這個集團的特徵，一是鮮卑和漢人的血統、文化交融，二是具有軍人身分。和東方的東魏——北齊、南方的南朝不同，關隴集團不承認漢人士族的文化優勢，所以沒有受到士族們鄙視軍政「俗務」的影響，關隴人物管理軍事和民政的能力都很出色。另外，和魏

2 蔣神：蔣子文，漢末秣陵（今南京）縣尉，逐盜至鍾山下，戰死。後在鍾山多次「顯靈」，孫權為之立廟祭祀，鍾山因此又名蔣山。

晉那些壟斷政權的漢人士族門閥不同，關隴集團有軍人的秩序，他們可以接受改朝換代，但不接受架空皇權、貴族共和的遊戲規則。建立北周的宇文家族、建隋的楊堅家族、建唐的李淵家族，都屬於關隴貴族集團，所以先是周滅齊統一北方，楊氏通過宮廷政變代替周朝，然後滅陳統一中國。建隋的文帝楊堅是關隴集團第二代，隋煬帝楊廣和唐高祖李淵是第三代，唐太宗李世民則是第四代。可以說，是關隴集團重塑了中古中國。

進入唐代以後，關隴集團逐漸後繼無人，通過科舉制出身的文臣開始成為政壇主流，他們雖不像魏晉士族的門第世襲子弟，但科舉考試側重的文學內容還是具有南朝士族開創的文化形態，所以科舉考試出身的士大夫官員，軍事、民政能力都比較低，中國的官僚機器伴隨著科舉制進入了長期的封閉、停滯狀態；民間社會的商業化程度則繼續發展，和官僚機器、士大夫文化逐漸脫節，這個過程中，又有北方民族——契丹、金、蒙古、滿人等相繼興起，帶來一些週期性的改變。

在這個大背景下觀察劉裕，就能看到他的創舉和局限。他能鍛造出一支有戰鬥力的、令行禁止的軍隊，終結士族門閥的共和政治，但他沒能建立起一個像關隴集團那樣更全能、更自信的統治集團，所以他開創的南朝沒能成為五、六世紀的中國歷史主流，最終被匯入了關隴集團開啟的歷史大潮之中。

中國史上開創王朝的草莽英雄很多，他們乘天下大亂揭竿而起，靠武力征伐統一天下，如劉邦、劉秀、石勒、李世民、朱元璋等，但他們面對的局面都要比劉裕輕鬆，因為各地軍閥混戰，沒有統一的壓制力量，即使一兩次戰敗、血本無歸，他們也有機會召集舊部、捲土重來，劉、石、朱等人都遇到過這種情況。只有劉裕不一樣，他沒有生逢亂世渾水摸魚的機遇，身處王朝權臣和士族階級的夾縫之間，他只要一次戰敗，就意味著徹底毀滅，不會有重整旗鼓的機會。他的對手有宗教叛亂者、士族篡位者、北方民族政權、昔日盟友，每一次戰爭都是大膽弄險，但每一次都最後獲得勝利。也許天分與機遇二者對他缺一不可。

劉裕的個性、經歷和時代背景，和比他早四百餘年的古羅馬統帥尤利烏斯·凱撒有諸多相似之處。劉裕和凱撒都身處貴族社會末期，對立面分別是東晉門閥士族和羅馬共和國元老院貴族。兩人都試圖以軍事統帥的身分結束已經萎靡、腐朽的貴族共和政治，而且劉裕比凱撒更成功。

兩人都不是這一趨勢的肇端者。羅馬共和國時期，軍事統帥干預政治開始於蘇拉獨裁；在平定斯巴達克斯起義後，成為「三頭」掌控羅馬的克拉蘇、龐培和凱撒組合，也有點像北府舊將劉牢之與其舊部劉裕、劉毅、何無忌等人的關係，在劉牢之身後，這三人也成了控制東晉的「三頭」。

劉裕和凱撒都是靠對北方「蠻族」的戰爭獲取政治資本，然後在「三頭」內部的火併中到達權力巔峰。凱撒的「蠻族」對手主要是高盧人和日耳曼人，劉裕北伐的敵人則是在中原建立了王朝的鮮卑人和羌人。凱撒「三頭」中，克拉蘇先兵敗身死，留下龐培與凱撒反目決裂；劉裕「三頭」中，何無忌與天師道作戰身死，只剩劉裕和劉毅爭奪最高權力。

作為天才的軍事統帥，劉裕與凱撒都擁有先發制人、搶占先機的特殊感覺。他們樹敵太多，永遠有各種形形色色的對手，經常陷入對不同敵人的兩線作戰。敵人也了解他們這種先發制人的習慣，都努力搶在他們之前下手——但最終還是在這方面略遜一籌。長期戰爭中，他們都造就了一支忠於自己的老兵班底。這些老兵（文武將官）用生命擁護他們，也繼承了他們果敢勇猛、不計生死的風格，在他們身後仍然決定著政局。凱撒死後，他的老兵們圍繞在屋大維、安東尼周圍，形成了控制羅馬的「後三頭」政治，並最終推動羅馬走向帝國，羅馬帝國裡，軍人勢力一直是政壇主導，這和南朝也頗為相似。只有在羅馬帝國全面皈依基督教之後，軍人勢力才有了制衡因素——但帝國的擴張性也降低了。從社會作用上看，這和中國的科舉文官在政治上得勢也有可類比之處。

凱撒本人不僅戎馬倥傯，也勤於著述，有《高盧戰記》、《內戰記》自述其戰史。如果劉裕有此能力與興致，也能寫出天師道戰記、慕容燕戰記、羌秦戰記、長江內戰記等一系列精采自傳。可惜歷史不能假設，本書就試圖對劉裕平生戰事做一番分析與再現，兼及當時的歷史背景、南北局勢。千載後人依託正史寫作，自然少了很多歷史細節與戰役過程，這是史料缺乏所致，筆者亦不敢憑空杜撰，只能自嘲：僥倖承乏，庶竭駑鈍矣。

# 第一章：東晉大司馬桓溫北伐前燕

時光退回四十一年。

公元三六九年初夏，農曆四月一日，京口城下的江岸上泊滿了戰艦。潔白的風帆如雲海，遮蔽了滔滔江水。站在探入長江的北固山上，舉目西望，上游的天水之間，艦隊還在連綿駛來，極望不見盡頭。

山下碼頭，綠柳蔭中，口令聲喧譁起伏，整裝的軍人們正在列隊登船。有軍馬不肯走上踏板，焦急地踏動四蹄，仰頭長嘶。士兵們拚命拉扯韁繩，鞭打、呵斥著逼牠就範。

一批士兵登船完畢，踏板撤下，帆索拉起，在東南風的吹拂下鼓帆渡江，開始他們的北伐之旅。槳聲欸乃中，又一批戰艦靠岸，士兵繼續登船。有人趁軍官不注意，向遠處目送的親人揮手告別。

京口，一座伴隨南北割據而生的兵城，已經歷過無數次這樣的出征場面。

但這次，緊張、壓抑的氣氛瀰漫在京口城上，感染著登船的將士、岸上的親人。

這裡的居民，大都是五十多年前徐、兗二州的百姓，為躲避匈奴和羯胡的戰亂南遷而來，使小鎮迅速變成了一座號稱「北府」[1]的兵城。多年來，他們習慣了由同鄉——兗州高平的郗氏家族為刺史，充當他們的保護人。這種南遷的移民被稱為「僑人」，伴隨他們南遷的那些地名，就是「僑州郡」。

但最近，來自長江上游、雄踞荊州多年的桓溫大司馬，排擠走了徐州刺史郗愔，控制了京口。準確地說，他已經控制了偏安江南的整個東晉王朝。這次北伐的統帥就是桓溫。

## 艦隊北征

一艘大型樓船從中流駛來，緩緩落帆靠近碼頭，三重樓頂的平臺之上，一位統帥憑欄而立。他全身甲冑戎裝，身高中等，體形胖大，連鬢的落腮鬍鬚已經花白，身後站著幾名素衣長衫的幕僚文士。這位統帥就是東晉大司馬桓溫，來視察京口軍隊調動情況。他將傾舉國之力，進攻慕容鮮卑建立的前燕。

遙對樓船，岸上送行的人滿懷疑慮，竊竊議論：京口子弟的鮮血和性命，會不會成為桓溫實現更大野心的墊腳石？

人群中擁擠著一名七歲少年，他身穿白色喪服，懷裡抱著一個哭鬧的嬰孩。這個少年就是劉裕，他出生時母親死於難產，父親又剛剛病逝。

劉裕祖先是徐州彭城人，曾祖一代為了躲避北方戰亂，渡江到京口定居。劉裕出生時，他父親劉翹正擔任本郡功曹。這個由僑人組成的彭城郡就設在京口城內，功曹由郡太守自行任命，不是朝廷正式官員，在東晉時代往往是一種抬高先祖的虛榮身分，劉翹可能只是個普通吏員。劉裕出生在父親的郡府吏舍裡，他的母親也死在那裡，在劉裕窮困的少年時代裡，這是他最聊以自豪的出身。

劉翹家境拮据，一人難以撫養幼子，曾想把他拋入長江中。劉裕的姨母不忍心，把他抱來與自己的孩子一起哺乳，他才得以存活下來，也因此獲得了小名：寄奴——寄養在親戚家的孩子。劉翹後來續娶夫人蕭氏，在蕭氏又生了兩個兒子後，劉翹病死，劉家境況非常貧困，只靠孀婦蕭氏一人辛苦耕作養活三個兒子，少年劉裕也要幫繼母看顧兩個幼弟。

看到人群中的白衣少年，桓溫眉頭微微聳動一下。大軍出征，這不是好兆頭。他稍一抬手，衛士將命令高聲傳遞給船尾的舵工。樓船揚帆掉頭，匯入了浩蕩船隊，向江北的廣陵駛去。

桓溫船隊綿延百餘里，自廣陵北上，經過運河開進淮河，船隊小心躲避著水下暗藏的沙洲，在淮河急流中北渡，進入泗水，向西北溯流而上，目標是——黃河。

無數個暗夜裡，占星家們留心著銀河南段的「天江」星（西方星座序列中之蛇夫座三十六）。在魏晉的占星學中，天江星代表著通往黃河的水路。如果月亮或者五大行星靠近、侵犯天江，則表示通向黃河的水路斷絕。幸好，近十年來，這種天象未曾出現。這預示著北伐航道將暢通無阻。

1 西晉徐、兗二州，大致為今山東省及江蘇省的長江以北地區。南遷之後的徐州治所長期設在京口，徐州刺史慣例帶「平北將軍」「鎮北將軍」等軍號，簡稱北府，京口駐軍也習稱北府兵。在三八三年的淝水戰役中，北府兵立下了破前秦首功，又在東晉後期的內外戰爭中表現突出。但由於史料缺乏，關於這支部隊的建制、規模等都難以深入討論，只知道它的主體是北來僑民，祖籍徐、兗、青等州。

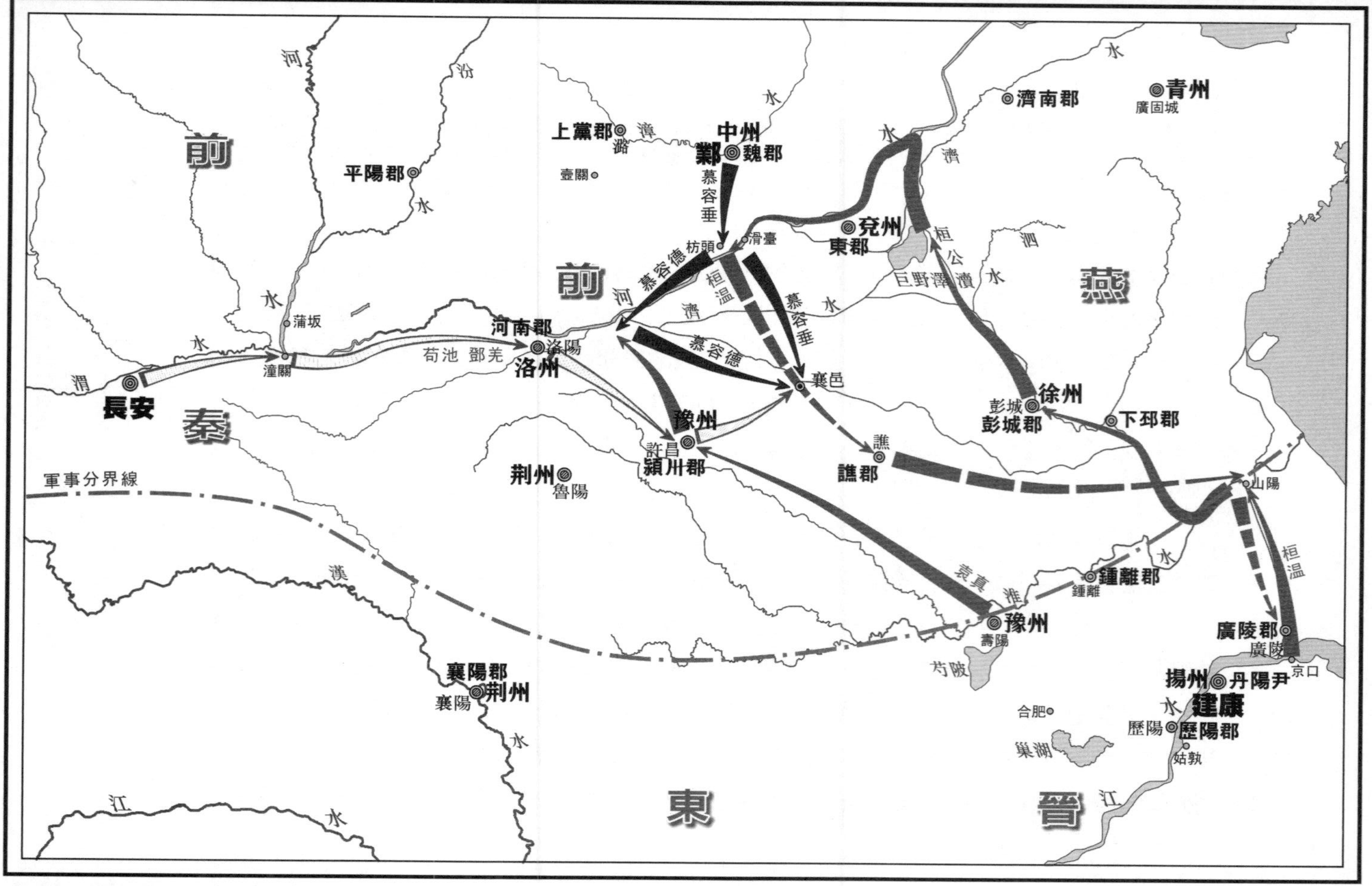


【圖1：桓溫北伐前燕示意圖】

渡過淮河就是進入了北方。南北連年交戰，這裡是反覆拉鋸爭奪的戰場。平原曠遠，居民稀少，城邑荒涼，郊野蕭條。只有遠方偶然飄散的一縷輕煙，顯示野林中藏有幾戶農居——也許是鮮卑軍隊發送的警報。

河濱雜樹灌木叢生，不時有野禽走獸驚起，微風似乎也蘊藏了胡馬氈帳的腥羶氣息。對習慣了江南花嬌鳥媚、吳儂軟語的人們而言，這無異進入一個新奇的蠻族世界。半個世紀後，著名文士謝靈運從建康舟行至此，〈撰征賦〉記錄下了他看到的滿目荒蠻淒涼：

> 城坡陁兮淮驚波，平原遠兮路交過。
> 面艽野兮悲橋梓，溯急流兮苦磧沙。
> 夐千里而無山，緬百谷而有居。
> 被宿莽以迷徑，睹生煙而知墟。

北上日遠，泗水兩岸的景象更加荒殘。

但這裡不是蠻鄉，不是西班牙殖民者探尋的亞馬遜叢林。河邊時而能看到廢棄的城鎮遺址，還有低矮的夯土牆垣和壕溝。那是當年胡馬南來時，鄉人為聚眾自保而修築的壘寨。它提醒舟艦上的來客：這裡曾經是人煙阜盛的田園沃野，是南渡衣冠們夢魂縈繞的中原，是僑人們的故鄉所在、祖塋所居。

晉軍壓境，淮北、河南震動。鮮卑人委任的地方勢力紛紛倒向晉軍。由於飽受流寇亂兵騷擾，這些地區的殘存民眾都結成村寨而居，服從任何能控制本地的強大勢力，接受他們的封號、交納貢賦，又隨著南北實力對比的變化及時轉變立場。

樓船上，桓溫和僚屬們極目遠眺。西天盡頭，雲樹蒼茫。中原淪陷、晉朝偏安已經五十餘年，這一切本不該發生。當年西晉王朝滅吳以後，天下一統，皇室和士族都沉浸在安逸享樂中。士族門閥占據高官顯位，終日談玄論文，故作瀟灑，不問政事；宗室諸王爭權奪利，內戰不斷，中原塗炭。匈奴人、羯人趁機起兵，北中國淪為異域。

北方淪陷時，桓溫隨父親桓彝南渡避難，那時他尚不滿十歲，如同京口那名喪服少年。他身邊的幕僚們則大都是在江南長大的一代。北方對於他們，除了「郡望」的一點關係外，幾乎已經沒有意義。

桓溫慨然長嘆：「神州淪陷，社稷丘墟，當年的王衍一干人罪責難逃！」

王衍，西晉末年重臣，出自名門琅琊王氏，他當政時終日談玄論道，醉生夢死，不問政事，最後帶領禁軍主力全軍覆沒，他被羯胡軍閥石勒俘獲處死。東晉偏安之初，掌握朝政的王導、王敦兄弟也出自這個家族。

僚屬袁宏表示異議：「國運興廢，自有天道，未必是當政大臣的過失！」

桓溫被下屬頂撞，很有些不高興。但他不是魯莽的武夫，他的不快也要用符合士族品味的委婉方式表達：「三國時候，荊州刺史劉表養了一頭大牛，重上千斤，比其他牛多吃十倍草料，但駕車出力還不如一頭瘦牛犢。曹操占領荊州後，把這頭牛殺了給士兵吃！」

當年王衍兵敗被俘，臨死前嘆息說：「我輩才德雖然不如古人，如果當初不是整天清談遊樂，也不至於到今天的地步！」這個悔悟與桓溫的感嘆並無二致。

袁宏以無中生有的理由牴觸桓溫，並非兩人私交不諧。桓溫的慨嘆，也不全是為西晉亡國的歷史責任而發。西晉衰亡，清談誤國的名士固然有責任，但更重要的原因，是控制兵權的諸王內戰。倒是南渡以後，士族門閥控制朝政，皇帝被架空，宗室衰弱，甚至一度有「王與馬（琅琊王氏與司馬皇室），共天下」的說法。

如今士族們最不願看到的，就是桓溫在一次次戰爭中擴大實力。他們需要各家利益均沾的無為偏安，而非進取有為的強人政治。桓氏一門獨大，打破了各家士族的平衡。桓溫此次北伐，處處能感覺到士族們的懷疑、掣肘和冷眼旁觀。

朝廷中，以丞相司馬昱為首的名士諸臣，對桓溫奏報的事項經常拖延，有些甚至終年得不到批覆。桓溫曾向司馬昱抱怨，希望朝廷能提高效率。司馬昱的回答是：「朝廷事務千頭萬緒，哪裡快得起來？」[2]

某次北征歸來，桓溫與一位擅長清談的名士相遇，對士族們的苟且偷安、終日沉溺玄談表示不屑。這位名士回答：「晉朝自有天佑，哪裡是凡人的功勞？」

2《世說新語・政事第三》。

另一種說法是，他看桓溫衣甲嚴整，故意挑釁提問：「老賊這身打扮，準備幹什麼？」桓溫答：「我不這樣，卿輩哪裡能安心坐談？」[3]

桓溫也是士族的一員，無法和他們決裂。他父親是南渡一代的名士，擔任地方長官時與叛軍作戰身死。所以桓氏家族得到了士族們的承認，地位又升了一等。桓溫少年時娶皇室公主，成為駙馬，他夫人南康公主，其母出自著名的潁川庾氏。這個家族和琅琊王氏一起，掌控東晉前期政權。

桓溫的幕府中集合了當時幾乎所有的名門人士，如琅琊王氏、太原王氏、陳郡謝氏、高平郗氏。和袁宏一樣，他們也常在適當的機會和場合，給雄心勃發的桓溫一點小小的難堪，提醒他不要忘本——士族群體的利益和尊嚴不容侵犯。

袁宏職務是桓溫的記室（書記），掌管幕府的文書事務。桓溫很欣賞袁宏的文采，他也需要表現士族的文雅和瀟灑。北征一路上，袁宏都在寫作駢文〈北征賦〉，並隨時讀給桓溫聽。桓溫也常提出修改意見。

河道穿越莽林荒野。樓船載著一群雍容舒緩的衣冠名士，飄搖駛向北方。

## 陸地行舟

船隊經過下邳，到達蕭條的彭城。這是楚霸王項羽建都之地。向北不遠是漢高祖劉邦的家鄉沛縣。向西不及百里是桓溫的故鄉，譙郡龍亢縣。

此次北伐，桓溫統帥著東晉最精銳的武裝——來自荊、江、揚、徐四州的四萬將士。西方的豫州刺史袁真也由他指揮，正帶萬餘兵力從壽陽北上，向洛陽方向進發。按計畫，肅清了河南的鮮卑軍隊後，東西兩路晉軍將會師黃河，向鄴城開進。

這個計畫，是桓溫和他的得力助手、年方二十七歲的郗超[4]，總結前兩次北伐的經驗教訓，深思熟慮而來。

南渡五十年來，移民們都已經習慣了江南水鄉的舟楫生活。南方缺少馬匹，不僅騎兵不足，拖曳車輛的畜力也難保證。北伐的後勤保障，只能倚靠江南航船。

彭城向北方，本有兩條水道可通黃河。

一條是向正北，繼續溯泗水而上。在三國時，曹魏為了向南方戰場運輸物資，曾在泗水上游開挖運河，使它和黃河溝通。

另一條，是向西偏北，溯汴水而上進入黃河。汴水是黃河向南的一條支流，河口名「石門」。但由於多年戰亂，無人修整，石門水口已經被泥沙淤積，所以汴河已經斷流。

桓溫的計畫，是自己帶主力為東路軍，溯泗水北上，進入黃河。袁真部為西路，從陸路北上，占領黃河岸邊的虎牢城，掘開石門水口，恢復汴水流量，使黃河、泗水、汴水成為一個連貫溝通的

3《世說新語．排調第二十五》。

4《晉書．郗超傳》僅載其「年四十二，先（其父）愔卒」，不知何年。郗愔卒於太元九年（三八四），據《世說新語》，太元八年底淝水之戰時，郗超尚在世，可推測其應亦卒於太元九年。如此，三六九年桓溫北伐前燕時，郗超二十七歲。

大三角形，後續部隊便可以從彭城舟行至虎牢，光復舊都洛陽。袁真部也可以得到水軍支援，北渡黃河，和主力一起進攻河北。

淮河以北降雨稀少，河流水量有限。所以桓溫要在四月開始北伐，到六、七月間北方降水最集中、河流水量最充沛時，進抵泗水上游，才能保證水深足以通行舟船，順利駛入黃河。

從彭城溯泗水北上三百里，是前燕軍隊控制的湖陸城。這裡是彭城和黃河的中間點。扼守此城，就能截斷晉軍北上道路，但鮮卑人對河南腹地的防務不太重視，駐軍很少。六月，晉軍沒費太大力氣就攻克了湖陸城，俘虜守將慕容忠。到這裡，泗水不再具有利用價值，需藉助舊運河到達巨野澤。巨野澤是個大湖泊，循著從它流出的清水，可以進入黃河。

占領湖陸城後桓溫發現，天氣對他十分不利：北方持續亢旱無雨，舊運河已經乾涸，巨野澤的水面也大大縮減——星相有時並不可靠。

桓溫還有一個預案：命令士兵們將東北方的汶水改道，將其導入巨野澤、清水。汶水本來是泗水的支流，這項工程要把它的下游向北移動；同時還要深挖舊運河，以便從巨野澤引水通航。

數萬士兵和就近徵發的民伕一起從事這項工程。他們一邊警惕著鮮卑人可能發動的攻勢，一邊全力挖掘溝渠。六月驕陽似火，大地灼熱蒸騰，士兵們只能在夜間藉著月光加緊施工。

袁宏在他的文章裡惜墨如金地提及了這個艱鉅工程：「於是背梁山，截汶波，汎清濟，傍祀阿……」[5]

晉軍忙於開通水道，燕軍自然不會坐視。下邳王慕容厲率領二萬步騎混合部隊從虎牢方向趕來。桓溫急忙調主力西進迎擊。兩軍迎面相遇，晉軍懸軍深入，身處敵境，置之死地而後生，把燕軍打得大敗，慕容厲單馬逃走——當然，晉軍方面也可能誇大了敵軍的規模，同時也是誇大自己的戰績，這種做法歷來頗為流行。

前燕又派名將傅顏[6]從河北增援河南。這支燕軍剛剛渡過黃河，就被晉軍前鋒擊潰。[7]三個月後，汶水改道終於成功，舊運河也完成深挖。寶貴的、渾濁的河水一寸寸漲了起來。和淮河、泗水比，這點水仍舊少得可憐。桓溫命令拋下吃水深的大船，將輜重都轉移到小船上，全軍循新開河道進入巨野澤，再由清水（濟水）輾轉進入黃河——這條在舊運河基礎上新開的河道，後人稱之為「桓公瀆」。

晉軍舟船首尾相接，連綿數十里陸續開入黃河，終於可以盡情暢遊。黃河南岸，接受鮮卑官職的漢人聚落紛紛倒戈投誠。桓溫艦隊循河西進，占據了黃河故道北岸重鎮：枋頭（今河南濬縣）。

枋頭是黃河上的重要渡口，北距燕都鄴城僅二百餘里。鄴城已經感受到戰爭的威脅，燕帝慕容

5《初學記》卷六。

6 傅顏是燕人史書中的名字，晉人史書都稱他為傅末波。「末波」是鮮卑人常見名字，西晉末年段部鮮卑亦有名末波者。

7《晉書・桓溫傳》《晉書・慕容暐載記》都曾記載傅顏（末波）戰敗處為「林渚」，但具體方位不詳。《資治通鑑》胡三省注認為當在新鄭附近，恐非。蓋應在黃河南岸靠近巨野澤之地。另，《資治通鑑》此年先記桓溫開巨野澤、入黃河，後又載攻湖陸、戰黃墟、敗傅顏三戰。此應是時間順序錯誤。桓溫此三戰，應發生在開通入黃河的水道之前。

暐一邊準備逃回遼西（慕容氏故地），一邊向關中的前秦皇帝苻堅求援。

## 對峙黃河

舟師順利入河，鄴城近在咫尺，只需一場決戰，桓溫的北伐大業即將完成。在這個緊要關頭，桓溫卻遲疑了，他駐軍枋頭，不進不退、不戰不和，長達近兩個月。

士兵們不懂統帥的計畫，幕僚諸名士卻明白府主的用心。桓溫掌控東晉政局，倚靠的是從荊州帶出來的精銳部隊。他現在實力太強，已經打破了各家士族的力量均衡。而且他野心太大，如果伐燕成功，下一步必然是取司馬皇室而代之。這幾乎已是士族們心照不宣的共識。他們不想看到這種局面，但又無可奈何。

桓溫的憂慮也在此。他不敢失敗。萬一決戰失利，軍隊潰敗，他就喪失了擁兵自重的資本。那時，對他久已不滿的各家士族會立刻把他排擠出局。沒有萬全的把握，桓溫不敢把自己的寶貴兵力投入決戰。

桓溫的怯戰，還有他的經歷原因。

少年時，父親桓彝被害，他立志復仇。他十八歲時，仇人之一江播病死，留下三個兒子，其中長子江彪剛成年。桓溫化裝成弔唁的來客，在江家客廳當場刺死江彪。江彪兩個年幼的弟弟試圖逃走，也被桓溫殺死。

在當時士族看來，桓溫是個有英雄氣概的少年。但此後桓溫娶公主、任駙馬都尉，歷任郡太守、州刺史，卻沒有真正上過戰場。他第一次指揮實戰，是三十五歲（永和二年，三四六）擔任荊州刺史時，討伐割據蜀地的賨人李勢政權。當時他年輕氣盛，不顧朝廷擔心，帶荊州兵一路西進，沿途三戰三捷，打到成都城下。兩軍在成都近郊笮橋展開決戰。蜀軍已被逼到絕境，拚死作戰，晉軍難以支持，逐漸潰退。

桓溫看勝利無望，命令傳令兵鳴金（鑼）退兵。傳令兵過於緊張，誤敲進攻的戰鼓。擁擠的軍陣中，多數士兵們只能看到身邊的戰友，無法了解全面戰局，他們聽到鼓聲，以為勝利在望，紛紛回身作戰，居然一舉擊敗蜀軍。李勢面縛歸降，桓溫由此平蜀。這是他畢生唯一切實的功業，也是他踏過門閥勢力均衡線、在荊州坐大的起點。

四十三歲那年（永和十年，三五四），桓溫率領荊州兵北伐關中，那裡是氐人苻健（苻堅伯父）剛剛建立的前秦王朝。由於有秦嶺山脈阻擋，舟船無法通過，晉軍只能半途棄船步行，向長安進軍。晉軍一路受到前秦軍隊阻擊，互有勝負。進抵長安城下時，桓溫猶疑不敢決戰了——他剛剛領教了北族騎兵的威力：嶢柳、愁思堆一戰，氐人皇子苻生僅帶數十騎衝入晉軍陣中，縱橫往返十餘次，殺傷晉軍上千人，桓溫部下兩名驍將也被殺死。如今在關中平原上，他更不敢對陣氐人騎兵。

另外，成都笮橋一戰，對桓溫平生的信心有重大影響：居然是傳令兵的錯誤造成了他的勝利——他也許根本就缺乏決戰克敵的才能？

熟悉桓溫的人說，他賭博時，如無必勝可能，則從不敢下注。

進軍關中之初，桓溫考慮到後勤難以維繫，將入關時間預定在五月。這是小麥的收穫期，正好在敵占區就地徵收軍糧。從去年秋天到這年五月，都是風調雨順，小麥長勢極好。秦軍堅壁清野，和晉軍開始了搶收小麥的競賽。

但比賽馬上終止了。雙方都發現，雖然麥稈密實粗壯，但所有的麥穗都是空的，沒有麥粒——這年，從江南到關中，小麥全部絕收。民間傳說，是小麥在長苗的時候，供水、氣候、施肥條件太好，結果小麥只顧生長秸稈，沒能灌漿結穗。[8]最後，桓溫糧食耗盡，只得在氐人追殺下倉皇撤退。他的首次北伐以慘敗告終。

吸取伐秦教訓，桓溫這次伐燕非常謹慎。為確保後勤供應，他要打通東西兩條水路。現在東路已通，西路的石門卻未打開：因為袁真怯懦畏戰，不敢北上。

郗超看桓溫進退兩難，向他建議：如今石門未開，後勤全賴東線，但東線航道流量有限，加之秋水將退，補給將很難維持。當今上策，是全軍棄船直撲鄴城。這樣有三種可能：一、與鮮卑人決戰於城下，勝負立判；二、鮮卑人懾於晉軍威勢，不戰而逃回遼西老巢；三、鮮卑據守鄴城頑抗。但已經來不及進行大規模城防建設，晉軍可以一邊圍城，一邊分軍征討河北郡縣，建立有效統治，鄴城終將是甕中之鱉。

郗超已預料到桓溫不敢進兵——害怕出現第一種可能。所以他的下策是：在黃河南岸，靠近清水入河口處修築城壘，多儲備糧食軍械，準備就地過冬，等明年決戰。因為入冬後航道封凍，將無法利用。晉軍這次北伐穿的都是夏裝，如果戰事陷入僵持，必須早做準備。

桓溫仍在徘徊猶豫。

## 燕軍反擊

看到桓溫大軍北上，年輕的燕帝慕容暐束手無策，掌握朝政的太傅慕容評同樣為難。燕帝叔父、四十四歲的吳王慕容垂主動請戰，他有勇有謀，威望很高。從十餘年前慕容鮮卑自遼西南下、占領中原立國，到近年在河南與晉軍作戰，慕容垂都屢建戰功，也因此深受兩代燕帝猜忌。

如今大敵當前，鮮卑朝廷沒有其他選擇。慕容垂被任命為南討大都督，率領五萬緊急徵調的燕軍南下。慕容垂軍中不僅有鮮卑宗室名門，還臨時抽調了燕廷中漢人高官的子弟。他要讓這些人明白：現在他們與鮮卑人生死與共，別無選擇。

慕容垂沒急於進攻桓溫主力。他先讓弟弟——三十四歲的慕容德帶領一萬五千騎兵，渡河駐守石門，防止晉軍打通西線河運；又派人收集在河南的鮮卑殘餘武裝，騷擾桓溫後方。慕容垂自己則等待主力集結，向枋頭慢慢推進。河北地區已經出現了一些響應桓溫的地方武裝，開始攻擊城鎮。

8《宋書》卷三十四《五行志・五》：「晉穆帝永和十年，三麥不登，至關西亦然。自去秋至是夏，無水旱，無麥者，如劉向說也。又俗云，『多苗而不實為傷』，又其義也。」

慕容垂在南下中逐一撲滅這些武裝。

桓溫坐守枋頭兩月，局勢日漸危急。唯一的補給線桓公瀆——清水水道受到鮮卑人攻擊，後勤補給被切斷。冬天即將來臨，慕容垂騎兵前鋒已經逼近枋頭，擊敗了一支迎戰的晉軍。面對燕軍的鐵甲騎兵，晉軍步兵沒有任何優勢。

就在晉軍糧盡之際，前秦援助燕國的軍隊也插入晉軍後方，占領潁川。

桓溫面臨被三面夾擊的處境。他下令渡河撤退。晉軍丟下堆積如山的軍械、輜重，焚燒了所有船隻，一路向南奔逃。由於擔心井水被燕人投毒，他們每天只能另外鑿井取水。

面對徒步逃走的晉軍，慕容垂有從容部署的時間。河南中部地勢平坦，沒有山河天險，正是鮮卑騎兵施展身手的大好戰場。他派偵察騎兵一路尾隨晉軍，自己帶八千騎兵隨後緩緩而行。慕容德受命帶四千騎兵迂迴至晉軍前方，尋找合適的設伏地點。

晉軍南奔四百餘里，到達襄邑縣境後，全軍已疲憊不堪，還受到缺糧和酷寒的折磨。這時，燕軍完成合圍，發起了衝擊。兩路騎兵前後夾擊，晉軍三萬餘人戰死在長矛和馬蹄下。

漫漫風雪中，僥倖逃生的晉軍繼續南逃。他們希望和袁真部接應的援軍匯合，看到的卻是從西方趕來的前秦騎兵。在譙郡——桓溫的故里，又有上萬南國子弟血灑凍土。[9]

桓溫無顏面對江東父老。他先駐紮淮河南岸的山陽城，收集零散逃來的殘兵敗將。要在東晉立足，他不能沒有武裝。拼湊起一支粗具規模的軍隊後，桓溫南下駐紮廣陵城。

長江對岸，寒風和瘟疫肆虐下的京口，[10]全城縞素，哀聲動天。帆船載來了滿船傷者。更多的人拋屍北國荒野，再也不能歸來。親人們登上屋頂，迎著北風呼喚征人的姓名，揮舞著他們生前穿過的衣裳，召喚那些遊蕩在中原上空的魂靈回到家鄉，附著在衣服上入殮下葬。

中原板蕩、家園淪陷以來，太多的人歿於異鄉、屍骨難尋。於是，這種貌似荒誕的招魂葬儀盛行民間。朝廷曾數次明令禁止，但都流於空文——除此之外，還有什麼能給這些孤兒寡婦、斑白老人一點點哪怕是虛幻的安慰？

生者苟活於異鄉，死者長眠在異鄉。江南淮北，水國中原，到底何處是家鄉？

## 名將叛逃

鮮卑人原本是生活在東北林海中的民族，用原木搭建房屋，在河谷有一點農業，飼養牛馬豬羊等牲畜，還在山林中狩獵，射獵大雁、狍鹿和野豬，在江河溼地裡捕魚。他們的經濟生活複雜多元，族系也分為慕容、拓跋、宇文等很多部落分支。他們習慣剃去一大半頭髮，而將腦後的頭髮編成長

9 《晉書・桓溫傳》云：「溫焚舟步退，自東燕出倉垣，經陳留，鑿井而飲，行七百餘里。垂以八千騎追之，戰於襄邑……」《資治通鑑》同。按，自枋頭至襄邑，僅三四百里，遠不及七百里。大概「七百里」是桓溫二敗於譙郡、最終脫離戰場的逃奔里程，被誤繫於襄邑之戰前。

10 《宋書》卷三四《五行志・五》：「晉海西太和四年冬，大疫。」

辮子。

東漢時期，控制蒙古大草原的匈奴人衰微，鮮卑人開始從大興安嶺中遷出，散布到更廣泛的地域上。由於山林裡的「混合經濟」形態，他們的適應性很強，遷居到大草原上的，就迅速接受了游牧生活，變成了純粹的游牧族，定居在代北（今山西北部到內蒙古南部）的拓跋鮮卑就是如此；而遷居到漢地邊緣的鮮卑人，就迅速適應了農業生活，比如在遼西的慕容鮮卑、在河西走廊的禿髮鮮卑，他們學習中原文化和管理體系的速度比游牧部落更快，所以西晉王朝崩潰時，慕容鮮卑在遼西建立起了自己的小型割據政權。

建立前秦的氐人，也是和鮮卑人類似的山林民族，他們的家鄉在渭河和嘉陵江上游、今陝西和甘肅交界處的群山之中，過著農、牧、漁獵兼備的生活。和其他民族相比，氐人生活中母系社會的殘餘更多，女性在家族中地位高，男女關係也相對鬆散。另外，和鮮卑不一樣，「氐人」本來沒有自己統一的部族名稱，這個稱呼來自中原漢人。

當西晉王朝崩潰後，羯胡石勒、石虎的後趙王朝一度統一北方，深山裡的氐人被征服，有些部落被遷徙到河北地區，為後趙王朝充當騎兵。他們在那裡學到了一些中原語言和文化。十餘年後，後趙解體，氐人結隊西歸，但他們已經不願返回當初棲居的山林，見識過中原的遼闊之後，故鄉就顯得太狹隘貧瘠了。所以氐人苻氏在關中平原上建立了自己的前秦王朝；同時，慕容鮮卑從遼西南下，占據北中國的東半部，建立起前燕。

桓溫慘敗而歸，北中國的前秦、前燕兩個王朝即將發生大戰。

慕容垂擊敗桓溫，保全了燕王朝。但功高震主，凱旋回鄴城後，他受到的猜忌和懷疑更重。燕朝皇室慕容氏與可足渾氏素有聯姻傳統，慕容垂夫人也來自可足渾部，但他與可足渾夫人關係疏遠，更喜歡另一位出自鮮卑段部的夫人，以致與顯赫的可足渾家族交惡。

太傅慕容評也深深忌憚慕容垂的功業，他與太后密謀，準備找機會誅殺慕容垂。無奈之下，慕容垂只得帶著段氏和數個兒子、侄子逃亡。

他本來想逃回慕容故地遼西，割據一方。但少子慕容麟因為歷來不受父親喜愛，中途逃回鄴城告密。慕容垂看已經沒有希望割據遼西，只好向西逃往關中，投奔前秦苻堅。途中，又一個兒子不想投秦，被慕容垂殺死。十一月，慕容垂一行到達長安。這時距離他擊敗桓溫僅僅兩個月。

三十二歲的秦帝苻堅聞訊大喜，親自到長安城外迎接慕容垂，封他為冠軍將軍、賓徒侯，同行的子侄也各有官職。

慕容垂西奔，使燕、秦關係陷入緊張。本來，燕國面臨桓溫威脅、向秦國求援時，曾許諾事成後將虎牢關以西包括洛陽在內的河南土地割讓給秦國。現在燕帝以苻堅接納慕容垂為由，拒絕兌現承諾。和兄長一起立功的慕容德，也被解職禁錮。

燕人內部動盪，自毀長城，苻堅自然不甘放過機會。現在，慕容暐拒絕割地，正給了苻堅以為口實。援燕拒晉的秦軍還駐紮在河南，苻堅又派得力大臣王猛出關增援，合兵攻取洛陽。糧運車隊也駛出函谷關，向河南前線開去。

慕容垂家族逃亡入前秦時，一位燕臣剛剛完成出使任務，離開長安。一路上，他看到源源東下的秦軍和輜重，知道河南之戰已迫在眉睫。回到鄴城，他立刻向朝廷報告秦軍動向。

但燕國高層沒有重視，他們還沉浸在擊敗桓溫的勝利中。如今天下三分鼎立，秦在西，燕在東，晉在南，燕國國勢最為強大：東晉所處的長江流域尚欠開發，民戶稀少；前秦所在的關中，從漢末三國以來戰亂不斷，大量漢人流亡南遷，新遷來的西方羌氐各族語言、習俗不同，內部糾紛很多；只有前燕的核心區河北承平日久，戶口豐饒，加之慕容氏入主中原以前，在遼西已經有了數十年基業，現在是三分勢力中最強的一方。僅從政府掌握的戶籍人口看，前燕有人口九百九十萬，而前秦、東晉都不足五百萬，兩者相加仍不如燕國。慕容氏君臣不相信秦軍能威脅燕國。

十二月的嚴寒中，王猛率三萬秦軍出關，迅速進至洛陽城下，包圍金墉城。洛陽是東漢、曹魏、西晉三朝舊都，城池面積巨大，中原動亂以來，河南民戶稀少，駐軍數量有限，已經無法固守全城，只能駐紮在洛陽城北面的金墉小城。

燕帝慕容暐這才醒悟，增派軍隊南下救援。燕軍在石門附近渡過黃河，擊敗了在此固守的秦軍一部。但金墉被王猛圍困，城內還不知道援軍趕來的消息。王猛寫信給守將慕容築，聲稱燕軍都被阻擋在黃河以北，秦軍主力已從北線攻向鄴城，燕都馬上就要陷落。

慕容築信以為真，三七〇年初，他在絕望中舉城投降。

王猛最擅長虛張聲勢的詭計，在圍城之時，他還不忘做另一件事：他對苻堅優待慕容垂家族非常不滿，認為容留這些鮮卑人無異於以身暖毒蛇，來日必遭反噬。但苻堅一心懷柔遠人，不聽王猛勸諫。所以王猛這次掛帥時向苻堅請示，借慕容垂的嫡子慕容令為隨軍嚮導；大軍出征前，王猛又特意到慕容垂家飲酒話別，情誼諄諄，臨行向慕容垂索要一件物品留念。慕容垂將自己隨身佩刀送給了王猛。王猛收藏著此刀，祕不示人。如今和燕軍戰事正酣，他祕密賄賂了軍中的一名慕容家親信，讓他以佩刀為信，悄悄告訴慕容令說，慕容垂後悔投奔秦國，已經在逃回燕國途中，要慕容令也尋機脫身。慕容令聞訊後疑惑不已，但又無法核實，躊躇了一天後，終於偷偷離開軍營，投奔了前來解洛陽之圍的燕軍。

王猛進占洛陽後，立即派精銳迎擊燕援軍，兩軍戰於滎陽，燕軍大敗。王猛留秦軍一部駐守洛陽，自己班師回長安。在給苻堅的勝利戰報中，王猛附帶報告，說慕容令已經在軍前投敵。

慕容垂得到消息，感到大難臨頭，試圖向東南出藍田關、逃往東晉，但被秦騎兵追獲。苻堅讓人把慕容垂帶來，當面寬慰他：「卿家國失和，舉家來投奔我，令子如今又急於回家，也是人各有志，卿不必自責。只怕燕朝氣數將盡，令子此去未必能有善終。父子兄弟罪不相連，卿不必多慮！」他依舊用慕容垂為高官。

逃亡回燕的慕容令，下場果然不出苻堅所料。燕朝懷疑他為秦充當間諜，將他安置在最北方的邊塞上。慕容令剛到那裡就起兵造反，旋即兵敗身死。不過慕容令畢竟是燕帝宗親，那名殺死他的軍人隨之又被處死。鮮卑朝廷以此提醒臣民：慕容家族高貴不可侵犯。

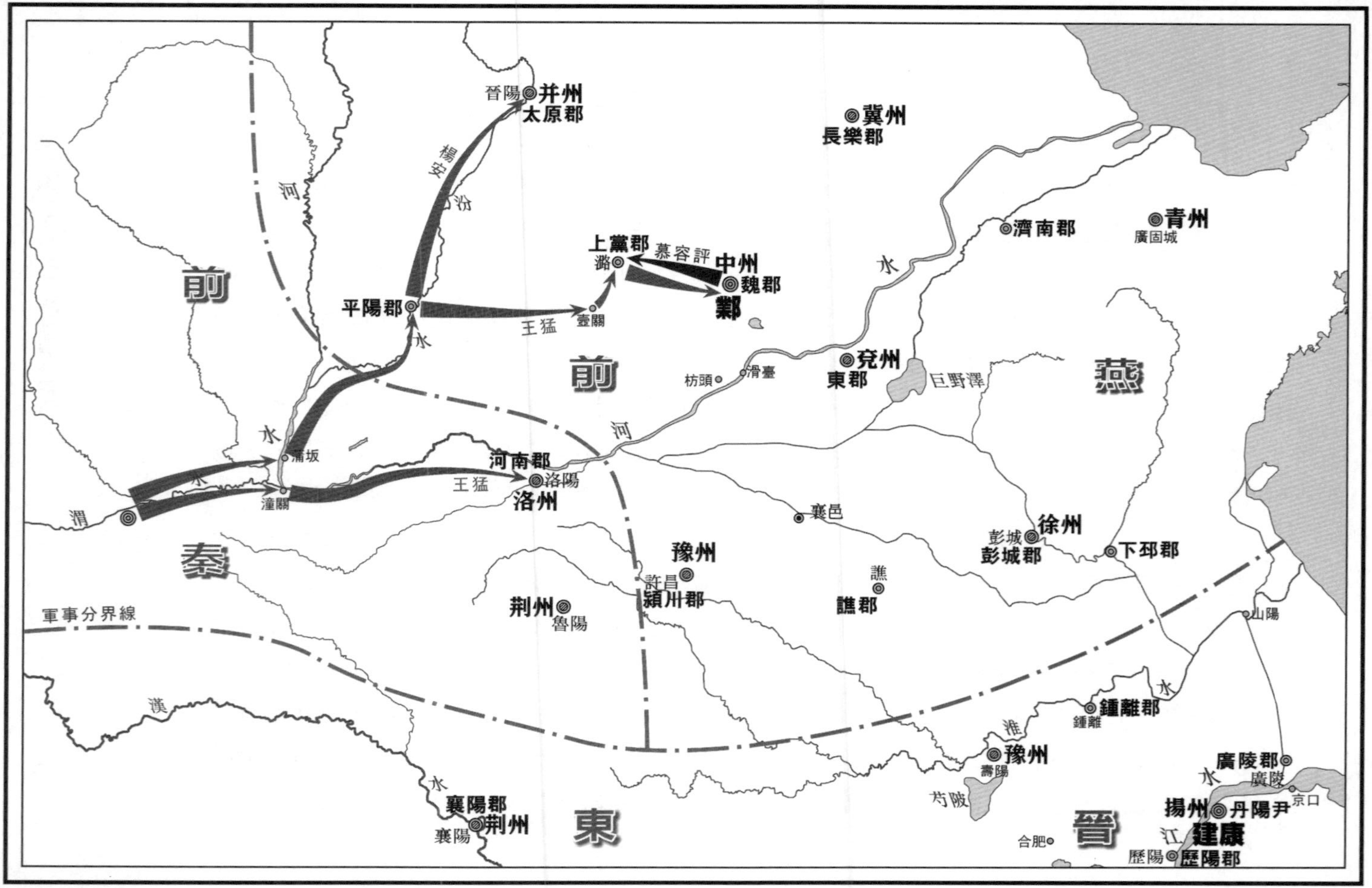
前
前
燕
秦
東
晉
軍事分界線
并州
晉陽
太原郡
冀州
長樂郡
楊安
汾
河
平陽郡
水
王猛
壺關
上黨郡
潞
慕容評
中州
魏郡
鄴
濟南郡
青州
廣固城
兗州
東郡
巨野澤
枋頭
滑臺
河
水
渭
水
蒲坂
潼關
河南郡
洛陽
洛州
王猛
襄邑
徐州
彭城
彭城郡
下邳郡
豫州
許昌
潁川郡
譙
譙郡
荊州
魯陽
山陽
漢
水
鍾離郡
鍾離
淮
豫州
壽陽
芍陂
廣陵郡
廣陵
京口
揚州
丹陽尹
建康
江
合肥
歷陽
歷陽郡
襄陽郡
荊州
襄陽

【圖2：前秦攻前燕示意圖】

## 決戰太行

輕而易舉拿下洛陽，使秦人信心大增——看來燕國遠沒表面上那麼強大。苻堅開始和王猛籌備一場徹底滅燕、統一北方的戰爭。慕容垂為表示忠誠，也提供了燕國各種軍政信息，並聯絡在燕國的親信舊部，策動他們響應秦軍。

六月，王猛帶領六萬秦軍再次東征。苻堅出長安城送行，直到白鹿原上綠柳依依的灞橋邊。這裡有西漢文帝的陵墓——灞陵。十六年前桓溫征秦，正屯兵此處，那年苻堅十七歲，他的堂兄、故太子苻萇，就是在這裡中箭身死。

從西漢到隋唐，這裡一直是「年年柳色，灞陵傷別」之處。氐、羌人也在用他們的語言歌唱別情：

上馬不捉鞭，反拗楊柳枝。
下馬吹長笛，愁殺行客兒。
遙看孟津河，楊柳鬱婆娑。
我是虜家兒，不解漢兒歌。[11]

11 來自《樂府詩集》卷二十五〈折楊柳歌辭〉。

孟津河，是洛陽一帶黃河的別稱。王猛此行便是朝孟津河方向而去。

灞橋下，苻堅和諸將舉行最後一次會議。至此，苻堅才向眾將宣布了他和王猛的密謀：秦軍將不走洛陽方向，而是改從蒲關東渡黃河，在河東（今山西）循汾河北上，占領壺關（今山西長治市）後，向東越過太行山脈，出現在鄴城西郊。因為根據慕容垂提供的情報，燕人判斷秦軍會取道河南平原，從洛陽東進枋頭，北渡黃河攻鄴城，故將主力放在枋頭迎敵。秦軍走壺關路線，正可以繞過燕軍主力，直取鄴城。

秦軍精銳此次盡數東征，成敗關係秦國存亡。苻堅囑託王猛：只管放心照計畫作戰，朝廷將全力保障前線糧運；待秦軍穿過太行山通道，苻堅也將親征鄴城。

王猛心中已經勝券在握，他請苻堅不必親征，只需坐鎮長安，準備安置慕容家族的俘虜就可以了。一派樂觀豪氣之中，東征軍踏上征途。

渡過黃河後，秦軍攻克壺關城，俘獲燕守將，太行山以西的燕郡縣紛紛降附。

七月一日發生了日食。這象徵地上有君主失德，將遭受天譴。燕國陷入恐慌，各地都在緊急徵調軍隊、民伕，向鄴城集結。

但王猛的進軍並不順利。他分兵北上攻晉陽城（今太原市），月餘不能攻克。晉陽不下，秦軍後方隨時會受到威脅，不敢放心東進鄴城。王猛只得留部分軍隊守壺關，自己帶主力北上，合攻晉陽。秦軍悄悄挖掘了通向城內的地道，數百精兵潛入城中打開了城門。九月，秦軍占領晉陽，俘獲燕并州刺史慕容莊。

此時，燕國已經完成了全面戰爭動員。慕容評帶著四十餘萬[12]燕軍從鄴城西進。從壺關到鄴城，只有這一條山谷可通行，兩側山嶺高峻，谷底是東流的漳水。

還未到壺關時，慕容評膽怯不敢前進，在山谷中駐紮下來。他封鎖了漳河水和山林，士兵們打柴、取水都要付費，絹一匹（四丈）才能換到兩擔水。[13]慕容評得到的錢帛堆積如山。

安置完晉陽防務，王猛帶秦軍主力南下壺關，一直開到了燕軍大營附近，兩軍在山谷中對峙。一支秦軍趁夜翻山到燕軍後方，放火燒燬了燕軍輜重。在百餘里外的鄴城，這天夜裡都看到了西天邊的紅色火光。

燕帝派人指責慕容評怯懦畏戰，命令他把搜刮來的錢財分還士兵，儘快決戰。慕容評羞慚無計，派人向王猛求戰。兩軍相約：十月二十三日晨，在一塊地勢稍平坦的地帶會戰。

面對七倍於己的燕軍，秦軍焚燒了攜帶的所有糧食、輜重，志在必勝。戰鬥從清晨持續到中午，燕軍徹底潰散，被斬俘五萬餘人。秦軍沿河谷一路追擊，又斬俘十餘萬，長驅進抵鄴城，開始圍城攻堅。

隨著燕軍前線失利，鄴城一帶已陷入混亂，敗兵到處搶劫敲詐。王猛軍令嚴整，他帶秦軍開到以後，鄴郊秩序頓時安然。

十一月，苻堅獲悉前線勝利，留下太子守長安，帶著慕容垂和號稱十萬軍隊趕赴鄴城。此時河

12 拒秦之燕軍人數，《資治通鑑》載為三十萬，《晉書》苻堅、慕容暐載記均為四十餘萬。此處從《晉書》。

13 《水經注》卷十「濁漳水」條。

南的燕國守軍已紛紛逃散，苻堅從渭河乘船駛入黃河，順流僅七天就到達枋頭。二十年前的石虎朝時，苻堅曾隨祖父、父親在這裡駐紮，現在苻堅歸來，命人召集當年故老宴會，猶如劉邦當年回沛縣故鄉。

王猛聞訊大驚。因為苻堅生平還沒有親自指揮過戰陣，總想找機會嘗試，王猛對苻堅非常熟悉，深知這位年輕皇帝的個性：長於運籌帷幄制定方略，但機詐應變不足，臨陣對敵難免失算。加之慕容垂諸子都在長安，一旦後方有變，局面不堪設想。王猛留下圍鄴城的秦軍，只帶少量衛士祕密趕赴枋頭。

苻堅深感意外：「當年周亞夫駐軍細柳，閉門不迎漢文帝。現在將軍為什麼臨敵棄軍而來？」王猛埋怨苻堅輕率：「周亞夫只為求名，不值得一提。現在慕容殘部困守鄴城，已經是釜中之魚，不用擔心。但陛下貿然出征，後方太子年幼，一旦有變故，恐怕後悔也來不及！陛下難道忘了我臨別的囑咐？」

苻堅既然來了，肯定不想立刻返回。他帶兵到鄴城下，從圍城秦軍中挑出一支善戰的部隊，命他們去進攻燕軍據守的一個城市——信都，自己則坐觀圍城之戰。

鄴城中逐漸陷入絕望。作為人質的遼東夫餘、高句麗貴族子弟，以及家人被秦軍俘虜的鮮卑人，趁黑夜打開了鄴城北門。秦軍順利占領鄴城。連夜逃跑的燕帝慕容暐及慕容評等諸王都被追兵擒獲，綁送苻堅行營。

苻堅問慕容暐：為何不降而逃？

慕容暐回答：只是想逃回遼西，歸葬在先人墓地。

苻堅心生哀憐，命人給慕容暐鬆綁，讓他回宮中召集文武百官，向秦軍舉行一個正式的投降儀式：慕容暐身穿喪服、口銜下葬用的玉璧，脖子上套著繩索；百官在他身後抬著一具棺木，列隊走出鄴宮。這叫「面縛輿櫬」，象徵已成囚虜，甘心就死。苻堅則上前為慕容暐解下繩索，命人燒燬棺木，宣布給予寬大赦免。通過這個儀式，苻堅希望慕容鮮卑接受被征服的命運。

至此，慕容燕國宣告滅亡。秦軍繼續在城內外搜索躲藏起來的慕容宗室，燕宮的珍寶、宮女，都被分賜給秦軍將士。

慕容垂再次站到了燕國王侯公卿和舊日僚屬面前。想起一年前受到的猜忌陷害，他不禁怒從心起。一名大臣悄悄勸誡他：不宜和宗族親黨再續前怨，現在慕容氏都已成異族臣虜，正應該和衷共濟，這未免不是您的成功基業！

慕容垂恍然大悟，他開始悄悄結好諸慕容宗室。既然苻堅都可以大度地對待敵人，他慕容垂為什麼不能跟自己的親人和解？

十二月，苻堅帶秦軍返回長安，昔日的鮮卑皇帝、燕國的眾后妃、王公、百官都被押解同行。鮮卑慕容部族四萬餘戶被遷徙到關中，安置到軍馬牧場。他們不再是中原的貴族征服者，而是苻秦王朝的囚虜。王猛則坐鎮鄴城，指揮秦軍在河南河北推進，占領全部舊燕疆域。

此時的苻堅已統一北中國大部分，疆域超過三十年前的後趙王朝。南方的東晉正在內戰，反叛者袁真家族占據壽陽，遭到桓溫軍隊圍攻，遣使向秦軍求援。如能占領壽陽，秦軍就控制了淮水中游的重要據點，對東晉形成重大威脅。苻堅於是派秦軍前往壽陽增援。

# 第二章：萎靡江東

## 荊揚對峙

枋頭失利、慘敗而歸後，桓溫將失敗的憤怒轉移到袁真身上，他認為，如果沒有袁真的畏懦不前，晉軍損失不會如此之大。

袁真不這樣看，他覺得同是敗軍之將，桓溫沒資格審判自己。加之晉軍新敗，實力大減，袁真不再懼怕桓溫。他經營壽陽多年，還可以聯結北方的燕、秦軍，做殊死一搏。

袁、桓二人，是士族中典型的小人之交。伐燕前，袁真把自己的三名妓女（善歌舞的女子）阿薛、阿郭、阿馬送給桓溫。就在北伐剛開始時，阿馬為桓溫生下了幼子桓玄。[1]

如今，暴怒的桓溫發兵包圍壽陽，在北方燕、秦軍壓力下圍攻一年多，其間燕國覆滅，袁真病死，他的兒子們繼續堅守壽陽。

三七一年正月，二萬秦軍進抵淮水北岸，遭到桓溫部迎擊，敗退北歸。桓溫終於攻克壽陽，他

1 據《晉書．桓玄傳》，玄生於三六九年。據《太平御覽》卷一引《續晉陽春秋》，玄母阿馬始孕時為夏季，故桓玄生時當在三六九年春夏之交。

命令將袁真諸子押赴建康處決，又活埋了數百名袁氏親兵洩憤。

北伐失敗，桓溫名望頓減。此時，他弟弟桓豁為荊州刺史、桓沖為江州刺史，仍盤踞長江上游，控制著東晉半壁江山。桓溫不甘心就此退回上游，但又不知下一步如何舉動。

攻克壽陽似乎為他挽回了一點聲譽。他問郗超：「此次大勝，是不是雪了我枋頭兵敗之恥？」郗超回答：「那些有見識的朝臣，恐怕還沒有完全心服。」

桓溫陷入迷茫。一夜，他踱步到郗超的宿舍，兩人對榻而臥。根據士族上層流傳的「掌故」，兩人對話如下：

郗超早就知道桓溫的心事，試探問：「明公是不是有什麼憂慮？」

桓溫當即反問：「你有什麼見解？」

「明公現在身當天下之重任，也容易受到天下人的求全責備。事今至此，只有行朝廷廢立大事……。」

郗超的建議，是要桓溫廢黜今帝司馬奕，改立司馬奕的從祖父，為相執政已二十餘年的司馬昱。二十餘年來，桓溫控制荊州，司馬昱控制揚州，兩人既有協作，又有爭競。要看清兩人處境及關係，需要從晉朝的州、軍制度說起。

自漢末以來，地方行政為州、郡、縣三級制。當時地方軍政合一，各州都有自己的軍隊；州刺史既是行政長官，也是軍事首長，兼帶三品或四品將軍名號。州兵大都是賤民身分的世襲兵戶，只服從本州刺史調遣。州下屬的各郡也是如此，但郡軍規模遠小於州軍。

州郡有兵，為何能聽從朝廷調遣？因朝廷有中央禁軍，規模最大，裝備最精，戰鬥力遠勝各州軍，所以中央集權能夠維持。但在西晉末年，石勒、劉淵叛亂，中原混戰饑荒，權臣司馬越、太尉王衍擅自帶禁軍主力出洛陽覓食，結果在譙郡被石勒武裝包圍，全軍覆沒。

從此之後，東晉朝廷再無能力組建一支稱職的禁軍，中央集權因此一直難以確立。戰亂使各州紛紛擴充軍隊，加之州府向百姓徵收糧賦，可以優先供養本州軍隊，有富餘才上繳朝廷，便出現東晉一朝各州相對獨立的局面。當時的州刺史又都出身士族門閥，他們維繫貴族門閥政治的基礎，正是這種州軍體制。

東晉州權坐大，直接後果是荊、揚二州對立。

東晉偏安淮河以南，最重要的經濟區域是長江流域。當時嶺南閩廣地區還欠開發，民戶稀少，貢賦有限。長江流域，最初只分為荊、揚二州，後逐漸分割出江、徐、豫等州（或僑州），但這些新州實力有限，政治中心仍是荊、揚二州。荊州居中上游，治所在江陵。揚州處下游，治所在建康，建康也是東晉都城。

東晉諸帝多幼年登基，或者壽命短促，皇權不振，朝政由門閥權臣掌握。執掌朝政的關鍵是控制尚書省，「錄尚書事」（主持政務院日常工作）。所謂「朝廷」，能切實掌控的地區只有揚州周邊，因其近在畿下，錄尚書事的宰相可以親自兼任揚州刺史。

荊州地處長江上游，一旦刺史在任稍久，權威確立，就很容易形成獨立態勢。荊州除了地域廣闊、資源豐富，還有就是北境襄陽，和北方政權相鄰，戰爭頻繁；荊州的長江、漢水之間是山林蠻族聚居地，州府和他們也常發生戰鬥，這兩方原因為荊州也鍛造了一支富有戰鬥力的荊州軍。後來襄陽建立了僑立的雍州，主要由關中逃難來的流民組成，雍州在軍政兩方面都受制於荊州，經常是荊州的附庸勢力。

南方王朝在長江下游的建康立國，很大程度是考慮上游繳納的財糧能順流而下，運輸便利。東晉南朝長江行船，從來都是糧食自上游運往下游，極少有逆流上行，這已成為船運慣例。

長江順流而下，交通便捷。東晉有位名士擔任荊州刺史，乘風順流而下，曾朝發尋陽（今九江市），暮至建康，一日千里。正如李白詩中所言「朝辭白帝彩雲間，千里江陵一日還」。但如果荊州刺史與朝廷關係惡化，荊州軍也很容易順長江而下，進逼建康。東晉剛建立時就發生過一次這種情況：當時的荊州刺史王敦一舉擊敗禁軍，占領建康，大肆誅殺異己。

如今桓溫坐大荊州，進而控制揚州，與當年王敦所為如出一轍。

揚州是戶口繁盛的富庶之地，但州軍戰鬥力素來較弱，主要倚靠南遷的徐、豫兩個僑州。中原淪陷後，淮河以北的漢人大量南遷，進入揚州境內。但他們仍舊保留著北方的宗族組織和戶籍，因此揚州的東北角被割給了南遷的徐州，治所通常在京口；西北角割給豫州，治所壽陽。這兩州都是北方流民，又與敵境接壤，戰爭頻繁，州軍戰鬥力強，是拱衛朝廷和揚州的屏障。

東晉防範北方的戰線，東線即為徐州，中線為豫州，西線為荊州或雍州。隨著戰局的變化、戰線的推移，徐、豫兩州轄境及治所也有變動，但大體範圍基本穩定。

徐、豫二州轄境小，又處在四戰之地，財糧收入有限，需要揚州的經濟支持，刺史在政治態度上，也大都服從朝廷（揚州）。朝廷北抗戎虜、西防荊州，主要是靠這兩州兵力。當然，徐、豫兩州刺史也未必全甘心服從揚州朝廷，他們偶爾也會起兵南下建康，為荊揚之爭增加了變數。

## 廢立之謀

桓溫此次北伐前已經兼任揚州牧（州牧職權類似刺史，但更榮耀），調走郗超父親郗愔，控制了徐州，敗歸後滅袁真占據豫州，兩個弟弟又控制著江、荊二州，舉國已盡屬桓氏。

但整個門閥階層，除了郗超一個人，現在都站在桓溫對立面。桓溫年已六旬，經常病重，萬一撒手西去，那時他的弟弟和兒子們未必能控制局面，難免會被排擠出局。

高處不勝寒，桓溫無計可施之時，郗超建議他廢黜現帝、改立司馬昱正是一個側面突破的途徑。

桓溫、司馬昱當初是政治同黨。他們年輕時，控制晉朝大局的是庾氏家族三兄弟（亮、冰、翼），司馬昱和桓溫都曾受庾氏提攜。二十五年前的三四五年，庾氏三兄弟相繼病死，司馬昱開始錄尚書事、掌控朝政。庾翼病逝時曾留下遺囑，希望自己兒子繼任荊州刺史。司馬昱和其他士族不甘繼續生活在庾氏陰影下，於是調桓溫赴任荊州，兩人在驅逐庾氏勢力上達成默契。

桓溫制服庾翼諸子、掌控荊州之後，尤其是平蜀後，聲望和勢力膨脹，荊、揚兩州隱隱又成對峙之勢。司馬昱招徠了多位士族名士擔任揚州、豫州、徐州等刺史，支持他們在東線和中線北伐，希望以此建功來制衡桓溫。但士族怯懦猥瑣的個性被這些名士們發揮得淋漓盡致，一次次北伐都以慘敗告終。最後的結果，就是桓溫打著北伐前燕的旗號順江東下——因為伐燕必須從東線進軍——輕而易舉控制揚、徐諸州，執掌權柄。

二十餘年來，司馬昱和桓溫從協作到對峙，從未爆發正面衝突。對他來說，在桓溫擁立下稱帝也不是最壞的選擇，因為作為大臣，他已經沒有抗衡桓溫的籌碼，如一旦身居帝位，倒有可能在朝中名士的支持下，以不變應萬變。畢竟桓溫已經六十歲了，司馬昱才五十一歲。而且帝位的誘惑太大，即使有風險，也值得一賭。所以溫、昱二人各懷鬼胎，一拍即合。

三七〇年底，桓溫從廣陵來到建康，廢黜司馬奕，擁立司馬昱即位，是為東晉簡文帝。司馬奕被押到一所王府終老。溫、昱兩人當年排斥過庾氏後人，此時三庾中的庾冰諸子都已長大成人，最受桓溫忌憚，除了一名與桓氏家族有姻親而倖免，其餘六人或自殺或被處死，他們的子孫也都未能倖免。

桓溫在江東已是舉目無敵。但冥冥中似乎仍有什麼與他作對。

民間傳說，被桓溫滅門的袁真諸子中有一子袁雙，他在建康被處死後，屍體忽然失蹤。此後他屢次在京師顯靈，要人們為自己立廟祭祀。開始人們還覺得荒謬，但建康城所在的丹陽縣境內開始老虎成災，連續有人被虎咬死。死者的家人都會夢到袁雙催促建廟。於是丹陽縣百姓私自為袁雙建立廟宇，每年二月的最後一天聚會祭祀，祈求平安。[2]

桓溫不願久住建康，他命人在建康上游百餘里處的姑孰（今安徽當塗）修築了一座新城，帶著部屬、軍隊搬去居住。這裡上接他的根據地江、荊二州，下可號令建康、遙控朝廷。

但虎的詛咒依然追隨到姑孰，揮之不去。桓溫軍中不斷有人被虎捕食，以致入夜後人們都躲進軍營不敢外出。幕府中有名何姓參軍[3]，晚上不敢出門，在板壁上開了個洞方便。一個夜間，他走到板壁旁小解，一隻虎突入咬爛了他的下體，參軍當場身死。[4]

在桓溫的陰影中，司馬昱小心翼翼生活了一年半，然後一病不起。雖然他已有兩個兒子，但一直沒敢指定太子，沒有桓溫的意見，他不敢安排後事。

他希望當面見到桓溫，聽到桓溫的保證。或者，即使桓溫想在他身後篡晉即位，他也想當面囑託桓溫，希望能保全自己的孩子。

司馬昱口授了給桓溫的詔書：「吾病已重，足下立刻動身前來，望能最後相見一面。速來，速來！」對桓溫，他甚至不敢自稱「朕」。

一日一夜之間，四道催促桓溫入都的詔書發至姑孰。桓溫卻猶豫不敢動身。他不是怕建康有什麼陰謀，以他現在的實力，無人敢動意加害於他。他是怕單獨面對司馬昱，怕礙不住臉面，許下自己不想遵守的承諾。

桓溫的不臣之心已是四海皆知。士族間流傳的說法，桓溫曾臥榻嘆息：「如此寂寞無為，將被司馬師、昭兄弟恥笑！」旋即又坐起道：「既然不能流芳後世，難道不能遺臭萬年？」

2《太平廣記》卷二九四〈袁雙〉。
3 參軍：兩晉時期將軍府中的中級職務，有各種職能分工。
4《太平御覽》卷八百九十二引《幽明錄》。

司馬師、司馬昭是司馬懿的兒子，曹魏末年的權臣。在時人看來，桓溫離廢晉稱帝只有一層窗紙的距離了。

但桓溫每次面見司馬昱時，總有種莫名的緊張愧疚。前年廢黜司馬奕，推戴司馬昱時，他已經擬定好了腹稿，陳述自己此舉的正義與偉大。但司馬昱在朝堂登基時傷心落淚，竟讓桓溫心愧口吃，一句話都沒說完整。[5]

病重的司馬昱等不到桓溫，便立十歲的兒子司馬昌明為太子，他留遺詔給桓溫說：如果這個孩子值得造就，就請輔佐他；不然，便請閣下取而代之。

出自太原王氏的侍中王坦之負責傳達詔書，他看後深為不滿，拿到司馬昱病榻前撕得粉碎，說：「當今天下，是晉朝列祖列宗所傳，陛下怎能私自送人！」司馬昱又讓王坦之改為：「朝廷大事都要稟報大司馬桓溫，如同諸葛亮、王導為丞相輔佐幼主先例。」當天，司馬昱駕崩，諸臣奉太子司馬昌明即位，為晉孝武帝。

得到遺詔，桓溫大失所望。他本指望司馬昱能將帝位禪讓給自己，他在寫給弟弟桓沖的信中抱怨：「遺詔不過是讓我遵循諸葛亮、王導的先例！」

孝武帝年幼，朝中主持政務的主要是謝安、王坦之、王彪之三人。王彪之是老名士，出自琅琊王氏，他和謝安共同控制尚書省；王坦之主持中書省。謝安、王坦之都曾在桓溫幕府效力，如今，他們是整個東晉士族階層抗衡桓溫的希望。

## 士族

中國從秦代到漢代，都是皇權獨尊。皇帝是王朝唯一的主人，天下的一切都屬於皇帝。在皇權之下，又建立起一整套完備的中央、地方行政制度和官僚制度。全國劃分為一百多個郡、一千多個縣。郡以上，又逐漸增加了州一級，全國劃分為十多個州。

到東漢，進入官員序列最重要的途徑，是先在地方郡、縣擔任小吏，他們由地方官選拔，對地方官負責，所以稱為屬吏。屬吏逐級升遷，得到郡太守認可之後，會以「孝廉」或者「秀才」的名義推薦給中央，成為備選的正式官員。沒有擔任過屬吏但有文化的人士，也可以被地方官直接推薦給朝廷。不管通過哪種途徑，都要參加中央的統一考試，合格者才能成為正式官員。

各地都會有一些非常富裕的大家族，漢代人稱他們為「豪強」。他們的子弟有條件接受文化教育，能很方便地進入地方政府擔任屬吏，然後等待進入正式官員行列的機會。但皇帝對這些家族一直保持警惕。中央設置的考試制度，就是防範家境優越但才能欠缺者混進官僚團隊。漢代地方官的一項重要任務，就是抑制、打擊那些勢力過大的豪強家族。這種打擊有時十分血腥：一個大家族的數百名成員被全部逮捕，成年男人被處死，女子和兒童成為苦役犯，家產被充公。在漢代，勇於「搏擊豪強」是地方官的重要政績。

5《世說新語．尤悔第三十三》：「桓宣武對簡文帝，不甚得語。廢海西後，宜自申敘，乃豫撰數百語，陳廢立之意。既見簡文，簡文便泣下數十行。宣武矜愧，不得一言。」

東漢末年，黃巾起事天下大亂，宮廷又因為文官和宦官的互相殺戮而陷入內亂，并州牧董卓趁機劫持朝廷。各地官員聯合起兵反對董卓，之後又互相混戰。這些動亂是地方豪強擴大影響的好機會。他們有大量宗族成員和家丁奴婢，宅牆高大堅固，糧儲豐富，可以組織起小規模的武裝，在亂兵中自保。門戶單薄的百姓，自願或被迫向豪強獻出自己的土地和人身權，換取他們的保護。州郡的地方官們（正在形成中的軍閥）也需要這些人支持，建立地方武裝。活動在中原的曹操、袁紹、劉備，南方的孫策、劉表、劉璋等軍閥，都要爭取地方豪強的支持。

曹操在混戰中統一北方後，努力將這些支持過自己的豪強大族和官僚機構結合起來，承認他們的一些特權，同時也希望他們服從自己的權威。大族成員相繼進入了中央政權，成為高級官員。

隨後幾十年內，先有曹丕廢漢朝、建立魏朝。繼之是司馬懿和他的兩個兒子掌握曹魏政權，最後是司馬懿的孫子司馬炎（晉武帝）終結魏朝，建立晉朝。這兩次改朝換代，都是權臣篡位，採用和平「禪讓」的形式：早已被架空的皇帝被迫宣布，自己的王朝天命已去，應該仿效堯、舜、禹相繼讓賢的方式，交給眾望所歸的賢人建立新朝。新王朝為了犒賞群臣的配合和擁戴，就再給他們更多的特權。這些人已經足夠富裕，他們最需要的不是財產，而是子孫後代能夠繼續做高官的保障。

於是有了「九品中正制」：所有士人——所有正在做官和有可能做官的人，被劃分成九個品級。對於還未做官的人，這個等級將決定他起步官職的高低。第一品最高，理論上屬於完人和聖人，所以永遠空缺；第二品是事實上的最高一級。再以下的各品之間，是量的區別；它們和二品則是質的區別。

這個制度是曹丕創制的。隨著高級官員們的努力爭取和皇帝對他們的籠絡收買，這種制度的核心變成了區分家族等級：每一個官員家族的「品」被都固定下來，他們的子孫後代也永遠屬於這一品，「士族」階層由此產生。所以士族的本意是憑藉品第可以世代做官的家族，真正的士族都是二品家族。在司馬氏的晉朝，一個原本低於二品的士人想進入這一等級，需要獲得皇帝的賞識，或者士族官僚集團的一致認可，成功者近乎鳳毛麟角。

即便想通過偽造檔案和賄賂提高等級也很難成功。當過高官、享有盛譽的頭等士族負責執行這一制度，他們被任命為「中正官」，負責自己家鄉州郡士人的品第評定——其實品第已經世襲，不需要評定，他們要做的，就是給那些新成年的士族成員建檔，寫下已成俗套的評語，然後抄送副本，交由朝廷保存。

評定二品家族的參照標準，是在這項制度固化時所有的當朝高官制定；其次是按照地域原則，每個郡有數個二品名額，分配給最有勢力的家族。數百個家族由此壟斷了從朝廷到地方的整個官僚體系。因為家族品第和地域的聯繫，他們很重視自己的籍貫，習慣將家鄉郡名放在自己姓氏之前，這就是「郡望」。即使已經在京城定居數代，他們依舊認為自己是博陵郡人、隴西郡人或者陳郡人。

這種壟斷政權的士族，當時用另一個詞「門閥」指稱。閥的本意也是門，街道兩側都有半掩的院門，門內是家庭，家庭的職能是繁衍子孫後代。世代相承的家族便是當時的門閥。至於士族子弟進入官僚階層後的升遷速度，則由家族勢力、運氣、能力等因素的合力決定，因為官職本身不能世襲，能世襲的是進入各級官僚梯隊的資格。

對於晉朝的開國皇帝司馬炎來說，他不得不靠這種制度收買整個士族階層，換取他們對自己無恥篡位的支持。但他會警惕再產生和自己一樣的權臣，因此不能把國家的權力都交給士族。司馬炎的對策是重用自己的兒子和宗族成員。司馬宗室諸王被授予「都督」（全稱是「都督某地諸軍事」）職銜，分派到全國的重要地區駐紮，掌握兵權。這不再是秦漢時皇帝一人獨掌萬機、指揮整個官僚機器，而是皇帝家族——第一家族——共同控制國家。這也算是士族政治的一種邏輯延伸。

西晉朝數十年間，特別是二八〇年滅吳統一全國以後，皇室、宗王和士族官僚在奢靡腐敗中墮落，沒人關心行政效率和社會是否公平，他們集體投入到瓜分天下財富的狂歡和爭奪之中。司馬炎選擇的太子——後來的晉惠帝是個傻子；掌握兵權的其他宗室諸王，智力也大都不高。所以惠帝即位後，宮廷首先被密謀傾軋和殺戮攪得一團亂。各地的諸王也相繼捲進來，一次次帶兵進入洛陽廝殺、混戰，戰火隨之蔓延到整個中原大地。這就是所謂「八王之亂」。

八王之亂中，匈奴人劉淵、羯人石勒趁機起兵。司馬宗室在戰亂中大都被殺死。僅石勒在三一一年的一次戰役中，就俘獲殺死了三十六位宗王。兩位司馬氏皇帝相繼被匈奴人俘虜、殺死。北方落入匈奴、羯、鮮卑等族的統治下。北方士族紛紛南下避難，他們擁戴駐紮建康的琅琊王司馬睿（晉元帝）稱帝，建立起偏安江南的東晉。經過這一番動盪，皇帝和宗王權力大大削弱，朝廷和各州政權都落入了士族高門之手。

士族之間也有競爭，但他們不允許皇權獨尊，江東政治就在士族高門的暗鬥與妥協間保持著微妙平衡。

但這種平衡並不穩定。南渡後數年，控制荊州的王敦就有問鼎之心。他曾兩度起兵進入建康，獨掌朝政。這種一家獨大威脅到了其他家族利益，所以第二次起兵時，王敦受到了各家族的聯合對抗，身死兵敗。而到現在，桓溫隱然已成了第二個王敦。士族還能不能保住他們共和共治的江山？

## 覬覦與消磨

司馬昱死去半年以後，桓溫率部來到建康。他聲稱此行是來朝見新即位的皇帝——十一歲的司馬昌明。謝安、王坦之帶領朝廷百官到建康城南的新亭碼頭迎接。此時建康已是人心惶惶，傳言桓溫要殺盡朝臣，代晉稱帝。

謝安是當時名士領袖，他沒有任何對抗桓溫的實力。但謝安曾在桓溫幕府任職，熟悉桓溫的為人。他知道，如今應對桓溫，必須要撐住朝廷身分，不然，滿朝文武的畏懼伏拜，會滋長桓溫的驕橫，萌生覬覦神器之心；但又要有理有據應對，不給桓溫任何翻臉的機會和藉口。

桓溫下舟之時，百官都在道側迎拜。宴會上，荊州軍隊重重林立，朝臣都戰慄失色。王坦之大汗沾溼衣服。唯獨謝安談笑風生，甚至臨席賦詩，和桓溫酬酢唱答，顯得若無其事，一切照常——這也意味著，天地運行、人間君臣之禮仍然照常，不宜搖撼。

據說桓溫已經和郗超擬好了一份準備誅殺的朝臣名單。他邀謝安、王坦之密談，將名單丟給二人。謝安看畢無言，王坦之則丟還桓溫案前，只說一字：「多。」[6]

王、謝二人並非不懼桓溫，他們只是強打精神，避免引發桓溫野心。但對桓溫的謀士郗超，他們則是全力討好，以便保全自己與朝廷。兩人曾一起拜訪郗超，結果等到中午仍未獲得接見。王坦之打算返回，謝安勸他：「就不能為性命再忍片刻？」

桓溫已經努力鼓足了篡位的勇氣，然而面對王、謝強撐門面的姿態，卻不知該如何撕破臉面。到建康不久，他就得病不起。流言說，這是在桓溫拜祭簡文帝陵時，那些被他誅殺的士族鬼魂進行了報復。在建康停留十四天後，桓溫返回了姑孰，此後病勢日加沉重。

他感到自己時間不多了，示意朝廷授予自己「九錫」。「九錫」是皇帝賜給功勳大臣的特殊待遇，包括官服、車輛、斧鉞等。經過曹氏篡漢、司馬氏篡魏，權臣「禪代」已經有了一套固定程序，加「九錫」幾乎是篡位的固定前奏曲。

朝廷諸臣對桓溫不敢有否定意見，只能拖延時日。王、謝讓袁宏起草給桓溫加「九錫」的詔書。袁宏此時在尚書省任職，很快完成草稿交給謝安。謝安每次都提出一點意見讓袁宏修改，如此往返多次，歷經數十日。袁宏不解，悄悄向王彪之詢問。王彪之解釋：傳聞桓溫病情加重，在世的日子不多，可以拖延觀望。

返回姑孰四個月後，桓溫病死，時年六十二歲。朝廷名士終於鬆了一口氣。晉朝的天下——士族的天下保住了。

桓溫本已立世子桓熙繼承爵位，但桓熙與叔叔江州刺史桓沖不和，被桓沖廢黜。五歲的幼子桓玄繼承了桓溫的南郡公爵位。

桓氏家族仍控制著東晉諸州：桓豁一直是荊州刺史，現在桓沖接替桓溫的揚州、豫州刺史，江州則轉給桓豁之子桓石虔。

但桓沖沒有哥哥的野心，他深知，桓溫在世時結怨太多，權勢已非人臣所能堪，桓氏家族現在需要的是從高峰慢慢走下來，而不是猛然間摔得粉身碎骨。次年，他辭去揚州刺史，將此職讓給謝安，自己赴任徐州刺史。

兩年後，桓豁病死，荊州刺史空缺，桓沖由徐州調任荊州。至此，桓氏家族又回歸了上游荊、江二州。

謝安侄子謝玄任兗州刺史，鎮廣陵，與謝安的揚州連為一氣，長江下游盡入謝氏家族麾下。荊、揚兩大勢力，又回歸到相對緩和的並立狀態。

但北方的戰雲又在聚集，東晉即將迎來新一輪滅國災難。

6《世說新語．雅量第六》。

# 第三章：苻秦崩潰

## 庶民劉裕

公元三八三年，桓溫死後第十年，深秋十月。

長江之中，一片巨大沙洲上長滿蘆荻，遙對京口城垣。如今蘆葦已枯黃，蘆花綻放如雪。一葉小舟停泊在蘆蕩深處，兩個年輕人正在埋頭砍伐蘆葦。年長的劉裕，今年二十一歲，另一少年是他異母的幼弟劉道規。

父親劉翹死後，劉裕一家生活極度窮困，全靠蕭氏一人躬耕勞作，將三個幼子撫養成人。蕭氏希望振作門庭，努力供養中子劉道憐讀書。劉裕和劉道規沒有求學機會，僅粗識幾個文字。現在水稻收畢，小麥種下，他們抽空來割蘆葦，除了搭蓋自己家的草房屋頂，還要賣到建康城裡作燒柴。

隱隱的喧鬧聲從南岸傳來。劉裕兄弟在葦叢中直起身，向京口城下眺望。

那裡，展開了風帆的船隊正離開碼頭，向北橫渡長江。據說前秦苻堅的軍隊正大舉南侵，已經開到了淮河邊。還有傳聞說秦軍已經渡過淮河，占領了壽陽城。徐、兗二州刺史謝玄正準備和秦軍決戰，滿載士兵的船舶正駛向壽陽前線。

戰爭陰霾下，江東早已人心惶惶，流言四起。苻堅傾國南征，來勢洶洶，據說兵力達百萬之多。東晉沿江堪用兵力不過十萬餘人。很難相信謝玄能抵擋住秦軍，富貴之家早已準備南逃。

劉裕兄弟還沒想過從軍。東晉制度，士兵都是世襲身分的軍戶，身分比平民低賤。平民只有犯罪免死才會補入兵籍。劉裕兄弟雖家境貧寒，還不至於如此。像他們這種先輩稍有一點身分，但又不通文墨的南渡僑民，可以被州、郡長官招納，擔任低階軍官。但那需要官府中人引薦。對劉裕來說，北方的戰爭還是十分遙遠的事情。畢竟，北方離亂以來，雖然偶有流寇的胡馬臨江，但都轉瞬即逝，從未有過渡江危機。

窮人看不到改變命運的機會，只能向算命先生詢問前程。劉裕也曾請人算命，結果是：他的生辰干支屬於「祿命雙亡」之運，就是壽命不長，也不會有任何官爵。政壇是士族禁臠，劉裕倒沒什麼非分之想。

另外，占書還預言，他今後將只有長子能安然成長，其餘孩子將全部夭折。不過這也說明，他應該能活到看見兒子出世。所以他眼下要做的是多砍些蘆葦，攢錢為自己娶一房妻子。

蕭氏已為他定好了親事，對方女子叫臧愛親，長劉裕兩歲，也是南來僑民之家，祖上據說也做過郡功曹小官，現在家境已經衰落，因為置辦不起體面的嫁妝，所以遲遲未能嫁人。蕭氏看好的是，臧氏兄長臧燾是個有學問的讀書人，曾在建康的國子學當過助教，因為常年被拖欠薪俸，才不得已回家耕田奉養老母。靠臧燾的人情，如果兩家結親，中子劉道憐也許可以去國子學讀書。這是蕭氏對這樁婚姻最滿意的地方。今年冬天——如果戰火還沒燒到江東的話，就該為劉裕辦婚事了。

## 聖人夢

京口西北八百里外，淮河支流潁水之濱的項城（今河南沈丘縣南），已是駐紮著千軍萬馬的巨大軍營。源源不斷的各族步兵、騎兵，首尾相連的船隊，正在向下游的壽陽城方向開去。人踩馬踏、車輪碾軋起巨大的黃塵，牛馬糞被踩踏成粉末混合在塵土中，形成遮天蔽日的雲層向東南飄去，把北國的腥羶之氣播向江南。

占星家將這煙塵稱為「軍勝之氣」，善於望氣者，可以從中看出各種形狀，預測今後的戰況：

> 凡軍勝之氣，如堤如坂，前後磨地。或如火光，將軍勇，士卒猛。或如山堤，山上若林木，將士驍勇。或如埃塵粉沸，其色黃白；或如人持斧向敵；或如蛇舉首向敵；或氣如覆舟，雲如牽牛；或有雲如鬥雞，赤白相隨在氣中；或發黃氣：皆將士精勇。[1]

陣雲起處，是苻堅的行營所在。他已經在此駐紮近一個月。現在的苻秦王朝已經統治了東起遼

1《晉書》卷一二《天文志中．雜氣》。

東、西到敦煌、南兼巴蜀的萬里之地。呂光遠征軍還正在向西域進軍，即將帶回那裡的奇珍異寶和名僧玉佛。待江南平定、西域歸附，苻秦帝國的疆域將超越秦皇漢武。

如今，整個秦帝國已經全面動員。西線，巴蜀軍隊正浮長江而下；東線，從幽、冀調集的軍隊已經集結在彭城；苻堅坐鎮的中線，已經跨過淮河占領壽陽。

更多的軍隊還在從後方源源不斷開來。從涼州出發的軍隊此時剛到達長安。待全部軍隊部署到位，一聲令下，大軍將渡淮越江，橫掃南國。以江南區區四百餘萬人口、十餘萬人的軍隊，大概到戰爭結束之日，很多秦軍連敵人的面也不會碰到。

但苻堅還在等待。他心中有一線希望，就是東晉君臣能早識時務，舉國歸降。他已經派使臣向江東朝廷勸降，並發布了對東晉君臣的待遇條件：晉帝司馬昌明將擔任秦朝的尚書僕射；名士謝安任吏部尚書。長安城內已經為東晉君臣建好了宅邸，只等他們入住。

苻堅現在是皇帝，氐人身分的皇帝。但他想做的，不僅是一個一統天下的雄主，更是聖人，儒家標準的聖明天子。

苻堅生長的環境，不是祖先們居住的西部深山密林，而是石虎統治下的枋頭、鄴城，那裡雜居著胡漢氐羌，各種語言、風習雜糅並存，形成了一種怪異的混合文化氛圍，塑造了苻堅的早年記憶。

他八歲時曾向祖父請求拜師求學，戎馬一生的老氐人大為吃驚：「都說我們是戎狄異類，祖輩只知道喝酒，現在居然有要讀書的孩子了！」

和長輩們在馬背上、酒囊裡成長的經歷不同，苻堅自幼飽讀漢文經書。北中國戰亂以來，識字的家族鳳毛麟角，但他們還保留著太平盛世裡傳抄下的各種古書，偶爾也能吸引到粗通漢語的北族顯貴。

在這種蕭索的文化氛圍中，苻堅完成了他在漢字方面的啟蒙，他唯一的夢想就是實現儒家修身、齊家、治國、平天下的理念。連年的紛擾戰亂、民族征服與屠殺，更使他下定決心：所有的族群和人種，都應當和平、平等地生活在一個統一王朝之下；而只有聖賢的君王，才能實現這個亂世裡的終極理想。

自即位以來，他已經按照儒家經典的描述，在長安修建了供天子四時居住和祭祀的明堂，還有祭祀天地神祇的方壇圓丘。他每年春天都要舉行親耕的籍田之禮，他的皇后也要舉行祭祀桑蠶之神的典禮，為天下百姓祈求風調雨順、年景豐饒。在儒家經書裡，這都是一個聖明君主的職責。

他興建了太學，要求氐族和其他各族高官的子弟必須入學，接受儒家經典教育。他下令各地州郡興建學校、教導士民。他每月至少要駕臨太學一次，觀摩儒師授課，還會親自考評學生學習經義的進展。他要按先聖的教導，建立一個天下為公、長幼有序的大同世界。

他甚至想讓自己的將軍們都學習文化，給每人都配備了博學的儒生做教師。這些出身夷狄，畢生戎馬的蠻族將領都苦不堪言。

苻堅知道，自己的帝國裡面有太多異族。除了人數最多的漢人，還有曾經稱帝立國的匈奴人、羯人、鮮卑人，此外還有羌、蠻、獠、蜀和各色不知名字的雜胡人等。苻堅希望所有這些人都認識到，他的秦帝國是一個亙古未有的聖明王朝，所有民族在這個王朝裡都有平等的機會。哪怕是被征服的慕容鮮卑，它所有的宗室、高官在前秦朝廷裡都有一席之地。能征善戰的慕容垂、慕容德兄弟，甚至曾經的燕帝慕容暐，都擔當了南征前鋒，正在領兵和晉軍作戰。

氐人的宗室近臣，包括苻堅的弟弟——陽平公苻融，都不相信苻堅的寬大仁慈能收買人心，他們一次次警告他：不要輕信那些異族臣虜，他們肯定在留戀自己的王朝。一旦有風雲變幻，他們會把新生的秦帝國送進深淵。

但苻堅相信，自己的善意能夠感化他們，自己的權威也不容他們產生非分之想。不僅對這些異族，就是對謀反失敗的宗族成員，他也總是真誠追問：我真的有什麼對不起你們的嗎？當回答讓他認識到，人的欲望是無限的，永遠不能滿足，他也不願誅殺他們，而是把他們流放邊地。他大概希望這些宗親有朝一日良心發現，然後在懺悔和贖罪中度過餘生。

現在苻堅的最後心願，就是征服江南的東晉王朝。晉王朝延續著自漢、魏以來的正統皇位世系，是漢人歸心的正朔所在。他的南征就是為了奪取這個正統，讓它在自己的王朝延續。

此外，江左風流、南渡衣冠也是他最羡慕的，那是中原禮教和士族文化的總集合。苻堅夢寐以求的，就是能和王、謝這些名士們共坐一堂，清談玄理。他自信在這方面，他也可以讓江左士人折服。

他畢生的追求，或者說他在眾人眼裡最不可思議之處，就是這種試圖感化一切對手的狂熱。也許只有基督那句「愛你的仇敵」最符合他的心態。

但是，在追求至聖的理想光環之下，他還是一個普通人。很多其他帝王司空見慣的弊病，在他身上也揮之不去，和他的理想構成了巨大反差。

比如對女人，或者對性的態度。按照最起碼的道德，他的配偶只能是他後宮的諸多嬪妃。但他喜歡慕容垂的夫人，就是慕容垂逃亡關中時帶來的段夫人。他不僅經常召段夫人入後宮侍寢，甚至白天也同輦共坐，一起出現在眾臣面前。這也許是氐人本來就鬆散的男女觀念的產物，但放在苻堅身上就顯得格外不可理喻——而且慕容鮮卑人非常在意這些。

十餘年前滅燕時，俘虜中有燕帝慕容暐的一對弟妹：十二歲的中山王慕容沖和十四歲的清河公主，兩人都形貌俊秀、姿色絕倫，苻堅一見便心生愛幸，以致姐弟二人一度專寵，其他妃嬪再難得見到君王。

慕容沖小名鳳皇，長安民謠傳唱：「一雌復一雄，雙飛入紫宮」，暗中譏諷慕容氏的後宮專寵。王猛為此多次勸諫，苻堅才送慕容沖出宮，讓他到外地擔任官職。

王猛機智多權謀，恰恰與苻堅的寬大仁義互補，他不幸早逝，使苻堅缺少了最能幫助他的人。如今苻堅決議南征，弟弟苻融反對，太子苻宏反對，幼子苻詵反對，他最寵愛的張夫人反對，甚至他最信賴的僧人釋道安也不贊成。表示支持的，反是慕容垂和羌族將領姚萇。

## 雲散淝水

苻堅在項城未等到東晉朝廷的答覆，卻收到了壽陽城中苻融送來的密報。

此時晉軍東線的主力——謝玄的北府兵已經溯淮水而來，進至壽陽城東三十里處，他們害怕秦兵眾多，未敢貿然前進。前鋒向謝玄報告：「敵軍眾多，我部糧食將盡，恐怕在大軍增援之前就會潰敗。」但這名信使被秦軍俘獲。

苻融由此得知：一、晉軍主力已進抵壽陽附近；二、晉軍人心不穩，隨時可能後撤。他火速將這個動向報告苻堅。

得到密報，苻堅豪氣頓生：如果能在壽陽一戰克捷，全殲晉軍主力，建康將門戶洞開。他要親自指揮一場戰爭，一場決戰的衝動再次迸發。

為了不打草驚蛇，苻堅悄悄離開正在項城集結的秦軍主力，只帶八千名騎兵加急趕赴壽陽。他恐嚇身邊的軍人：「有敢洩露我到壽陽消息的，一律拔掉舌頭！」

秦軍成功隱瞞了這個消息。謝玄等不知道秦軍已在壽陽準備決戰，終於鼓起勇氣進軍。他們擊敗了一支攔阻的秦軍，進抵淝水東岸，和西岸壽陽的秦軍隔河相望。

壽陽城頭，苻堅看著對岸晉軍部隊陸續到達，築壘安營，炊煙在夕陽中升起。晉軍向河這邊整軍耀武，吶喊示威，甚至將戰死的秦軍屍體投入河中炫耀。至此，苻堅方才感受到戰場的真實、殘酷和不可捉摸。一旦王猛不在身邊，縱然他擁有地跨萬里的巨大帝國，仍然是如此彷徨無依。

此後的戰況已是盡人皆知。兩軍隔河列陣，苻堅貿然下令秦軍整體後撤，放晉軍渡河決戰。八千北府兵趁機涉渡冰冷的河水，衝向正在退卻的秦軍。最先渡河的晉軍謝石部，正對秦軍最善戰的將領張蠔部，一度被壓回水濱。但繼續強渡的謝玄、謝琰部仍義無反顧撲向秦軍。秦軍陣列開始混亂，命令無法傳達。後排的士兵還不知道前面發生了什麼，失利的謠言在隊列裡飛速傳揚，士兵們開始朝後擁擠、潰退。

為挽回敗局，苻融帶領騎兵衝入晉軍，希望遲滯晉軍的攻勢，激起秦軍反攻的衝動。但他的戰馬失足倒地，旋即被晉軍亂刀砍死。當苻融的頭顱在晉軍的歡呼聲中被高高拋起時，秦軍徹底陷入了潰敗。

苻融生前曾作〈企喻歌〉：

男兒可憐蟲，出門懷死憂。
屍喪狹谷中，白骨無人收。
頭毛墮落魄，飛揚百草頭。

看到苻融跌下馬那一刻，苻堅試圖打馬衝上。羽箭在他耳邊飛過，他也摔在了地上。然後，他似乎又被人扶上了馬背，戰馬在湧動衝撞的人海裡跳躍。騎兵衛隊砍殺正混亂的步兵，為他劈開一條血路。他的馬衝進了淮河。冰冷刺骨的河水讓他恢復了一點神志，發現身上一直在妨礙他的東西，原來是支插入前胸的羽箭⋯⋯。

## 脆弱的道德線

淮南慘敗的消息傳開，正在集結的秦軍主力也開始陷入混亂甚至潰逃。傳聞苻堅已經戰死，北方漸漸失控。

苻堅到項城後，發現這裡從未發生戰爭，但自己的行營已經逃散，張夫人還留在這裡等他。陸續追隨而至的親兵只有千餘人。

慕容垂、慕容德等本來在西線的鄖城（今湖北安陸市）作戰，聞訊急忙率三萬部眾北撤。苻堅帶著殘餘的朝廷行營投向慕容垂部。如今，這三萬人馬是秦朝前線唯一成建制的部隊。慕容暐也棄軍投奔而來。

慕容德和慕容垂的世子慕容寶，都勸慕容垂趁機殺死苻堅，占據前秦疆土。慕容垂不從：「我當年受慕容評猜忌，走投無路才亡命到苻堅麾下，承蒙他信任，以國士待我。王猛千方百計陷害我，也多虧苻堅寬容明察。此恩如何能忘！如果氐人大運已去，我等當回東方興復舊國。關西之地與我們慕容氏無緣。」

苻堅在慕容氏簇擁下一路北返，沿途收集逃散的軍隊，到達洛陽時，已有部眾十餘萬，粗具規模。幸有鎧甲防護，他的箭傷不算嚴重，現在急於返回長安。

隊伍快要抵達潼關時，慕容垂提出：如今河北民心動盪，自己應回去收拾局面，那裡是鮮卑故地，民眾畏服慕容氏，另外也順便拜祭鄴城的慕容宗廟。苻堅當即應允，調撥三千軍隊給慕容垂指揮。

有人私下提醒苻堅：此時國家新敗，四方多有叛離之心，應當徵集名將拱衛京師根本。慕容垂膽略過人，本為避禍而來，譬如養鷹，飢則附人，遇風起便有凌霄之志，正應該綁緊一些，怎能輕易放虎歸山？

苻堅也覺此言有理，但他不願食言。此刻他只有相信天命，如果上天仍舊在佑護他的大秦，凡人的智數都是徒勞。

慕容垂帶著慕容德等東去，慕容暐則跟隨苻堅返回長安。慕容家族這一分別，從此天各一方。有苻堅部下祕密在黃河浮橋設伏，準備暗殺慕容垂。慕容垂偷偷從上游結筏渡河，於十二月到達鄴城。

鎮守鄴城的是苻堅長子苻丕，他天資聰穎，兼通文武，苻堅對他十分信賴，命他長年駐防鄴城，鎮守燕國故地。此時人們都在懷疑慕容氏要趁亂而起。慕容垂初到鄴城時，雙方都有人勸他們趁會見之時拿下對方，但二人都沒有聽從，只是在互相戒備中安頓下來。

此時有消息說，河南有丁零人反叛。丁零人本生活在太行山裡，苻堅平燕後，將其全部遷出山區，安置在河南。慕容垂向苻丕請命去河南平叛。苻丕心存顧慮，只調撥給慕容垂二千鮮卑弱兵，又派一千氐人騎兵同行監視。

慕容垂行至河南，聲稱兵力太少，擅自在洛陽駐營招募軍隊，很快招募到萬餘人。他祕密部署，趁夜晚突然起兵，殺死了同行的所有氐族騎兵，正式起兵反秦。他還派人通知鄴城內的子侄親屬，要他們儘快出城逃生。

三八四年元旦，苻丕在鄴城置酒大宴僚屬，慕容氏成員全部缺席。苻丕急忙派人尋找。數日後才知道，他們已逃散到各地起兵。河南、河北，鮮卑人的叛亂像野火一樣燃燒起來。

隨後兩年裡，以河北和關中為中心，北中國再度東西分裂——半個世紀裡的第三次。叛亂者對苻氏家族展開了瘋狂攻擊，試圖在前秦帝國的廢墟上重建自己的割據王朝。

圍繞著鄴城的攻與守，苻氏和慕容氏在河北平原上展開了曠日持久的廝殺。

慕容垂在河南召集鮮卑族的慕容、可足渾和段氏舊部，又與丁零、烏桓等雜胡結盟，迅速擴充到二十萬人，這些人並非都是戰士，而是舉家遷徙的流民。他覺得洛陽城四面受敵，還是應該回師占領舊都鄴城。

龐大的鮮卑、雜胡軍隊從石門北渡黃河，浩浩蕩蕩向鄴城開進。一路上零散的鮮卑族人匯集進來。在慕容垂身上，他們看到了重建燕朝的希望。河北各地的鮮卑人也紛紛起兵占領郡縣。

苻丕派遣萬餘兵力攔阻慕容垂，被打得大敗。亡國十三年的恥辱驅動鮮卑人決死奮戰。慕容垂開至鄴城城下，更多的鮮卑部眾趕來會合。苻丕派使臣責罵慕容垂背信棄義，慕容垂則要求苻丕放棄鄴城，率氐人返回關中，將河北歸還給鮮卑人。他還分別寫信給苻堅、苻丕陳述此意，寫給苻堅的信仍用臣子對君主上表的體例。苻堅和苻丕同樣憤怒地斥責了慕容垂。

鮮卑軍隊開始架飛梯、挖地道攻城，雙方在鄴城城下展開一次次血戰。三國時，曹操曾長期坐鎮鄴城，修築了堅固的城牆，在城內修築了銅雀臺等三座高臺（鄴城也因此被稱為「三臺」）。四十多年前，石虎的後趙王朝定都鄴城，又進行過大規模擴建。然後是慕容氏的前燕王朝定都於此。所以鄴城的城防非常堅固，慕容垂用各種器械攻城都不奏效，掘開漳河以水灌城也未能成功。

## 秦晉聯軍

此時，關中的鮮卑人、羌人也已經起兵圍攻長安，北方徹底陷入混戰。這本是東晉北伐一舉克復中原的大好時機。但主政的謝安擔心自己變成桓溫式的權臣，成為士族們的公敵，所以不願真正進行北伐。他聲稱要親自掛帥北征，但渡過長江後，就停留在廣陵不肯前進，只派晉軍占領淮河以北，因為那裡已經陷入戰亂後的無政府狀態。

對於門閥士族來說，偏安無為的貴族共和，更符合他們的家族長遠利益。但那些武人出身的軍官們不這樣想，北方動亂正是他們拓地立功的大好時機。高官職位被士族壟斷了，軍人們立功再多也不能拜相封侯，但打仗仍然是劫掠發財的好機會。謝玄麾下的北府軍官劉牢之，在抗擊苻堅的戰鬥中嶄露頭角，他率部沿著當年桓溫北伐的路線，徑直推進到黃河邊，控制了下游的重要渡口，還在河北岸占據了幾個據點。

得知晉軍開進到河北，苻丕一度很驚恐。但城下的鮮卑人攻勢凌厲，是更現實的威脅。鄴城被圍困日久，城中糧草耗盡，士兵們只能拆毀宮殿，將松木梁柱削成木屑餵馬。有漢人下屬楊膺建議聯絡晉軍，一起對付慕容垂，苻丕思考之後接受了這個建議，親自寫信給謝玄，希望得到晉軍糧援，一起攻滅鮮卑，隨後他將帶部下返回長安，把鄴城留給晉軍——但是，如果去往關中的道路不通，他還將繼續留駐鄴城。

隨後，苻丕派遣參軍焦逵送信到彭城的謝玄軍府。

焦逵和楊膺對苻丕的條件感到悲觀，覺得晉軍肯定不會接受：現在長安路絕，苻堅朝廷的存亡尚不可知，鮮卑人隨時可能攻破鄴城，苻丕哪裡有資格和晉軍討價還價？

楊膺於是重寫了苻丕的信，改為向東晉朝廷求援的上表，稱一旦晉援軍開到，鄴城中的人將全部投降晉朝。楊膺希望晉軍能夠迅速趕來，屆時，苻丕即使不同意此條件，楊膺也可以和晉軍裡應外合，迫使苻丕就範。

此時，慕容垂覺得近期難以攻克鄴城，特地放開了西側圍城的軍隊，希望氐人棄城西逃。焦逵趁機出城，和黃河邊的晉軍取得聯繫，在他們護送下到達謝玄軍營。

謝玄對苻丕的求援大感意外，畢竟在一年前，雙方還是勢不兩立的死敵。焦逵發誓保證苻丕的誠意，並轉達了楊膺的接應意圖。謝玄終於答應：派劉牢之率二萬晉軍解救鄴城。為解鄴城的饑荒，他還命晉軍運送二千斛糧食，這點糧食不多，只能供一千人吃一個月，何況鄴城中的秦軍遠不止一千。但對已經飢困到極點的秦軍而言，能得到這些也是天助了。

三八五年初，劉牢之率北府兵主力抵達枋頭，開始棄舟北上。此時鄴城內有人告發了楊膺的密謀，苻丕將他逮捕處死。隨後晉軍與一支鮮卑軍隊發生遭遇戰，慕容垂只得棄圍鄴城，南下阻擊晉軍。秦軍趁機出城搜尋一切可吃的東西，同時對鮮卑人展開進攻。

四月，劉牢之北進到鄴城城下，秦晉合兵擊敗鮮卑軍，慕容垂被迫北撤。劉牢之未通知苻丕就帶領晉軍北追，急行軍二百里後遭到鮮卑伏擊，晉軍大敗。幸而秦軍趕來援助，劉牢之才保住了性命。

由於飢餓，苻丕的秦軍這時已經極度虛弱，他和劉牢之商議決定，由晉軍換防鄴城，苻丕帶秦軍到枋頭的晉水軍基地就食，補充戰鬥力。此時的河北地區已經戰亂經年，百姓逃散，幾乎無糧可徵，慕容垂的鮮卑軍也在大批餓死。

劉牢之北進和聯秦擊燕的消息傳到建康，引起東晉上層不滿。謝安朝廷藉口劉牢之兵敗，將他調回了後方，另派檀玄代替。檀玄對枋頭的苻丕秦軍發起攻擊，結果被打得大敗。苻丕帶秦軍返回鄴城。短暫的秦晉聯合至此宣告破裂。

不久，苻丕又放棄了鬧饑荒的鄴城，翻過太行山進駐晉陽城。

慕容垂終於進占鄴城。三八六年春，他即位稱燕帝。至此他已經六十一歲。他建立的王朝史稱後燕。

他的一生的前四十五年，是慕容氏飽受猜忌的皇子、皇弟、皇叔；中間十三年，是備受秦臣懷疑，但仍受苻堅信任的前秦之臣；之後是對苻堅的背叛決裂；最後，他享受了十年並不安穩的帝位，也算對數十年辛酸顛沛生涯的一點補償了。

## 叛亂蔓延

苻堅最大的不幸，是沒能像弟弟苻融一樣戰死在壽陽。

淝水一戰秦兵大敗，被苻秦征服的各北方民族紛紛舉兵自立。龐大的苻秦帝國頓如金甌落地，迸裂為大小碎屑無數。一場戰役引起北中國如此劇烈的變局，東晉君臣也完全始料未及。正如後世歐陸梟雄的那個比喻：他朝門上踢了一腳，然後整幢房子轟然崩塌了。

回到長安後的兩年裡，苻堅眼睜睜看著自己的帝國分崩離析，曾經被他寬恕和信任的人一一背叛他。遠方的親人音信不通，目下的關中兵戈四起。他在暴怒和懊悔中做了最後的困獸之鬥，直到在眾叛親離中戰死，他的表現終於沒有辱沒前半生的功業。

三八三年底，苻堅帶著慕容暐回到長安，叛亂的苗頭還沒有馬上萌生。新年這天，苻堅抑制著喪弟的哀傷，打起精神舉行了一場盛大的朝會。淮河流域的晉軍往北推進了一點點，不過這並不重要，前秦帝國的根本還未動搖。慘敗已成為過去，新的一年也許會有新的轉機。

但在三八四年的春天，慕容垂起兵河南，圍困鄴城，東方從此與長安失去了聯繫，他再也不知道兒子苻丕的生死。

關中附近的慕容氏成員也開始起兵：慕容暐的兩個弟弟，慕容沖和慕容泓，都在秦朝擔任郡太守，此時都利用職權起兵反秦。

他們沒有東下投奔慕容垂，而是合兵向長安殺來。因為這裡有他們的父兄妻兒。慕容家族很多成員在外面做官，但他們的家人都在長安城中。被苻堅遷徙到關中的數萬戶慕容鮮卑，正在牧場裡充當牧奴，慕容沖兄弟想召集這些族人，搶回他們的親屬，再返回故國。

苻堅對慕容氏的背叛痛心疾首。他現在已經不指望恢復關東，但關中故地必須死守。他派姚萇和皇子苻熙出征，堵截慕容沖兄弟。

姚萇出自一個西部羌人部族首領家庭。他的父輩和氐人一樣，都被石虎遷到了河北從軍。石趙帝國崩潰後，姚氏羌人也在戰亂中輾轉西歸，結果被剛剛建國的氐人擊敗，姚氏家族投降後受到赦免，一直在前秦朝做官。苻堅南征時，姚萇負責都督巴蜀地區軍事，準備從那裡浮長江而下。但進攻未及開始，苻堅已經戰敗，姚萇急忙返回了長安，繼續為苻堅效力。

慕容沖兄弟自知難敵秦軍，準備掉頭東歸。但苻熙輕敵，貿然發動進攻，被逼到絕境的鮮卑軍隊擊敗秦軍，殺死了苻熙。姚萇自知難以得到苻堅饒恕，棄軍逃奔到渭北，召集做牧奴的羌人部眾，也開始舉兵反叛秦朝。

從此，苻堅要面對兩股強悍的敵人：慕容鮮卑和姚姓羌人。

## 鳳凰止阿房

慕容沖、慕容泓兄弟的部眾迅速擴張到十餘萬人。他們遣使給苻堅送信，稱：叔父慕容垂已經恢復關東，現在如果苻堅肯交出他們的兄長——燕朝故帝慕容暐，他們將東下投奔慕容垂，重新與秦國以虎牢為界，分治東西，秦燕兩國依舊和好。

苻堅本來已經準備放棄關東，但喪子之痛使他喪失了理智。他派人召來擔任尚書的慕容暐，將慕容泓書信擲給他看，大罵慕容家族都是人面獸心之徒。慕容暐大懼，跪地叩頭，血流滿面。他哭著向苻堅道歉，稱對秦朝的忠心決不改變。

苻堅很久才平靜下來，寬慰慕容暐：「這都是慕容垂、慕容泓、慕容沖三個無恥之徒所為，不是卿的過錯。」他承諾保留慕容暐的官職，依舊寬待城中的慕容氏成員，還讓慕容暐給三人寫信，呼籲他們罷兵歸順。

結果慕容暐寫密信給慕容泓：「我身為籠中之鳥，無法逃脫，且已是燕室之罪人，不足復立。弟等勉力創建大業，一旦得知我死訊，即刻登天子之位，重建大燕朝。」

收到書信，慕容泓、慕容沖立刻向長安開進。途中，慕容泓因馭下嚴酷被鮮卑軍人殺死。慕容沖被推為主帥，稱皇太弟。

此時，苻堅正在渭北與姚萇作戰，獲悉鮮卑人逼近，他擔心後方不保，急忙退返長安，派五萬秦軍在長安東二百里外迎戰慕容沖。秦軍在野外挖壕修築營壘，準備長期對峙。

一個黎明時分，鮮卑軍發起強攻，士兵們跳過壕溝、壘牆，衝入秦營展開廝殺。東方的鮮卑大軍還在浩浩蕩蕩開來，環繞著營地奔馳，馬隊踢踏起的煙塵籠罩了秦營，吶喊唿哨聲震撼天地。秦軍猝不及防，軍心大亂，都放棄營壘四散奔逃。

塵埃落定，秦營外原來是一支牛馬混雜的「軍隊」，牛馬背上都是老人、婦女和兒童。原來，慕容沖部下有十餘萬鮮卑人，但都是舉家遷徙，青壯年並不多。他們來自牧場，驅趕著眾多牛馬牲畜。為了強攻秦營，慕容沖讓男子投入攻勢，婦女老弱都騎上牛馬，在陣後奔突揚塵，揮舞臨時製作的旗幟，大聲叫喊助威，居然一舉消滅了秦軍主力。

得知鮮卑人進至灞橋，苻堅派少子苻琳帶三萬人阻擊，又被慕容沖打得大敗，苻琳被殺。慕容沖進抵長安城下，在城西的阿房宮舊址安營。

阿房宮舊址長滿了梧桐和竹林。當初，關中流行童謠「鳳凰鳳凰止阿房」，苻堅以為這是鳳凰降臨的祥瑞，就下令在阿房種植了大量桐、竹，因為傳說鳳凰只棲息在梧桐樹上，吃竹子的果實（竹子數十年才會開花結實一次）。慕容沖小字鳳皇，現在他駐軍這裡，據說正應了當年的童謠，當然還有那首「一雌復一雄，雙飛入紫宮」。

鮮卑人圍困了長安。城中糧盡無援，只能屠殺婦女、老弱為食。長安開始了人食人的饑荒時代。

苻堅登上長安城樓，看到漫山遍野的鮮卑隊伍，不禁嘆息：「如此之多的白虜從何而來，居然如此強盛？」鮮卑人皮膚白皙，經常被稱為「白虜」。又因鬚髮棕黃，被稱為「黃髮鮮卑兒」。

十四年前和苻堅初見時，慕容沖尚是十二歲少年，此時已是鮮卑部眾的復仇統帥。他在城下向苻堅喊話，要他交出城中的兄弟姐妹，他兄長慕容暐和姐姐清河公主都在長安城內。

苻堅在城頭大聲叱責：「爾等奴輩，只該放牧牛羊，何苦造反送死！」

慕容沖反脣相譏：「奴身為奴，受盡辛苦，特來代你做天子！」

此時已是九月。苻堅看秋風裡的慕容沖形容消瘦，衣衫單薄，念及前情，不禁惻然，解下身上的錦袍，命人下城送給慕容沖，並向他口傳詔旨：「古人交兵，也可有使者往來。卿事業草創，跋涉遠來，想必受盡勞苦。今贈卿一袍，以明心懷。當年朕對卿的恩義如何，為什麼忽然到了今天的地步？」

如今的慕容沖已不再是那個孤單無依的後宮少年。他命部下接過錦袍，並向使者轉達大燕皇太弟的口諭：「我如今心在天下，難道在意這一件錦袍的小恩惠？卿如果懂得天命，應早日束手歸降，送我兄燕帝出城！我自當優待苻氏眾人，重續前日之好。」

苻堅不甘接受這種城下之盟。他悔恨當初不用王猛、苻融之言，終使白虜兒翻覆天下！

長安城上空漫天烏鴉，沙啞的嘶叫如哭嚎，似嘲弄。牠們拍打著黑色翅膀，在風中翩然飛舞，聚似奔流的黑色漩渦，散如漫天飄飛的敗葉，俯瞰著人間的殺戮、仇恨與血戰。[2]

鮮卑〈隔谷歌〉：

兄在城中弟在外，弓無弦，箭無栝。
食糧乏盡若為活？救我來！救我來！

〈幽州馬客吟〉：

憎馬常苦瘦，剿兒常苦貧。

黃禾起羸馬，有錢始作人。
郎著紫褲褶，女著彩夾裙。
男女共燕遊，黃花生後園。
黃花鬱金色，綠蛇銜珠丹。
辭謝床上女，還我十指環！

城內的一千多名慕容宗室，在驚恐中偷偷等待著城外傳來的消息。

這年年底，慕容暐向苻堅報告：自己的兒子準備結婚，請苻堅去他家做客。他其實準備藉機殺掉苻堅。結果陰謀敗露，苻堅痛罵慕容暐後將其處死。氐人在仇恨和飢餓的驅使下，不分男女老幼殺死了城中所有鮮卑人。

獲悉慕容暐死訊，慕容沖在阿房即燕帝之位。

## 血汗超度者

已成人間地獄的長安城內，有一小群胡漢僧人，正聚在一起譯佛經。

2《晉書・苻堅載記》：「時有群烏數萬，翔鳴於長安城上，其聲甚悲，占者以為鬥羽，不終年有甲兵入城之象。」

發起此事者，是年老的漢人高僧釋道安。他之前在東晉的襄陽城立寺修行。數年前，秦軍攻克襄陽，將他帶到了關中。苻堅朝廷中，有一位祕書郎趙正。此人信仰佛法，不生鬍鬚，有妻妾卻無子女，時人以為「天閹」，即先天無生殖能力。苻堅因此對他比較放心，經常讓他陪在自己身邊，可自由出入宮禁。透過趙正的推薦，苻堅接見了道安，為其學識風度所折服，感嘆：「此次克襄陽，我得一人有半！」此一人即指道安，半人則是著名學者習鑿齒。苻堅為道安在長安建寺，希望他能為自己提供來自西方智慧世界的諮詢。

釋道安是河北人，在石虎朝長大。當時胡僧佛圖澄最受石虎信仰，是石趙一朝的國師。但佛圖澄學養不高，只擅長呼風喚雨、未卜先知、長生不老之術，當時很多僧人其實是巫師術士。釋道安因此一直遺憾中土佛典缺乏，未得佛學真傳。

西域偶有來遊漢地的胡僧，能俸誦梵經，卻不懂漢語；長安此時有懂梵語也粗通漢語的胡僧佛圖羅剎，但他手邊沒有梵經，也不會背誦。當時前秦帝國正如日中天，與西域交通通暢，釋道安派人到西域發布消息，邀請有志於傳經的高僧來長安。

三八一年，就是苻堅大舉南征的前年，罽賓[3]僧伽跋澄抵達長安，與釋道安、趙正相會。他能口誦大乘經典。於是由他口授梵經，一名胡僧耳聽筆錄，再由佛圖羅剎讀為漢文，一漢僧用漢文筆錄。[4]

這種譯經方式頗費周折，加之諸人首次合作，需要互相適應。用了兩年時間，方譯出《阿毗曇毗婆沙經》。此時已是三八三年八月，苻堅已開始了他對東晉的南征。

同在此年，罽賓的僧伽提婆抵達長安，他能背誦《阿毗曇八犍度論》，但他開始時沒有加入釋道安的譯經團，而是與另外幾名漢僧一起，將其譯為漢文。

第二年初，就是苻堅已敗逃回長安、慕容氏叛亂在東西方相繼爆發時，跋澄看到釋道安等真心求法，就拿出了他攜來的梵文《僧伽羅剎所集經》、《尊婆須蜜菩薩所集論》，與諸僧共譯。提婆譯組此時也加入了道安團體。

這年夏，又有來自兜佉勒的曇摩難提抵達長安，加入譯經僧團。他能背誦《增一阿含經》、《中阿含經》、《阿毗曇心論》、《三法度論》等大量經、論佛典。譯經工作至此全面展開。

長安此時血戰正酣。青壯年僧人也被編入城防部隊，輪流上城巡守。他們更抓緊一切時間譯經。惡戰、屠殺、血汙、死亡不會嚇倒僧眾。屍體不僅可以是食物，也可以是證道成佛的門徑津梁。曇摩難提口誦的《增一阿含經》中，佛祖教導比丘（僧人），如何面對腐屍解脫自我、悟空入道：

> 比丘！觀死屍——或死一宿，或二宿，或三宿、四宿，或五宿、六宿、七宿——身體膖脹，

3 罽賓：西域古國，可能在今阿富汗東北、喀什米爾一帶。

4 《高僧傳．僧伽跋澄》：「……遂共名德法師釋道安等集僧宣譯（《阿毗曇毗婆沙經》）。跋澄口誦經本。外國沙門曇摩難提筆受為梵文。佛圖羅剎宣譯。秦沙門敏智筆受為晉本。以偽秦建元十九年（三八三）譯出。自孟夏至仲秋方訖。」但據《增一阿含經．序》：「有外國沙門曇摩難提者……以秦建元二十年（三八四）來詣長安。」如此，則僧伽跋澄與釋道安等始譯《阿毗曇毗婆沙經》時，曇摩難提尚未到長安。

臭處不淨。復自觀身與彼無異：吾身不免此患。

若復，比丘，觀死屍，烏鵲、鵄鳥所見啖食，或為虎狼、狗犬、蟲獸之屬所見啖食。復自觀身與彼無異：吾身不離此患。是謂比丘觀身而自娛樂。

復次，比丘，觀死屍或啖半散落在地，臭處不淨。復自觀身與彼無異，吾身不離此法。復次，觀死屍肉已盡，唯有骨在，血所塗染。復以此身觀彼身亦無有異，如是比丘觀此身。

復次，比丘，觀死屍筋纏束薪，復自觀身與彼無異。如是，比丘觀此身。

復次，比丘，觀死屍骨節分散，散在異處，或手骨、腳骨各在一處，或膊骨，或腰骨，或尻骨，或臂骨，或肩骨，或脅骨，或脊骨，或頂骨，或髑髏。復以此身與彼無異，吾不免此法，吾身亦當壞敗。如是，比丘觀身而自娛樂。

復次，比丘。觀死屍白色、白珂色。復自觀身與彼無異，吾不離此法。是謂比丘自觀身。

復次，比丘。若見死屍，骨青、瘀想，無可貪者。或與灰土同色不可分別。如是，比丘，自觀身除去惡念，無有愁憂。此身無常，為分散法。

如是，比丘內自觀身、外觀身、內外觀身，解無所有。

譯《中阿含經》至第六十卷時，僧眾們驚奇地發現，苻堅和他的理想、欲望、仇敵、情侶、臣虜們的恩怨糾纏，其癥結和解脫，正在此中：

有婆羅門喪子悲痛，衣食不寧，終日在兒睡臥處、墳墓前痛哭。婆羅門為求解脫，向世尊（佛祖）求助。世尊告曰：「若愛生時，便生愁戚、啼哭、憂苦、煩惋、懊惱。」

此論既出，眾人疑惑不解。國主命大臣那利鴦伽前往問詢——

> 世尊告曰：
>
> 那利鴦伽，我今問汝，隨所解答。那利鴦伽，於意云何？若使有人，母命終者，彼人發狂，心大錯亂，脫衣裸形，隨路遍走，作如是說：「諸賢，見我母耶？諸賢，見我母耶？」
>
> 那利鴦伽！以此事故可知：若愛生時，便生愁戚、啼哭、憂苦、煩惋、懊惱……
>
> 那利鴦伽！昔有一人，婦暫歸家，彼諸親族欲奪更嫁。彼女聞之，即便速疾還至夫家，語其夫曰：「君，今當知我親族強欲奪君婦嫁與他人，欲作何計？」於是彼人即執婦臂，將入屋中，作如是語：「俱至後世、俱至後世！」便以利刀斫殺其婦，並自害己。
>
> 那利鴦伽！以此事故可知：若愛生時，便生愁戚、啼哭、憂苦、煩惋、懊惱。

「若愛生時，便生愁戚、啼哭、憂苦、煩惋、懊惱……。」

譯經僧眾由此生活在一個奇異世界，在這個世界中，只有世尊釋迦牟尼和他的弟子們。僧眾追隨著他們在舍衛國、鞞舍離、王舍城遊歷……。

這裡有富庶堅固的王邊城，城中廣有酥油、蜂蜜、甘蔗、糖、魚、鹽、脯肉，四食豐饒，一切具足……。

這裡有巨大的戰象在陣前搏殺，前腳、後腳、尾、骼、脊、脅、項、額、耳、牙、鼻，一切盡用，驚心動魄，宛如目下的秦燕兩軍之戰……。

這裡有奇異的世界，二日並照，草木枯萎；三日皆出，江河斷流；五日同出，海水減至不沒腳踝；七日出世，一切俱皆燃熾，大地燒壞，如燃酥油……。

這裡有三十三重天，生長著奇異的晝度樹，一天之內，樹葉生長，枯黃，飄落；復又發芽，重生，蓓蕾初生如鳥喙，花朵綻放如鉢盂。滿樹奇花盡放時，光所照，色所映，香所薰，輝耀千里，周天殆遍……。

三八四年七月十三日，慕容沖軍已經圍困長安，《尊婆須蜜菩薩所集論》譯出。

三八四年十一月三十日，慕容暐在長安城內謀反前夜，譯《僧伽羅剎所集經》告成。

三八五年的新年，長安眾將按照慣例朝見苻堅，然後共進一餐。此時長安城中已經沒有任何糧食。諸將回家後，都努力吐出了嘴裡、腹中的食物，給家人充飢保命。

此後，苻堅不甘坐死窮城，數度出城與鮮卑交戰。二月六日，秦軍大破燕軍於仇班渠。次日，又破燕軍於雀桑。十六日，兩軍戰於白渠，秦兵大敗，苻堅在亂兵中逃出性命，奔回長安。

二十四日，一千八百名[5]燕軍趁黑夜爬上了長安城牆，攻入南城。秦軍急忙迎擊，雙方在微弱的月光下肉搏砍殺。天亮時，入城的鮮卑人全部戰死，屍體被秦軍各部計數均分，以充食糧。

就在這個春天，釋道安、曇摩難提等譯《增一阿含經》畢。

如此歲月中，長安譯經僧眾以何為食，史書和佛籍都沒有記載。他們譯經序跋中，也從不提及當時的戰況和處境——這種磨難，或許經歷過的人都不願提及。只是在譯完《增一阿含經》後，淡淡記下一筆：「此年有阿（旁）城之役，伐鼓近郊，而正專在斯業之中。」

二月八日，釋道安忽告眾僧：「吾當去矣！」遂無疾而逝。

他死後，譯經僧眾終於星散。曇摩難提要返回西域故國，此時關西已陷入戰亂，他此一去後再無音信；跋澄一直留在長安，姚氏後秦時期，他還在這裡譯經；提婆東下遊歷，先到洛陽，又應東晉高僧慧遠之邀，赴廬山講經，後到建康譯經講學。

## 宮闕依然

現實世界裡的惡戰還在持續。到五月，秦軍已沒有出城作戰的實力。鮮卑人開始攻城。苻堅住在城牆上督戰，羽箭綴滿了他的鎧甲，鮮血滲透了甲冑和衣服，成群的蒼蠅聚集在他身上揮之不去。他所到之處留下斑斑猩紅的腳印。

關中百姓流散，千里無人煙，倖存的居民結成了三十多個土堡自保。他們試圖將糧食送進長安，但大多被燕軍殺死。苻堅對幸運的來者說：以後不必冒險前來了，天運興衰，凡人已經不能挽回。

5 此戰燕軍損失人數，《資治通鑑》為八百，《晉書．苻堅載記》為千八百。當是《資治通鑑》脫「千」字。

他平生不相信預言讖書，但這時忽然從中發現了「帝出五將久長得」一句。長安城西恰好有座五將山，苻堅相信去那裡會給自己帶來好運，於是留太子苻宏守城，自己帶張夫人、兩個女兒和數百騎兵前往五將山。

苻宏也難堅守長安，最後帶城內的數千士兵和氐人宗室出城西逃。很多人沿途投奔了姚萇。苻宏輾轉一番，到南方東晉，投奔在桓氏家族麾下，他將在江南見證另一番帝業輪迴。

慕容沖帶鮮卑人開進了長安。為報復慕容暐等被殺，鮮卑人在城內大肆屠殺掠奪。慕容沖得知慕容垂已經在鄴城稱帝，不敢返回東方，於是帶部屬在長安郊外修建房屋、播種小麥，準備長期居留在此。但鮮卑人回鄉心切，三八六年春天，他們殺死了慕容沖，推舉一名宗室慕容永為主，離開長安東歸。

在慕容沖和苻堅廝殺的時間裡，羌人姚萇在渭河北岸擴展勢力，占領了很多城池。他的士兵在五將山擄掠，恰好俘虜了苻堅一行，將他帶到姚萇的大營新平（今陝西彬縣）。姚萇想向苻堅索要傳國玉璽，被苻堅痛斥一番。

苻堅至此已無生意，他終日痛罵姚萇以求死。姚萇拿苻堅實在無可奈何，偷偷派人縊死了他。跟隨苻堅的張夫人等人自殺。對苻堅之死，姚萇手下的羌人都失聲痛哭。姚萇不願再提到苻堅的名字，給他起謚號為壯烈天王。

鮮卑人離開長安後，羌人開進了城。姚萇在這裡稱帝，他把自己的朝廷也命名為秦。史稱後秦，以和苻姓氐人建立的秦（前秦）區別。

從此，前秦王朝龐大的屍體上，生長出了後燕與後秦兩個食腐王朝。

姚萇性格灑脫不羈，頗似漢高祖劉邦。他如今登基宴會之所，正是當年向苻堅稱臣的宮殿。酒酣之際，姚萇忽然問群臣：「當年卿等和我，都在這裡侍奉秦朝。今天忽然尊我為帝，難道不覺得羞恥？」

群臣面面相覷，一時啞然。有人反應及時：「如今天尚且不恥以陛下為子，臣等又有何恥？」鬨笑聲中，後秦君臣終於消解了一些尷尬和羞辱。

姚萇稱帝的次年，東方的慕容垂略地河南，俘虜了曾和他一起在秦廷共事，後投向東晉的僕射光祚。當初在長安時，苻堅曾與慕容垂握手長談，光祚看出慕容垂神色不自然，找機會對苻堅說：「陛下是不是覺得慕容垂有點可疑？此人絕不是久居人下之輩！」苻堅沒有採納這個除掉慕容垂的建議，反而將此言告訴了他。

如今，年已六十三歲的慕容垂見到光祚，不由淚下沾襟。他對光祚說：「秦主待我恩深，我也為他力盡臣節。只是受王猛、苻融二公猜忌，我怕身遭死罪，才背棄秦主。如今每念及此事，夜不能寐！」二人相對抱頭痛哭——其實在慕容垂決心反叛時，王猛和苻融兩人都已經死了，他自己也難說清楚這段心路。

慕容垂心理素質遠不如姚萇。鄴城是他前半生屈辱和背叛的象徵，他無法在這裡安居，將都城遷到了北方數百里的中山（今河北定州市），將鄴城留給弟弟慕容德鎮守。

苻堅太理想化，太想做聖人，他對對手的諒解和寬大，終於導致苻秦帝國轟然瓦解。但那些靠背叛他建立帝業的人，卻從不敢嘲笑和蔑視苻堅。這些人畢生都將活在他的陰影之中。

## 佛國之路

苻堅已死，但苻秦王朝沒有終結。先是逃亡到晉陽的苻丕稱帝，不久被從長安遷徙而來的慕容勢力攻滅。苻堅侄子苻登又在長安以西的隴山中起兵，率領氐人繼續與姚萇作戰。他在苻堅死後稱帝，延續前秦朝的世系。

秦軍部眾矢志為苻堅報仇。他們出征作戰時，都用馬車裝載著苻堅靈位同行，三百名軍人在車旁護衛。戰前他們向靈位祈福，戰後向靈位稟報戰果。士兵們都在鎧甲上鐫刻「死休」二字，以示復仇之戰至死方休。他們不籌集軍糧，只以敵軍屍體為食。

姚萇本以為苻堅死後，關中已經全歸己有，卻未料到苻登率部西來，連連擊敗羌人軍隊。姚萇惱羞成怒，將苻堅屍體挖掘出來鞭撻，又剝光了衣服與荊棘同埋。苻登率萬餘人包圍姚萇軍營，全軍痛哭舉哀。姚萇讓營內的羌人也大哭回應。後來苻登奪得苻堅屍體，又以天子之禮下葬。

看到苻登勢不可遏，姚萇覺得苻堅的神明在幫他們對抗自己。他也在軍營中豎立了苻堅神像，獻祭祈禱，祈求寬恕。苻登在營外的樓車上眺望，看到了姚萇營內這場鬧劇，他遙向姚萇喊話：「你為臣而弒君，又想立像求福，有何益處？不如出營來與我決鬥！」

姚萇不敢答應苻登的挑戰。此後兩軍戰爭，姚萇軍也沒有獲得什麼優勢，軍營中反而數次夜驚，士兵們在暗夜中驚恐叫嚷奔走、互相砍殺，天明後卻找不到任何異常。姚萇懷疑是苻堅陰魂作祟，又斬了苻堅神像之首，派人送到苻登軍營。

苻秦和姚羌間的戰鬥又持續了七年。苻登部眾得不到補充，日漸消耗。三九三年底，姚萇患重病，生殖器腫脹如生大瘤。醫生為他刺腫放膿，創口卻出血不止。姚萇說，他近日曾做一夢，夢到苻堅帶數百名天使和鬼兵衝入大營，姚萇驚恐地向後宮逃命，衛士用長矛迎面刺鬼，卻誤中姚萇陰部，矛拔出後血流不止。夢醒後，便覺陰部腫痛發病。

病重的姚萇神志不清，不停自稱「臣」「萇」，以及「殺陛下的是臣兄姚襄，非臣之罪，願陛下明鑑」等胡言亂語，最後終於死去。

姚萇死後，太子姚興即位。他終於撲滅苻登，終結了前秦王朝。和他父親一樣，姚興也被苻堅的亡魂折磨糾纏，他開始向佛教尋求救贖。

苻堅末年在長安譯經的僧眾，此時尚在人世的，都受到姚興的豐厚供養，陸續還有鳩摩羅什等西域高僧來到關中，主持翻譯佛經。姚興廣建禪寺、立神像，百姓紛紛剃度出家。歷經十年戰火、掠奪、屠殺、饑荒的關中，此時儼然已成佛國。

畢竟，除了空無寂滅的佛理，再沒有什麼能安慰這片滲滿鮮血的多災多難的土地，救贖那些曾經在欲望、道義與恐怖罪惡中苦苦掙扎的靈魂了。

# 第四章：江東新士族

## 桓氏又起

北方尚在血汗中掙扎，南方已是歌舞昇平。

淝水之戰後不久，桓沖、謝安相繼去世，東晉內外矛盾消解，又回歸萎靡安樂。孝武帝司馬昌明已逐漸長大，他趁桓氏家族人才相繼凋零，控制了上游荊州的人事權，又任命哥哥司馬道子為丞相，逐漸樹立起一點朝廷權威。

桓溫的幼子南郡公桓玄，正是在這一輪短暫的承平環境中長大。桓溫死時他僅五歲，淝水之戰時十五歲。他自幼肥胖，比同齡人重一倍多。但在臃腫的身軀下面，他有著超人的才智和極度驕傲、敏感的心靈。

叔叔桓沖死後，桓氏聲威大減，桓玄只能回歸一名普通士族子弟的生活。二十三歲時，他被任命為太子東宮屬官，幾年後升任義興郡（今江蘇宜興）太守。對於一名士族子弟，這樣的仕途不算坎坷。但桓玄不滿，認為朝廷待他太薄。相比父親桓溫當年威震江南的氣勢，他如今的境遇顯得落差太大。義興山水秀麗，但桓玄無心遊賞。他曾遙望震澤（今太湖）長嘆：「父為九州霸，兒為五湖長！」

桓玄更不滿的是，今上司馬昌明本來是靠父親廢黜司馬奕、擁立司馬昱才得繼位的，這樣算來，桓氏家族是當今朝廷的大恩人。而如今從朝廷到士族，都認為桓溫篡晉未遂，對桓氏後人甚為不齒。一次桓玄入建康晉見丞相司馬道子，當時道子已醉，斜睨著堂下的桓玄說：「桓溫晚年想做賊，怎麼說？」桓玄頓時驚恐伏地，戰慄流汗不止。

焦慮不滿中，桓玄辭官回到自己的封國——南郡。這種情況當時很少。有勛勞的大臣，朝廷會給予封爵，但封地是象徵性的，受封者不能直接統治，只接受其中部分民戶交納的賦稅，一般受封者也不會住在封地。但桓玄比較特殊，因為南郡在荊州，荊州是當年桓溫大本營，桓氏在這裡廣有人脈和威信，所以桓溫把家安在了南郡。桓玄向朝廷上書，要求表彰先父的功勛，給自己應得的待遇。朝廷沒有回音。

三九七年，晉孝武帝被自己寵愛的妃子用被子悶死。太子司馬德宗即位，是為晉安帝。司馬德宗智力低下到不會說話，冷熱飢飽都不知道，全靠弟弟司馬德文照顧生活。朝廷大權都落入皇叔司馬道子手中。

此時的荊州刺史，是先朝孝武帝提拔的殷仲堪；徐州刺史是當時帝舅王恭。他們對司馬道子當權都很不滿。桓玄趁機鼓動殷仲堪，要他和王恭聯手對付司馬道子，同時他還向司馬道子索要廣州刺史的職位。司馬道子為了分化對手，答應了桓玄的要求。

但桓玄不想去廣州，他只是想要刺史的名分。三九八年，殷仲堪、王恭相約起兵，同時向建康進軍，準備除掉司馬道子。用人之際，殷仲堪想借重桓玄家族在荊州的影響，撥給他五千名士兵為前鋒，順流直抵建康城下，擊敗了前來阻攔的朝廷軍隊。

王恭的軍隊也從京口開向建康。他倚仗的是北府名將劉牢之，但他又以士族自居，一貫看不起劉牢之，使軍人們深為不滿。司馬道子趁機策反劉牢之，活捉處死了王恭，反正的北府軍抵達建康城外，與荊州軍交戰。殷仲堪、桓玄知道自己不是北府兵的對手，急忙掉頭逃回了上游。

司馬道子為分化對手，詔命桓玄任江州刺史。殷、桓二人果然開始互相猜忌。三九九年，桓玄趁荊州水災之機偷襲殷仲堪。殷仲堪篤信天師道，終日祈禱鬼神，疏於軍政，被桓玄輕易擊敗。至此，桓玄完全控制了上游荊、江二州。當年桓溫用了二十年才完成的事業，桓玄在兩年間就實現了，此時他年僅三十一歲。

桓玄崛起於荊州時，北方也在發生重大變化：拓跋北魏驅逐了慕容氏後燕，占領北中國東部。

## 北方變局

自苻堅敗後，慕容垂重新立國東方，拓地河南，恢復前燕版圖。但他的王朝並不太平。因為另一支更為野蠻的鮮卑——拓跋部——正崛起於代北（今山西北部及內蒙古南部）。

在苻堅時代，拓跋鮮卑也被前秦征服，其首領之孫、尚在幼年的拓跋珪被帶到長安，苻堅命人將拓跋珪送到新征服的蜀地，讓他在那裡學習漢語，待長大後為秦帝國管理拓跋部。苻秦帝國崩潰後，少年拓跋珪潛回故土，在其母系賀蘭部的支持下開始擴張。不到十年間，他統一了代北的鮮卑諸部。

拓跋珪初起時，曾向慕容垂的後燕稱臣，得到一些援助，雙方還互有通婚。但拓跋勢力擴張太快，終於引起雙方兵戎相見。三九五年冬，燕軍遠征拓跋部，慘敗於參合陂（在今內蒙古涼城），五萬餘精銳部隊被俘、被處死。年老的慕容垂又親征代北，但拓跋部已經舉族遷徙，逃避到了草原深處。慕容垂路過參合陂，看到被殺的燕軍屍骸纍纍，傷心發病而死，太子慕容寶繼位。

拓跋珪隨後稱帝，建立北魏王朝，向後燕發起全面進攻。魏軍先南下攻克晉陽，占領山西地區，隨後越過太行山東進，占領常山（今石家莊一帶），在河北平原上與燕軍展開廝殺。

燕軍據守鄴、中山二城，與魏軍進行了長期戰爭。和當年滅前燕的前秦不同，拓跋人還太野蠻，不會攻城，也不適應中原的統治方式，無法在短時間內有效占領各地、進行管理。魏軍數次圍攻鄴城，旋即因為糧食短缺罷兵，又分散到各地搶掠。

經過一年苦戰，慕容寶看卻敵無望，帶領宗室逃回遼西，回歸到慕容氏進占中原以前的故地。河北被放棄了。

駐守鄴城的慕容德此時已年過六旬，也棄城率部下的鮮卑人南逃，渡過了黃河。北魏從此占領華北大部。拓跋人需要學習漢地的一整套行政管理體制，慢慢強化對中原的統治——這個過程長達近百年，所以他們無暇剿滅慕容氏逃奔南北的兩個小政權。

慕容德在魏軍追擊下向東逃避，進入青州（山東半島）。這裡本來是後燕統治區，戰亂中進入了半獨立狀態，刺史段龕接受了東晉的官爵。慕容德擊敗段龕，建都廣固城，據有青州之地，自立為燕帝，史稱南燕。此時是公元三九九年。

慕容德歷經前燕、前秦、後燕，終於在六十之年割據一隅，稱帝建號。一次，他與群臣飲酒作樂，酒醉時問眾人：「以朕的作為，可與以往哪位帝王相比？」

一名叫鞠眾的大臣恭維說：「陛下是中興聖主，堪比夏朝的少康、漢代的劉秀！」

慕容德大喜，下令賜鞠眾絲帛千匹。

鞠眾急忙驚慌推辭，說賞賜太多，實在不敢當。慕容德笑說：「卿可以取笑朕，朕就不能愚弄你一次嗎？」

慕容德老年稱帝青州，卻沒有子嗣立為太子。因為苻堅統一北方時，慕容德全家都遷往關中居住，後來他隨慕容垂起兵東方，與關中家人失去了聯繫。稱帝後，他派密使去關中尋訪家人，才獲悉母親及諸子孫已在長安圍城時被全部處死。慕容德聞訊後慟哭吐血，幾乎生命垂危。

所幸後續歸來的密使，為他帶來了一個未曾謀面的侄子——慕容超。

原來，慕容德有位兄長慕容納，苻堅朝時定居河西張掖。慕容德隨同苻堅南征前，給慕容納留下一把金刀。到前秦陷入戰亂，河西地區對慕容氏成員進行搜捕，慕容納一家被誅殺，只有其母公孫氏因年老，其妻段氏因懷孕得以緩決。一名獄吏是慕容氏舊部，他帶著婆媳二人逃入山中，段氏生下了兒子慕容超。

慕容超十歲時，祖母公孫氏臨死前，將金刀交給他，讓他伺機到東方尋找叔父慕容德。慕容超母子輾轉流離於關西戰亂，又被後秦徵發入長安。

逐漸成長的慕容超高大英俊，相貌非凡。他得知叔叔慕容垂、慕容德相繼在東方立國，擔心自己會遭到報復，於是裝作瘋癲，終日在長安街頭乞討為生。有人向秦帝姚興建議：授予慕容超官爵，羈縻控制住他，並以此要挾慕容德。姚興召見慕容超後，看到是個傻子，沒有什麼提防，長安城中人對這個骯髒愚鈍的慕容氏年輕人也沒有警覺。

慕容德派出的密使輾轉找到了慕容超。他未敢告訴家人，隨密使潛回青州，見到慕容德後，呈上金刀，並複述了祖母臨終前的話。慕容德抱著侄子痛哭流涕，封他為北海王，在南燕朝廷擔任高官，並在自己宮殿旁為侄子營建了宅邸，整天讓他陪在自己身邊。這個侄子是他眼下唯一的親人了。

慕容超也善於揣摩叔叔的旨意，將慕容德照顧得很開心。他對南燕臣僚恭敬有禮，傾身下士，在小朝廷中聲譽很高。隨著慕容德年事漸老，慕容超即將繼承這個鮮卑小政權。

## 天師道

桓玄在上游坐大，慕容德在青州立國時，東晉朝廷都已無暇顧及，因為揚州近畿發生了孫恩的天師道叛亂。

東晉末年，天師道信仰流行。這種宗教以長生不老、成仙為號召，在士族高官和普通百姓間都很盛行，他們在長江下游的揚州，特別是會稽郡（今浙江）一帶勢力最大。

丞相司馬道子感覺到威脅後，對其進行鎮壓，誅殺了教主孫泰。孫泰的侄子孫恩逃入海中，在舟山群島積聚力量。看到東晉高層陷入內戰，孫恩部眾起兵，乘海船開進錢塘江口，進占會稽（今浙江紹興）。各地信眾紛紛起兵響應，攻占郡縣，殺死地方官吏，席捲江浙。信徒們一心成仙，他們焚燒掉了家鄉的房屋，帶著家人向會稽進發。有些婦女帶著孩子行動不便，就將孩子投入水中，祝禱說：「祝你早登仙堂，我們隨後跟你會合！」

揚州是朝廷根本，司馬道子非常緊張，急忙調集北府兵力前去討伐。此時執掌北府的是參加過淝水之戰的士族——徐州刺史謝琰，名將劉牢之率部緊急進軍，因為會稽近在京畿，軍情緊急；另一方面，他從王恭手下倒戈反正之後，只被朝廷授予了北府軍隊指揮權，徐州刺史職務卻另委於謝琰，部隊的軍餉難以籌措，現在會稽有亂，正是大肆搶掠的好機會。

三十五歲的劉裕此時正在劉牢之軍中。

在這之前，他只是一個不太安分的京口農民，妻子臧愛親已經給他生下一個女兒。耕田之餘，劉裕會販賣草鞋雜物，然後把錢消耗在酒肉朋友和街頭賭場中。然後，他終於等來了「當官」的機會：劉牢之的部下，一名京口軍官孫無終聘用了劉裕。對於沒什麼文化的北來僑民，這是出人頭地的唯一機會，劉裕終於等來了屬於他的戰爭，雖然有點姍姍來遲——他已經錯過了作為軍人建功立業的黃金年齡。

十二月，劉牢之軍進抵吳郡（今江蘇蘇州市）。這裡已經是天師道的占領區，到處都是渴望昇仙的信眾建立的據點。劉裕受命帶數十名士兵到前方偵察路況。他們在摸索行進中，與數千名天師道信徒猝然相遇。劉裕看來不及撤退，就帶部下主動迎擊。由於敵軍人多，他們被逼到一條溝邊，士兵們大都戰死，劉裕落入溝中。敵人試圖衝到溝底俘虜這名軍官。劉裕用長刀仰面猛砍，殺死數人，趁機爬上溝沿，大叫著向敵人衝去。天師道信眾沒受過戰爭訓練，又老幼婦孺混雜，一時被劉裕的氣勢所震懾，紛紛四散逃命。

劉牢之之子劉敬宣也隨父出征，是軍中的騎兵統領。他看到劉裕等人遲遲未歸，就帶幾名騎兵出營尋找，結果看到劉裕一人在上千人中廝殺、追趕。這時晉軍增援的騎兵也趕到，展開合圍，多數天師道信徒被晉軍騎兵殺死。

劉牢之軍擊敗零散的天師道徒眾，一路南下渡過錢塘江。孫恩看形勢不利，急忙攜部眾二十餘萬人東逃，上船撤回舟山群島。劉牢之部眾一路忙於搶掠，未能及時追擊。

會稽平定，北府兵返回京口，其他各郡的天師道勢力也被清除。朝廷命謝琰兼任會稽太守，留守此地。謝琰自恃在淝水曾擊敗苻堅，根本看不起天師道軍，下屬勸他招安孫恩部眾，根絕後患，他也不肯採納。

次年（四〇〇年）五月，孫恩大軍又趁海潮登陸。謝琰倉促應戰，兵敗被殺，會稽等郡又被天師道占領。劉牢之的女婿高雅之受命進剿，也被擊敗。年底，劉牢之再度南征，孫恩此時已乘船到南方的臨海郡（今浙江臨海市）搶掠，劉牢之軍輕易占領會稽。

根據以往經驗，天師道軍雖慣於乘船流動作戰，但都在靠近海岸線行駛，一路搶掠沿海地帶。而且錢塘江口南側城邑富庶，水深便於航行，孫恩兩度東進會稽，都是循此路而來。劉牢之判斷孫

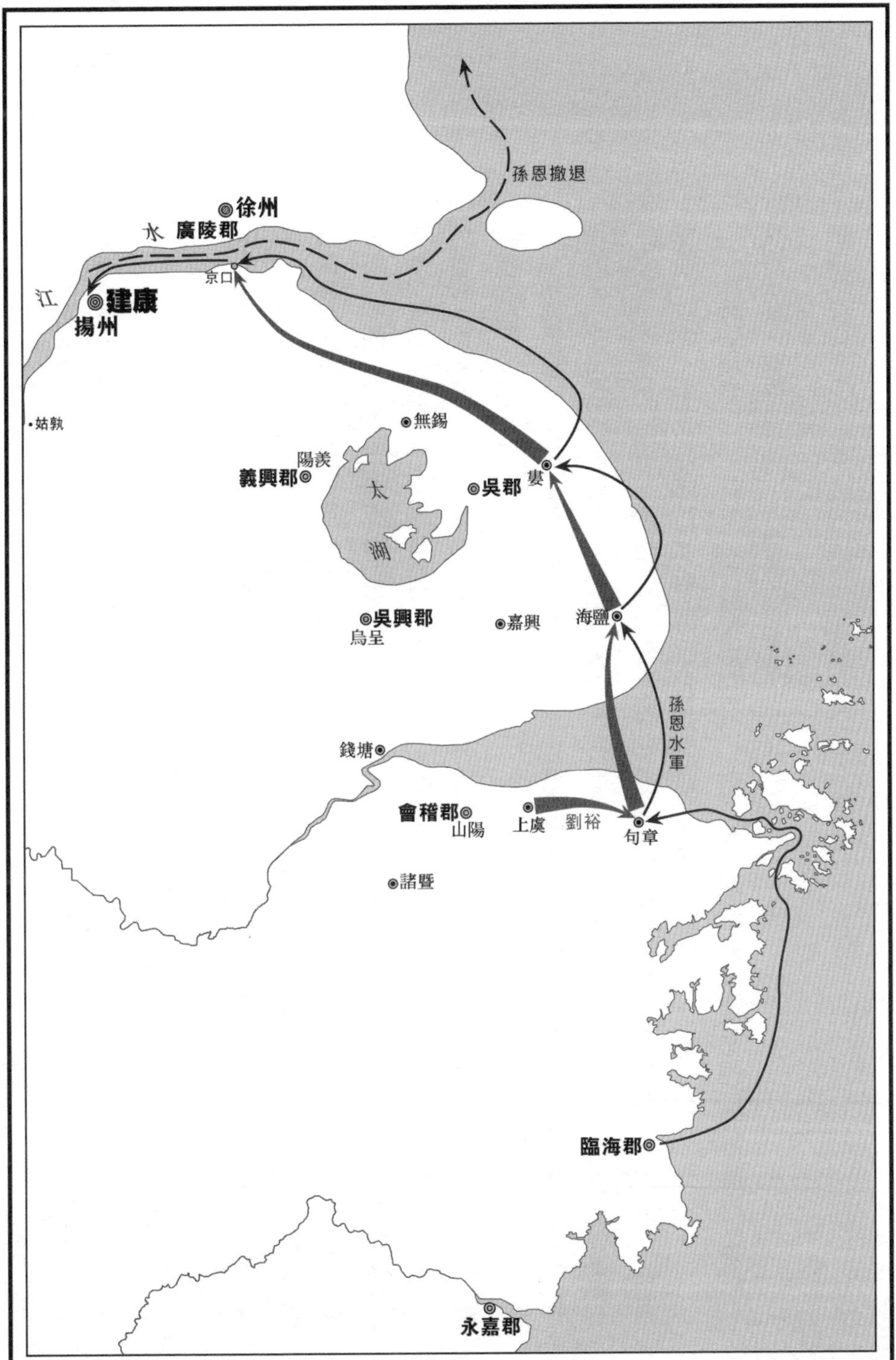


【圖3：劉裕與孫恩天師道作戰示意圖】

恩還會從此路來攻，親自帶兵駐紮上虞（今浙江上虞市），劉裕則受命帶數百人鎮守江口南側的句章城（今浙江寧波市），等待即將到來的敵軍。

孫恩獲悉會稽失守，果然大舉北上。句章城小牆低，劉裕帶著數百士兵一次次迎擊天師道軍的進攻。

南方軍隊騎兵很少，陸戰主要是步兵作戰。兩軍相對時，士兵們排列成一行行緊密的隊列，在軍官口令下向敵陣齊步前進。前排士兵都持盾，為自己和後排戰友擋住敵人射來的羽箭，行進時必須保持肩並肩的嚴整隊列。鮮卑〈企喻歌〉唱：「前行看後行，齊著鐵裲襠。前頭看後頭，齊著鐵沍鉾。」「鐵裲襠」是士兵穿的一種簡單鎧甲，分前後兩片，用布條連接在一起。只保護前胸後背。它雖然保護範圍有限，但結構簡單，造價低廉，且不影響揮刀砍殺等動作。「沍鉾」即鐵頭盔。隊列中的士兵向前後看，都是戰友穿著鐵鎧的前胸後背；向左右看自己所在的橫列，也只能看到影影綽綽晃動的一列鐵盔。

兩陣抵近時，前排士兵互相砍殺肉搏，傷亡倒下的士兵由後排戰友遞補，以保證隊列完整。花稍的武功在這裡沒有用處，因為隊列裡沒有空間供人閃展騰挪、前跳後躍。士氣在這個階段最重要，一旦隊列被突破、分割，統帥的命令無法傳達給各級軍官，士兵也會與自己的軍官失去聯繫，稍有驚慌、怯懦，都會使戰陣在瞬間崩潰，士兵推擠開戰友瘋狂逃竄。

此時劉裕參與的，就是這種最原始的殺戮。他每一次都披甲持刀，走在隊伍的最前列，帶領士兵們砍殺進敵軍的行列，直到敵人在驚恐中潰逃。

他曾多次受傷，甚至數次被刺穿胸腹——天師道軍慣常使用一種便於在船艙內攜帶和作戰的短矛。在沒有消炎藥品的時代，他能夠逃脫感染活下來，大概一半靠強壯的體質，一半靠冥冥中的運氣。按當時人的傳說，則是他當年割蘆葦曾砍傷過手，多年不能痊癒，後遇到一位沙門僧，送給他一黃布袋藥末，才治好了手創，後來他多次重傷不死，全靠那些未曾用完的藥末。

和劉牢之部下的軍官們相比，劉裕的特點是不愛錢財。北府軍南征會稽，從軍官到士兵都將其當成發財良機，一遇機會就搶掠財物甚至人口。劉裕對部下要求嚴格，士兵們也都不敢違令。

四〇〇年底句章城下開始的戰鬥，一直斷斷續續打到四〇一年的春天。孫恩見循南岸西進無望，就率艦隊北渡錢塘江口，占領北岸的海鹽縣，希望從這裡向內陸進攻。劉牢之獲悉，急忙調劉裕北援海鹽。

劉裕急忙徵用一些船隻，緊追孫恩渡海北上。天師道水軍樓船巨大且數量眾多，劉裕不敢與他們在海上作戰，只能避開天師道軍的巡邏船悄悄登陸。海鹽是漢代舊縣，三國以來經常受海水倒灌，一度廢棄，城垣多年失修，早已坍塌殆盡。這裡駐紮著縣令之子鮑嗣之率領的一千名當地民兵，劉裕收編了這支軍隊，又徵發居民挖土夯築，伐木打樁，在鹽鹼灘上建起一座臨時城壘。

孫恩本以為北渡後已擺脫了劉裕的阻攔，沒想到他又出現在自己前方。雙方對土牆展開連日爭奪。劉裕兵力遠低於孫恩，幾天苦戰之後，感到單純守城難以久支，就謀求主動進攻。他挑選了數百名敢死軍人，都不穿戴甲胄，只執短兵，趁一次孫恩軍隊來攻城時，忽然開門大叫著向敵軍衝去。天師道軍被氣勢震懾，急忙拋掉盔甲兵器逃走，劉裕軍趁勢追殺，斬獲了一名天師道軍大將姚盛。

與十倍於己的敵軍對壘，劉裕把擅長弄險的賭徒性格發揮得淋漓盡致。一個夜間，他命令所有士兵都隱藏起來，城門大開，佯裝已經逃走的樣子，只在城牆上留數名傷兵。早晨，敵軍發現有變，大聲向城頭傷兵詢問劉裕何在。聽到「已經撤走」的回答後，敵軍信以為真，不加防備進入城中，劉裕軍趁機發起突襲，又一次擊敗天師道軍。

孫恩看海鹽城久攻不下，又萌生了一個大膽的計畫：艦隊不再向杭州灣內進軍，而是掉頭北上，進入長江口，從水路直取都城建康——現在晉軍重兵全都集中在浙東，建康守備空虛，正可一戰而克。天師道艦隊開始棄岸登舟，乘著季風沿海岸線北上。

劉裕看到敵艦隊掉頭北上，忙拔營出發，帶著不足兩千人的隊伍徒步追趕。

## 馳援京口

四月，孫恩艦隊進抵滬瀆（今黃埔江下游）入海口。滬瀆是一條從太湖東流入海的河道，吳國內史（即吳郡太守）袁山松在此築壘據守。孫恩去年占領會稽時，袁山松為防範其北上，曾誅殺了本郡數千名天師道信徒。現在孫恩立志為道眾報仇，率眾登陸攻擊滬瀆壘。

劉裕的軍隊進抵滬瀆壘下，與天師道軍遭遇。他們還不知道天師道軍主力都在此，先設伏擊退了一支來攻的敵軍，但在追擊時遭遇天師道軍主力，晉軍大敗，鮑嗣之和他的海鹽兵全部戰死，劉裕舊部也大半陣亡。在天師道軍追殺下，劉裕帶殘兵倉皇回撤。

逃到當初設伏作戰的地點時，劉裕命令士兵們停下來，就地剝取死人的衣服。天師道追兵趕來，看到晉軍正在搜掠死人的財物，以為是一支新趕來增援的部隊，加之他們剛剛在這裡遭受伏擊，都心存忌憚，站在遠處觀望。劉裕趁機大呼士兵們集合，又向天師道軍衝去。敵軍認定這是新開到戰場的生力軍，急忙後撤。劉裕部這才有機會撤離戰場，收集逃散的士兵，重新組建軍隊。

孫恩趁戰勝之機，於五月攻克滬瀆壘，袁山松及麾下四千餘人全部戰死。這時劉裕又招募了近千人的隊伍，在婁縣（今崑山）與一支天師道軍交戰。但孫恩已不注重陸地作戰，他要從海上直入長江。

六月一日，孫恩集結了十餘萬士兵，乘千餘艘戰船駛入京口城下。此時劉牢之的北府兵主力還駐紮在山陰（今紹興），京師守備空虛，頓時一片驚恐。京師內外戒嚴，百官都不得回家，身穿甲胄在朝廷官署待命。司馬道子命外地軍隊火速入援京師。

得知孫恩主力駛向京口，劉裕帶著不到千人的隊伍一路狂奔，追趕而來。京口有他們的家人老小，一旦落入天師道手中，結局可想而知。此時京口守軍已經喪失鬥志，在他們看來，劉裕這區區千名疲兵，根本不能抵擋敵軍。

孫恩沒有直逼建康，他準備先攻陷京口城。

天師道艦隊在京口城西江濱的蒜山下靠岸。孫恩帶上萬士兵登上蒜山，向城內高呼挑戰。城中居民都包裹好了家中細軟，抱著扁擔站在大街上，向戰場上遙望——這座兵城的居民不像其他地方百姓那麼驚惶，風聲一起就四下逃竄，他們更熟悉戰爭，看戰事不利時才會撒腿逃命。

這時，一支千餘人的隊伍開出城外，向蒜山衝來。天師道軍很驚奇，因為兩方兵力對比過於懸殊，他們本以為晉軍會堅守城池待援。但當前排的士兵發現衝來的是老對手劉裕時，開始慢慢向後退卻。他們沒想到劉裕會狂奔五六百里在京口出現。退卻演變為一場爭相上船逃命的大潰敗，上千人被推擠落水，江流中漂滿了淹死的屍體。

孫恩也被人潮擠進了長江，他幸運地抓到了一面盾牌，靠它游到了一艘戰船上。這一戰雖敗，但對他的實力影響不大，他命令艦隊放棄京口，繼續朝建康進發。此時連日西風，孫恩的樓船形體高大，逆風逆水前進緩慢。

司馬道子派禁軍沿路阻擊，都被孫恩軍擊敗，驚慌無措之下，只有天天到鍾山上的蔣侯祠燒香祈禱。

十幾天後，孫恩艦隊出現在建康江面，戰艦靠近江岸行駛，朝岸上的居民區發射火箭，試圖燒燬建康城。這時卻下起大雨，火箭都被澆滅。陰雨持續數日，火攻戰術未能奏效。此時劉牢之和豫州刺史司馬尚之的援軍相繼趕到。孫恩感覺戰機已失，艦隊糧食又快耗盡，於是掉頭攻陷了江北的廣陵城，晉軍三千餘人戰死。孫恩軍搶掠一番後，入海駛向北方的鬱洲島。

鬱洲是現在的連雲港市，當時還是一個大海島，尚未與陸地相連。這裡是江浙與山東、遼東半島的海道必經之地，又處在南北割據政權之間，島上居民大多從事走私貿易，轉運南北政權禁止交易的各種貨物，和海匪勢力一直有勾結，是天師道軍的重要基地。朝廷派高雅之率軍隊登陸鬱洲，結果兵敗被俘。

孫恩撤走後，朝廷論功行賞，劉裕被授予四品建武將軍、下邳郡太守。下邳是南遷僑郡，人口稀少，這個職位是象徵性的。

不久，劉牢之派劉裕再次進攻鬱洲。八月，劉裕率部乘船到達鬱洲島，擊敗天師道軍，救出了高雅之。孫恩乘船南逃，劉裕艦隊一路追趕——至此，他才有了自己的戰船，不再靠兩腿和風帆賽跑。在滬瀆、海鹽等去年和天師道軍血戰的舊地，劉裕又一次次擊敗孫恩。天師道軍損失慘重，又逃回舟山群島。

天師道危機剛剛解除，東晉又陷入新的一輪恐慌：盤踞上游的桓玄正在舉兵東下，當年的桓溫之難居然再次降臨了。

# 第五章：桓楚代晉

## 荊揚再啟釁

桓玄割據荊、江兩年，坐觀下游朝廷與天師道的鏖戰。他不向建康朝廷交納稅賦，甚至不允許商人向下游販運糧食、物資。朝廷財政極度匱乏，只能用糠麩、橡子充當軍糧。桓玄還屢次向朝廷報告，說荊、江二州頻頻出現各種祥瑞，暗示自己有龍飛之兆。

孫恩從建康城下撤走後，丞相司馬道子派人把戰報送給桓玄，稱當今朝廷有棟梁之材，希望他的野心降低一些。但桓玄給司馬道子回信，語氣極為放肆：「賊兵此次至京城，只是遇逆風不能進兵，下雨不能縱火，糧盡而去，並非被朝廷擊敗。如今朝廷的重臣，哪個有一點點才能聲譽，而敢自稱棟梁？簡直令人無法置信！今日江東之禍，都是多年來執政者姑息殆政造成的，朝中君子懼禍，不敢明言，桓玄身在遠州，才敢說兩句實話而已！」

隨著天師道勢力逐漸遠去，掌控朝廷的司馬道子產生了錯覺——嚴格說，是司馬道子的兒子司馬元顯。元顯此時年方十七歲，卻有了取代父親的趨勢，朝臣私下都稱他「小郎君」。司馬道子終日酗酒，醉多醒少，朝政實際落入司馬元顯手中，元顯覺得有北府兵可以倚賴，想一舉除掉割據上游的桓玄。

四〇二年正月，小郎君司馬元顯透過傀儡皇帝堂兄發布詔書，歷數桓玄罪行，宣布由自己領兵討伐，以劉牢之為前鋒都督。但元顯和四年前的王恭一樣，瞧不起軍人出身的劉牢之，劉牢之也同樣不信任這個驕狂的黃口小兒，他擔心一旦除掉桓玄，自己難逃兔死狗烹的命運。這兩人的經歷、性格差異太大，完全沒有共事的可能。

桓玄有堂兄在建康做官，他將司馬元顯的計畫密信告知桓玄。桓玄沒料到朝廷會這麼快和自己決裂，頓時大驚，準備堅壁清野，固守江陵城。部下勸他：建康內部人心不穩，劉牢之未必甘心服從司馬元顯，所以不能坐等下游來攻，應該先動手直取建康。

桓玄聽從這個建議，一邊集結軍隊準備東下，一邊發布檄文，宣揚司馬道子、元顯父子的罪狀，聲稱要帶艦隊順江而下，入京清君側之惡。

看到桓玄起兵檄文，司馬元顯同樣嚇破了膽。他本以為桓玄得知朝廷宣戰，會不戰而屈，急忙投降，沒想到卻引來一場大禍。現在他只能學習乃父，靠酗酒逃避即將到來的戰爭。劉牢之幾次找他商議軍情，司馬元顯都在大醉昏睡之中。

二月，朝廷西征的艦隊就要出發，白痴皇帝司馬德宗在弟弟德文的陪伴下，親自為司馬元顯餞行。送行宴結束，司馬元顯登船，緊張得說不出話來，竟不能下達啟航的命令。出征像兒戲一般中止下來。建康百官在驚恐無措中等待著來自上游的命運。

## 劉牢之再倒戈

桓玄率荊州軍自江陵啟航後，一直瞻前顧後，精神緊張，數次想掉頭西還。他的部下知道這是在對抗朝廷，也士氣低下，怨聲載道。但一路直到尋陽，都沒有見到迎面駛來的朝廷艦隊，荊州官兵士氣開始振作起來——看來朝廷不敢迎戰。

十八日，桓玄前鋒終於遇到了一艘逆流而上的船。船上是朝廷派來的齊王司馬柔，他手持象徵皇帝急令的騶虞幡，向桓玄軍人傳達詔命，要荊、江二州將士罷兵返航，朝廷定將做出寬大處理。桓玄軍隊頓時一片歡騰：這是司馬元顯徹底屈服了。士兵把司馬柔按倒在船舷上，砍下了腦袋。

二十六日，桓玄艦隊抵達豫州治所歷陽城下。這裡的刺史是傾向朝廷的宗室司馬尚之。桓玄軍焚燒了停泊在岸邊的豫州艦隊，登陸衝向歷陽城。司馬尚之出城迎擊，但他的部下臨陣逃散，司馬尚之被俘，其弟司馬休之逃亡後秦。

劉牢之正帶北府兵駐紮在下游不遠的溧洲（今江蘇江寧縣西南長江中），負責堵截桓玄。劉裕也在劉牢之麾下，他和劉牢之的兒子劉敬宣、外甥何無忌一起，請求援救司馬尚之，但劉牢之猶豫不從。他覺得不值得為司馬道子父子效命。

桓玄趁機派人遊說劉牢之，勸他倒向自己。劉牢之頗為動心。劉敬宣、何無忌、劉裕等都強烈反對，認為桓玄一旦得勢，將大不利於北府將士。劉牢之大怒道：「我難道不知道這個？只是除掉桓玄之後，我怎麼能跟小郎君相處！」他在矛盾中權衡，覺得倒向桓玄對自己比較有利。

三月一日，劉牢之派兒子敬宣赴桓玄軍營請降。桓玄大喜，設宴招待劉敬宣，取出自己收藏的書畫名作共同觀賞，還任命劉敬宣為自己幕府的僚屬。席間作陪的荊州僚屬、軍官都已經看出，桓玄得勢後肯定要除掉劉牢之，而劉敬宣尚渾然不覺。諸僚屬都偷偷相視而笑。

劉牢之的北府兵被桓玄解除了武裝。得知桓玄占據豫州、收降劉牢之，小郎君司馬元顯沒有退路，再一次準備出征，又再一次氣餒退縮。桓玄軍此時開到建康，在城南的新亭碼頭登陸。

司馬元顯率軍在建康南門外列陣迎戰。軍中忽然傳開消息，說桓玄軍隊已經從側翼包抄，占領了秦淮河浮橋。元顯又不敢前進，準備退回建康宮城固守。驚恐紛亂中，桓玄前鋒軍出現在視野裡，他們拔刀大呼：「放下兵器！」

朝廷全軍頓時潰散，元顯逃入司馬道子的丞相府中，父子抱頭大哭，直到被趕來的桓玄軍人分開。

桓玄從新亭開進了建康，舉行朝見皇帝司馬德宗的儀式。

三十年前，他父親桓溫也是從這裡在朝廷百官的戰慄簇擁下進入建康，朝見今上的父親——孝武帝司馬昌明。三十載春秋輪迴，恍如一夢。不同的是，當年的桓溫已是風燭暮年，而今日的桓玄年方三十四歲。

就像傀儡從一隻手換到了另一隻手一樣，皇帝詔書任命桓玄為丞相、揚州牧，其他諸州刺史也都由桓玄的堂兄弟們擔任，其中任徐州刺史，掌控北府兵的是桓修。詔命將司馬元顯、司馬尚之等棄市，在建康市場中砍頭示眾。司馬道子隨後也被害死。

桓玄還需要熟悉朝廷事務的人，他選擇了高門出身的王謐。王謐是東晉開國丞相王導的孫子，桓玄剛剛舉兵時，他曾作為皇帝特使到荊州，勸說桓玄不要興兵，私下卻對桓玄俯首稱臣，桓玄因此很信賴他，任命他為中書令，這是為皇帝起草詔令的官職。至此，桓玄已完全控制東晉朝政，成了南國的新主人。

## 清洗北府

控制建康政局後，桓玄任命劉牢之擔任會稽內史（太守），這是將他調離北府兵大本營京口。劉敬宣向桓玄請示，說要去軍營勸導父親，讓他接受這個現實，桓玄同意。

劉牢之這才明白桓玄要對自己下手了，兒子勸他舉兵突襲桓玄，劉牢之猶豫不決，叫來劉裕偷偷商議，說準備投奔在廣陵的女婿高雅之，割據江北抗衡桓玄，問劉裕是否願意同去。

劉裕說：「將軍當初有勁兵數萬，卻甘心望風投降。如今桓玄已經得志，朝野都沒人敢作對，您到廣陵又能有什麼作為？我如今只想回京口當個百姓了。」他預料到劉牢之必將失敗，收拾行裝準備回家。

何無忌也來向劉裕諮詢：主帥此舉能否成功，自己應當何去何從？劉裕勸他：現在舉事肯定不能成功，不如跟自己回京口靜觀時變，以圖後舉。於是兩人離開軍隊，回到了家中。

劉牢之還不甘心，準備拚死一搏。他派敬宣祕密回京口迎接家眷，一邊把所有部屬僚佐召入帳內，講了自己的計畫，詢問諸人意見。

追隨他三十餘年的老部下劉襲首先反對：「最危險、大逆不道的就是反叛。將軍您往年反王恭，近日反司馬郎君，現在又要反桓公。一人三反，怎麼能成功！」說完起身出帳，其他部屬也紛紛起身離去。

劉牢之在士族的內戰裡左右搖擺，把握不住自己的命運，這導致部屬們對他喪失了信任。他的猶疑失策，並不只是個人的性格弱點，也是歷經百餘年士族專政之後，軍人階層被徹底邊緣化的結果。

劉牢之是士族專權時代成長起來的職業軍人，文化不高，幾乎不識字，對一切和「文字」有關的公文、朝廷運作都抱著敬畏的心態，從沒有過染指政壇、取代士族的野心。畢竟，士族專權已經百餘年，除了靠宗教凝聚信徒的天師道，還沒有出現能和士族們抗衡的政治勢力。劉牢之曾一度有這種實力，但他沒有駕馭局勢的能力和信心。在這個時代，從職業軍人到政治家，中間的鴻溝實在太寬。

劉牢之感覺大勢已去。到了約好的時間，劉敬宣還未帶家眷趕來，他以為風聲已經洩露，敬宣已被桓玄捕殺了，就帶少量親隨渡江北逃，行至江中的新洲時，他在絕望中上吊自殺。劉敬宣隨後帶家人趕來，看到的只是劉牢之的屍體。他們急忙逃奔廣陵，在那裡與高雅之會合，西上投奔了後秦姚興。

老部下殯殮了劉牢之的屍體，運棺木回到京口。桓玄下令剖棺斬首，陳列在京口示眾，以此震懾全體北府將士。

解決掉劉牢之後，桓玄再無敵手。當年桓溫廢晉稱帝的夢想，現在看來已是觸手可及。桓玄要做的是讓這個過程更順暢一些。他仿效父親當年故技，也離開建康坐鎮姑孰，靠家人和親信控制朝政。

趨於熄滅的天師道勢力，此時又在抬頭，開始襲擾海濱。據說孫恩在一次作戰失利時落水淹死，信眾推舉他的妹夫盧循為首，他們相信孫恩沒有死，而是化作了「水仙」，繼續保佑他們作戰。桓玄希望招安盧循，但盧循頻繁劫掠浙東沿海。

為撲滅天師道，桓玄想到了劉裕，任命他為徐州刺史桓修的中兵參軍。當時刺史的軍府中，指揮州府直屬軍隊的軍官為中兵參軍，指揮郡縣地方軍隊的為外兵參軍。劉裕受命赴浙東與盧循作戰。

但對於劉牢之的北府舊部，桓玄仍充滿了警惕。特別是那些在淝水之戰時就已上陣立功的老將，他沒有信心駕馭這些武人，只能羅織罪名大肆誅殺。當初不肯隨劉牢之起兵反桓玄的劉襲及其弟劉季武，已經逃奔後秦的高雅之之父高素等，都被桓玄逮捕處死。

劉襲兄長劉軌此時正駐軍北境山陽，他憤然起兵反抗桓玄。北府舊將紛紛趕來投奔，已經逃到後秦的劉敬宣、高雅之、司馬休之等人，也趕到山陽參與起兵。

桓玄急忙調兵進剿，他用的是已經投靠他的北府老將——劉裕的第一位上級孫無終。孫無終軍隊迅速攻克山陽。劉敬宣等只好投奔南燕慕容德。

但兩個月後，孫無終也被處死，桓玄決心清除篡晉之路上的任何潛在敵人，北府舊將都將難逃厄運。這些人也和劉牢之一樣，只會帶兵打仗，沒有政治眼光和判斷力，最後的結局是自相殘殺和被清洗。

## 桓楚帝業

作為士族中人，桓玄的文采頗高。當年他占據荊州時，冬雪始降，下屬五府賀雪的簡牘同時送至，桓玄坐在廳上，取筆在簡牘後面依次作答，五篇答書各不相同，都不假思索而粲然成章。聞知同黨王恭兵敗身死時，他正在江陵城樓上觀景，憑欄沉吟片刻後提筆濡墨，一篇華麗的誄文瞬時而成。

數年來，朝野對司馬道子、元顯父子的昏庸腐朽已怨聲載道。桓玄入京後斥退了司馬道子提拔的小人，另選了一些有聲譽的門閥人士進入朝廷，頗有一番新氣象，人們希望桓玄能有一番作為。

但桓玄利用堂兄弟們控制朝廷和諸州後，提出的都是一些毫無實際意義的政策，比如廢止錢幣、用穀物和絲織品交易，以及恢復肉刑等，而且朝令夕改，法度無常。這年揚州再次發生大饑荒，浙東一帶尤其嚴重，許多百姓餓死，其餘的只能投靠天師道，以到處搶掠為生。

桓玄的奢靡絲毫不亞於前任，而且還有符合士族口味的精緻講究。他喜愛珍寶、字畫，聽說誰有此類收藏，便要千方百計搞到手。不好意思直接索要時，就以賭博為藉口強奪。他尤其喜歡幽雅的園林宅邸，不僅強占他人宅院，還派人四處尋找珍異的花卉、竹樹，不遠千里也要掘運到自己府中。

桓玄唯一對自己缺乏自信的方面，就是武功。他沒打過仗，當初他以一介士人取代殷仲堪，奪取荊州，又下揚州控制朝政，都順利得如同兒戲。這些成功只是因為他對手太低能，此時連王導、謝安甚至桓溫那樣的所謂人才都沒有了。但桓玄不想在這方面示弱。他向朝廷上表，請求北伐姚興的後秦，隨後馬上失去自信，不願北征，又暗示朝廷下詔阻止——此時替他控制朝廷的，是他的堂兄桓謙。

為顯示自己的出征決心，桓玄還命人修造輕舟，專門裝載自己收藏的書畫、寶物。有人不解，桓玄解釋說：「戰事凶險，萬一有意外，便於運輸。」這些言行在朝野逐漸傳為笑談。

四〇三年，盧循的天師道軍兩次侵入浙東沿海，都被劉裕擊退。劉裕沒有窮追，而是回師駐防山陰。他要提防桓玄，避免兔死狗烹的下場。

何無忌自從離開劉牢之後，一直在京口家中賦閒。他透過朝廷中人向桓玄傳話，希望能獲得一個荒遠縣令的職位，以此試探桓玄是否願意放過自己。結果桓玄沒給任何回音。何無忌感到性命難保，情急之下，偷偷前往山陰前線見劉裕，勸他趁兵權在手，起事反抗桓玄。

劉裕也一直在警惕著，他在擔心天師道平定後的處境，請山陰當地的富豪孔靖來一起謀畫。孔靖以前曾多次資助劉裕軍隊的軍餉，兩人關係極好。他給劉裕分析：山陰距離建康太遠，貿然起兵恐怕難以成功；從桓玄的舉動看，近期肯定會篡位稱帝，所以應該等到他野心徹底暴露，再在京師周邊起兵，最能得地利、人和。劉裕因此暫時中止了起兵的想法。

這年九月，桓玄操縱朝廷策命自己為楚王、相國，加九錫。桓溫到死都沒等來的九錫象徵，現在他也輕易到手了。此時，劉裕受命留部隊駐紮山陰、自己趕回京口復職，繼續擔任徐州刺史桓修部下的中兵參軍。

到京口後，主持朝政的桓謙趕來見劉裕。此行名義上是表彰劉裕平定盧循的戰功，但他負有桓玄囑託的要事：試探劉裕對自己稱帝的態度。

兩人單獨相處時，桓謙說：「如今楚王（桓玄）功勛卓著，群臣之情，都覺得晉帝應當禪讓大位。不知您以為如何？」

劉裕沒有表示異議：「楚王是功臣之子，又有安定天下的大功，晉朝微弱已久，民心已去，改朝換代有什麼不對？」桓謙大喜：「這是大事，但只要有你支持，就真可行了！」

這一年，江南的冬天格外寒冷。肅殺寒風中，桓玄代晉稱帝的行動正在緊鑼密鼓地進行。他讓親信擬好了禪位詔書，逼白痴司馬德宗自己動筆抄寫一遍，正式召集百官發布。但白痴皇帝對傳國玉璽十分迷戀，把玉璽的綬帶纏在自己手腕上，抱在懷裡不願交出。司徒王謐連哄帶嚇，給皇帝解下綬帶，拿到了玉璽。他帶著百官、捧著玉璽乘船到姑孰，向桓玄勸進。桓玄在姑孰舉行祭天儀式，正式宣布稱帝，建立楚王朝。

隨後，他帶百官到建康，正式入居宮城。他體重太大，第一次坐上朝堂的御床時，居然把床坐塌了。群臣都不禁失色，覺得這不是個好兆頭。被桓玄殺死的殷仲堪的堂弟、此時已變節投靠的殷仲文[1]大聲說：「這恐怕因為是聖德深厚，大地不能承載吧？」桓玄和群臣這才釋然。

隨後，司馬德宗一家被送往尋陽囚禁。司馬氏的晉王朝至此成為歷史。

四〇四年正月，桓玄的楚王朝迎來了第一個新年。各地官員和宗室諸桓都趕到京師朝覲，劉裕也隨府主桓修來到建康。桓玄留他們在京師住下，他還多次讓劉裕參加自己和皇后召集的宴會。

有人勸桓玄：劉裕不是久為人下之輩，應當早做處理。但桓玄對這個中年軍官總有種莫名敬畏。劉裕身上有桓玄最缺乏也最羡慕的經歷——戰功，那衣服掩蓋不住的遍體傷疤，打量人時先留心脖頸的不經意習慣，都讓桓玄感到隱隱的威懾。

桓玄想透過劉裕向北府將士釋放寬容、和解的信息；另外，他和堂兄桓修關係不好，也需要有人牽制桓修。所以桓玄遲遲沒有除掉劉裕，還發詔書表彰劉裕平天師道的戰功，承諾要為傷亡將士記功頒獎。

建康的天氣似乎預示著桓楚王朝命運慘淡。正月裡，建康連日大雪，常綠的竹林都被壓垮。陰雲中時而傳來隆隆驚雷。二月二日夜間，海潮倒灌入長江，又沖入秦淮河口，這裡停泊著上千艘各地貢使及商旅的船隻，全部被驚濤打翻。破碎的船板雜物和屍骸布滿水面，慘叫聲響徹夜空。江南歷史上還未有過如此慘烈的濤水之災。[2]

夜空裡的慘叫喧譁聲傳入皇宮，驚醒了桓玄，他還不知道是水災，驚恐地說：「奴輩果真造反

1 殷仲文娶桓玄之姊，所以投靠桓玄受重用。
2 此次濤變，《資治通鑑》記載為二月己丑朔夜，《晉書．帝紀第十．安帝》及《宋書．五行志．四》載為庚寅（二日）夜。此處從後者。

了！」

桓玄努力撐起身分，使自己一舉一動像個合格的皇帝。但劉裕仍察覺到了桓玄的緊張和不安。就像猛獸嗅到了獵物驚恐的氣息一樣，這會刺激它殺戮的衝動。何無忌此時也在建康，在偷偷聯絡對桓玄不滿的官員。劉裕覺得時機已到。桓修起身返回京口時，劉裕稱自己舊傷發作，不能騎馬，要單獨乘船返回，他密約何無忌同船，兩人一路上商定起兵計畫。

## 北府密謀

劉裕舉事，首先要奪取京口。同時，廣陵與京口只有一江之隔，是桓修之弟、青州刺史桓弘的駐地，要和京口一起奪取。劉裕的幼弟劉道規正在桓弘手下，職務和劉裕一樣，也是中兵參軍。

青州主簿孟昶也是京口人，是劉裕舊友，頗有文采。桓玄曾準備提拔他做尚書郎，向孟昶的同鄉劉邁詢問：「此人聲譽如何？」劉邁說：「只聽說他們父子二人，整天寫詩互相唱和。」桓玄一笑之下放棄了此念。孟昶見仕途無望，決心與劉裕、劉道規兄弟同謀。孟昶妻子周氏，此時正在家中哺育幼子，她家中富裕，看到丈夫整天忙於奔走聯絡，猜到有大舉動，把錢財都交給孟昶支配，購買軍資器械。

此外，劉邁的弟弟劉毅，以前也是劉牢之部下軍官，曾擔任劉道規的副職，此時正在京口的家中服喪。他輕俠好賭，與何無忌是舊交，但與劉裕不熟。何無忌找到劉毅，經過言語試探，把他也拉到了密謀團體中。劉毅受命祕密潛回廣陵，準備和劉道規、孟昶一起舉事。

劉邁在建康朝廷供職，在桓玄面前取笑孟昶的就是他，此時也隨弟弟加入了密謀團體。他和王元德、王仲德兄弟密約，準備和劉裕等一同起兵占領京師。王氏兄弟本來是北方人，苻堅敗亂後南遷投奔桓氏家族。王元德提出：桓玄最近經常出宮遊獵，禁衛疏忽，可在都城街道設伏，一舉除掉他。

此外，劉裕還爭取到了琅琊人諸葛長民。僑立的琅琊郡在京口近郊，他們也是老相識。諸葛長民膽大有勇力，為惡鄉里，名聲很壞。他曾在豫州軍府任參軍，因貪汙被免官，此時正在家居。和劉裕等密謀後，他悄悄潛回豫州治所歷陽，準備殺掉刺史刁逵，起兵造反。刁逵也是京口人，且是當地豪強，父子兩代追隨桓氏，很有勢力。

在廣陵、建康、歷陽起兵的安排之外，最重要的是在京口舉事的部署。刁逵的弟弟刁弘正給桓修擔任司馬，掌握徐州兵權，是劉裕起事最大的障礙。

劉裕往年征討天師道的戰鬥中，提拔了一些作戰勇猛的農民、鄉黨。這些人現在都樂意隨他起兵。二弟劉道憐也加入了密謀。

劉裕妻子臧氏的兩個兄弟，哥哥臧熹一直讀書教學，不願參與戰爭；弟弟臧熹本來也讀書治學，但自從天師道兵亂以來，他覺得書生在亂世裡最無用，開始放棄讀書練習戰鬥，有追隨姐夫立功的志向。此時臧熹得到通知，也帶著三個堂弟和侄子趕來。

北府軍將檀憑之和劉裕素來交好，他可能是老將檀玄的後人，參與過平定天師道的戰爭，現在正在家中服喪，也帶著五個侄子加入劉裕團體。

此時在京口追隨劉裕的，還有吳興沈氏家族的五兄弟。

沈氏兄弟和劉裕的結緣頗有戲劇性。這個家庭是吳興大族，世代修煉天師道。五年前，孫恩的天師道軍起兵時，五兄弟的祖父沈警、父親沈穆夫都積極起兵響應，被孫恩任命了官職。年底時天師道軍被劉牢之擊敗，沈穆夫也戰敗身死。沈警想帶子孫們逃竄山林，被仇人告發，他和五個兒子都被俘處死，頭顱送往建康示眾，只有孫輩的沈林子五兄弟逃出，躲入山林避難。

劉牢之等軍隊都以搶劫為務，當地人非常害怕，只有劉裕部軍紀較好，受鄉人歡迎。這時浙東地區陷入大饑荒，百姓多易子而食，仇人對沈家五兄弟也追捕甚急。十四歲的沈林子自思難逃一死，居然找到劉裕軍營，垂泣坦承自己家世和遭遇，願意歸罪請命。這個主動投到軍營裡的少年讓劉裕十分吃驚，他讚賞沈林子的勇氣，決心為沈氏兄弟提供保護。沈氏家族世代奉道，劉裕不想讓他們和昔日的教友作戰，就送五兄弟到京口，安置在自己家旁邊，以防仇人追殺。此時，劉裕準備起兵，已長大成人的沈氏兄弟也投身其中，沈林子這年十八歲。

劉裕與諸人約定，二月二十八日，建康、京口、廣陵、歷陽四城同時起兵。

夜間，何無忌躲在家中的屏風後面草擬檄文。何母是劉牢之的姐姐，看到武人兒子忽然動起筆墨，十分吃驚，她偷看何無忌的檄文後，不禁喜極而泣：劉牢之之仇終於可雪了。

# 第六章：虎變南國

## 京口舉兵

二月二十七日，劉裕等人假稱打獵，到城外祕密集結。參與京口起事的共百餘人。

二十八日清晨，京口城門、府門相繼打開。何無忌身穿傳詔御史的衣服，乘車在前，諸人緊隨在後。他們聲稱京師有詔書送到，一路奔跑入城，直到桓修軍府門前，齊聲大呼衝入。守門士兵看他們多是本地軍官，沒敢反抗。眾人衝入府中搜索，桓修還不知道發生了什麼事，就被臧熹侄子臧穆生砍下了頭顱。京口順利奪取。

桓修和桓玄關係不好，經常頂撞桓玄，他對待北府下屬的態度還不錯，但他畢竟是桓玄的親人，劉裕等人不能不除掉他，按照下屬對府主的禮節，他們為桓修做了殯殮。

得知州府動亂，刁弘急忙帶著本州文武官員趕來。劉裕對眾人喊話：「晉帝已經在尋陽反正即位，詔令天下，今日一同誅殺桓氏逆黨。桓玄已經在建康被斬首！諸君難道不是晉朝臣民，還想做什麼？」刁弘等猝不及防，一時相信，都四散回到了家中。

江北的廣陵，也一切按計畫進行。孟昶勸桓弘在這天出城打獵。天還未明時，就打開了府門、城門，放士兵先出去圍攏獵物。劉毅、劉道規、孟昶等帶著五六十人趁機衝入府中。桓弘正在吃早餐服用米粥，在餐桌上被砍下了腦袋。

劉毅等起事成功，在廣陵召集人眾，渡江到京口與劉裕會合。劉裕命他帶人占領刁家，斬了刁弘。

占領京口後，劉裕感到起事諸人多是武夫，識字的不多，急需一位能處理文書、後勤和民政事務的人才。何無忌向他推薦劉穆之，他也是京口人，在僑立琅琊郡任主簿，和劉裕也有一面之交。劉裕急忙派使者牽馬去請。

劉穆之家在城外。這天清晨，他聽到京口城裡傳來喧譁之聲，感覺發生了事變，站在道路上眺望，與使者迎頭相遇。聽到說是劉裕起兵反桓玄，來請他共事，劉穆之沉思片刻，立即撕掉了自己長衫下緣，跳上馬背，隨使者進入京口軍府。劉裕問他：自己正要舉大事，誰適合擔任主簿？劉穆之回答：怕沒有比在下更合適的！當即在案前就座，執筆清點檔冊、繕寫文書。

京口、廣陵順利克復，但建康和歷陽的兵變沒有成功。

諸葛長民到豫州後，未能糾集起部眾，計畫洩露，被刺史刁逵逮捕，用囚車送往建康。

負責在建康起事的劉邁是個無能之輩，參與計畫以來，他一直生活在驚惶中，舉動無常。起事前夜，桓玄寫信問他：最近京口可有動靜？劉邁緊張過度，以為計畫已經洩露，於是急忙面見桓玄，承認了密謀。桓玄大驚，急忙派人捕殺準備在京師起兵的王元德，其他人聞訊逃散。桓玄封劉邁為侯，旋即又下令殺死了他。

劉裕等人在京口只停留了一天。京口這時已經沒有什麼軍隊，因為主力都被調到浙東防範天師道了，精銳則被桓玄調入京師，歸桓謙統領。劉裕召集到了一千多名志願來投的百姓和軍人，把他們按軍隊編制組織起來。

當時軍制最基本的單位是「隊」，有一百多名士兵，長官叫隊主。劉裕祖籍徐州彭城，在京口定居的彭城人投奔他的，都被編為一隊，由他親自率領。其餘劉毅、何無忌等諸將，也各自指揮一隊義軍。

為便於和桓玄的部隊區別，他們都穿上了紅色戰袍。這是孟昶讓妻子和家人祕密縫製的。晉朝的軍裝本來就是紅色，對應五行之中的火德。桓玄建楚稱帝後，認為楚朝是水德，對應顏色為黑，將軍裝改成了黑色。

沒有收到建康送來的信息，劉裕猜測京師諸人舉事未成，於是留孟昶等少數人守京口，他和諸將於第二天（二十九日）向近二百里外的建康進發。

傍晚，義軍行至竹里山，這裡江流繞山，只有半山間的一條小路可以通行，地勢險峻，俗有「翻車峴」之稱，官府在這裡設有一座巡邏站，也兼作客店。義軍沒有發現桓玄的軍隊趕來迎擊，就在竹里客店宿營。此地山林茂密，多有猛虎出沒，甚至會趁夜叼走店裡的宿客。[1]

桓玄得知京口、廣陵叛亂的消息，急忙在京城戒嚴，將官員都集中到朝廷居住。桓謙勸他主動

1《太平御覽》卷八百九十二引《異苑》：「彭城劉黃雄，以太元中為京佐，被使還都。路經竹里，停於邏宿。此邏多虎，劉極自防衛，繫馬於戶前，手刀布於地上。宵中，士庶同睡，虎乘間跳入，獨取劉而去。」

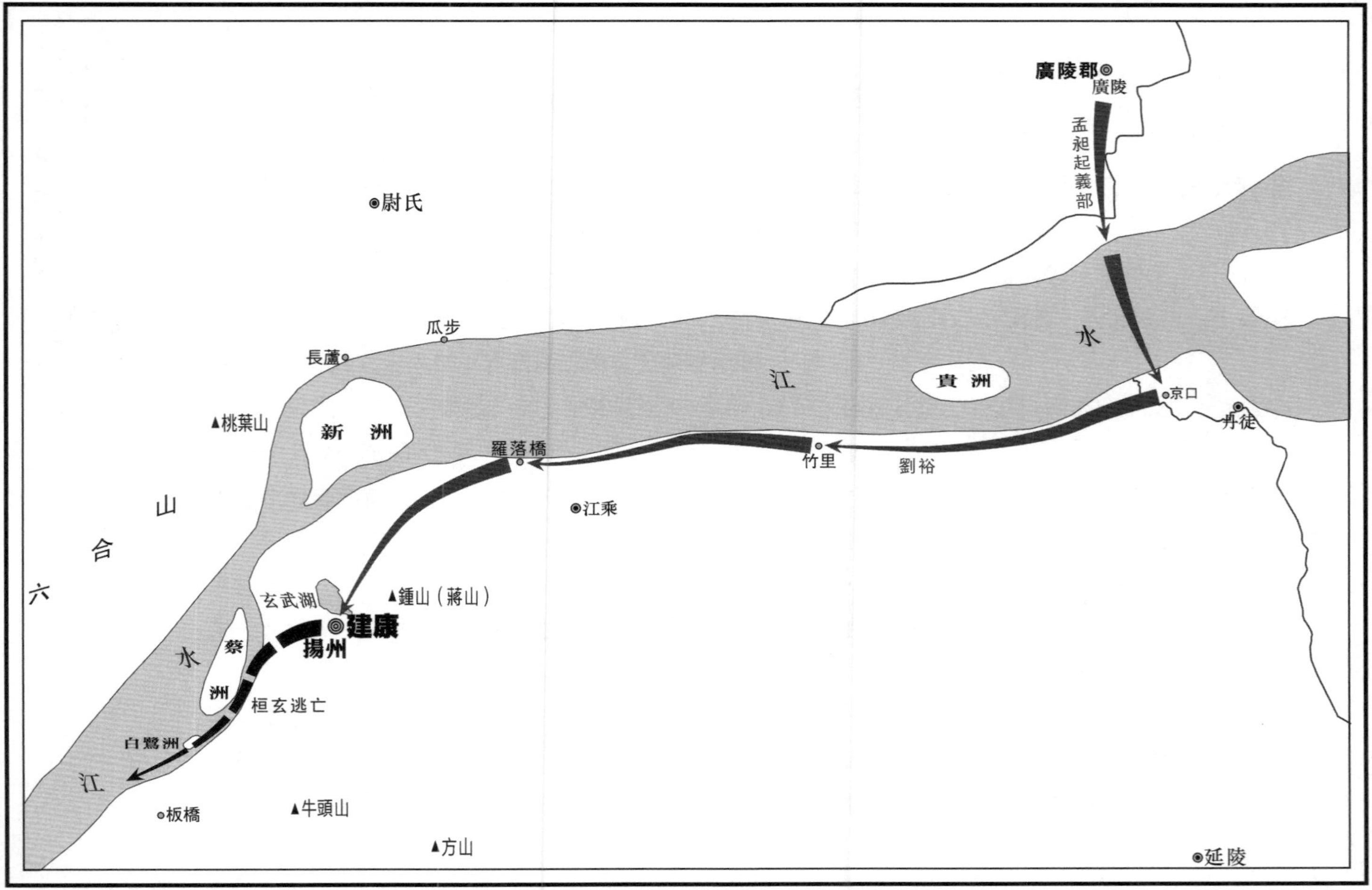
廣陵郡
廣陵
孟昶起義部
尉氏
瓜步
長蘆
新洲
桃葉山
江
水
貴洲
京口
丹徒
羅落橋
竹里
劉裕
江乘
六合山
玄武湖
鍾山（蔣山）
建康
揚州
蔡洲
桓玄逃亡
白鷺洲
板橋
牛頭山
方山
延陵

【圖4：京口至建康示意圖】

出擊，派水軍從長江進攻京口。桓玄擔心萬一水軍失利，軍心動搖，將一敗不能復振。他要固守建康東北的覆舟山，堅壁不戰，希望劉裕行軍至此時已疲憊，又求戰不得，會絕望潰散。

桓謙多次要求主動迎擊，桓玄才派部下兩名猛將吳甫之、皇甫敷率部進剿，他還悄悄命人準備船隻，準備戰事不利時逃回上游。

二月三十日，劉裕義軍在竹里駐紮了一整天。他們本來希望利用這裡的地勢迎擊桓玄軍隊，但一直沒有等到。這天，義軍向京師傳送了何無忌起草的檄文，聲稱此時諸葛長民已經占領豫州，晉帝司馬德宗也已經在江州尋陽重登皇位。當時各地的情況都沒傳到，檄文中既有故意造勢的惑敵之詞，也有他們真正相信已成的事實。

由於未見到敵軍，劉裕等於次日（三月一日）拔營，沿著山陰道向建康進軍。他們的右邊是浩蕩奔騰的長江水，江濱綠柳如雲；左邊是綿延起伏的群山，山間雜花競放，群鳥啼鳴，花瓣伴隨著微風紛揚飄落。這支千餘人的絳紅色小隊伍，匆匆行進在遲來的江南春色之中。

## 血戰鍾山路

義軍出發不久，行至江乘縣城外，迎面遇上吳甫之率領的先頭部隊。雙方急忙列隊備戰。這時，與劉裕是徐州同鄉的朱齡石、朱超石兄弟忽然聲稱：他們父輩曾受桓溫、桓沖家族恩德，此時不願與桓氏兵刃相向。劉裕讚許其義氣，同意他們帶部下撤到軍陣後方。列隊完畢，劉裕手持長刀，第一個大呼衝向敵軍，眾人蜂擁喊殺而上，當即斬吳甫之，全殲其部。

在死屍間匆匆吃過午飯，義軍繼續西行。前方不遠是流入長江的羅落浦。這裡是進入京師的頭道門戶，水邊建有柵欄，橋頭有戍兵檢查過往商客。遠看橋頭，隱隱有旗幟飄揚，還有戰鼓聲傳來——皇甫敷正率數千軍人在這裡列陣扼守。劉裕和諸將各自列隊，立誓同生死、共患難，然後一齊衝向皇甫敷軍。

皇甫敷是桓玄麾下驍將，所部軍隊戰鬥力很強，雙方在羅落橋下展開肉搏。義軍檀憑之所領戰隊被擊潰。劉裕揮刀輾轉衝殺，突入過深，被皇甫敷軍人包圍數重。他為防範背後受到攻擊，靠著一棵大樹和敵軍對峙。皇甫敷認出了劉裕，驅馬挺槍刺向他，被劉裕格擋開，皇甫敷被一支箭射中額頭，摔落馬下。劉裕提刀衝過去，倒地的皇甫敷望著他說：「看來你真有天命，望代我照顧好子孫！」隨即被砍下了頭。皇甫敷部也被擊敗。

收拾戰場時，眾人發現檀憑之已經戰死。檀憑之是北府老將，義軍士氣甚為沮喪。

劉裕這時想起一件事：當初他和何無忌等商議起兵時，曾請京口術士韋叟占算前程。韋叟看劉裕等人都有大貴之相，近日即可應驗，唯獨檀憑之沒有。劉裕對何無忌說：「我們與檀憑之共事多年，現在又同謀大事，肯定要互相照應，不知韋叟說得是否準確。」現在檀憑之戰死，他才明白韋叟的預言——這也說明此次舉事肯定能成功。

檀憑之的侄子檀祗繼續率領憑之舊部。部隊紮營過夜，明日將向建康發起總攻。

桓玄獲悉吳、皇甫二將戰死，一邊命令集結軍隊，由桓謙指揮防守京師，一邊給上游豫、江、

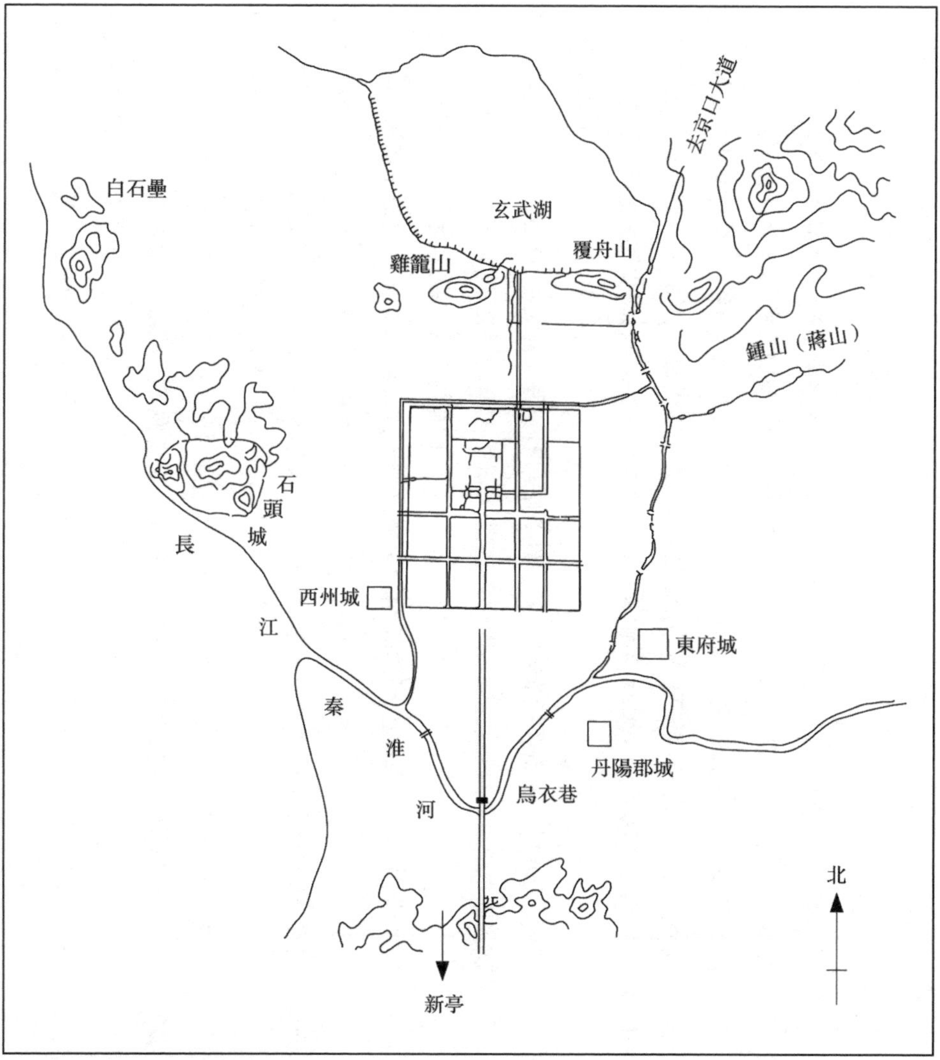


【圖5：建康覆舟山城防圖】

荊諸州發詔書，命令他們火速來援京師。他還召集了各種巫師、僧道，在宮中做法事詛咒劉裕等人，想借鬼兵攝去他們的性命。

第二天（三月二日）清晨，桓謙指揮二萬楚軍集結，在建康東北的覆舟山、蔣山（鍾山）腳下列隊。覆舟山（今南京小九華山）在玄武湖畔，以形如翻覆的舟船而得名。它和東面蔣山之間的大路，是從京口入建康的必經之路。

劉裕義軍吃過早飯，拋棄了剩餘的糧食，進至覆舟山下。看到楚軍人多，劉裕命令軍中弱者都攜旗幟登上覆舟山，做出數路軍隊並進的形勢。

桓謙軍隊中很多人都是從北府兵徵調而來，他們曾隨劉裕征戰多年，很敬畏他，都沒有鬥志，只有跟隨桓玄東來的荊州兵決心死戰。

楚軍人多，正面寬度遠大於劉裕義軍。劉裕和劉毅、何無忌等眾將仍各自率領本隊，一起衝向桓謙軍陣。眾人知道這是決死之戰，都義無反顧、大呼而前。這時東北風急，劉裕等順風縱火，燒燬桓謙軍營。

鼓角聲、喊殺聲伴隨著煙塵飄入建康城中。桓玄驚惶無措，聲稱要親赴戰場增援。他拖著肥胖的身軀勉強騎上馬，帶著五六歲的兒子桓升和衛隊數千人衝出建康南門，想登船逃回荊州。軍官胡藩拉住桓玄馬韁進諫：「如今還有羽林射手八百人，都是荊州子弟，世代受恩於陛下，只求決死一戰！」桓玄無法回答，只能以馬鞭指天，示意上天之命於己不利，打馬而去，登船逃往上游。

桓謙看到大勢已去，也棄軍逃命。桓氏家族再度退縮回長江上游。

## 接管朝廷

劉裕趁勝進入建康。王仲德帶著年幼的侄子來迎，講述了王元德等謀洩被殺的經過，劉裕在馬上抱過元德幼子，與王仲德對面痛哭。

義軍控制了建康全城。劉裕派臧熹入宮收集檔案圖書，看守各種庫存。來不及逃走的桓氏成員都被處死。義軍燒燬了桓玄列祖列宗的靈位，重新為晉朝諸帝製作靈位，放入太廟。他還命部下找到皇甫敷的家人，安頓好他們的生活。

司徒王謐帶領朝廷百官向劉裕謝罪。當初桓玄篡晉稱帝，這些名士高官都不敢表示異議，甚至為其出謀劃策。如今劉裕以一名軍官的身分，沒有任何武裝和門第可以倚賴，卻振臂一呼，三四天內驅逐了桓玄，使這些人都慚愧不已。

朝臣推舉劉裕任揚州刺史，劉裕堅決推辭，於是由王謐兼任揚州刺史、錄尚書事。劉裕任徐州刺史，劉毅任青州刺史。其餘起事的諸將，都授予郡太守職銜。

對逃奔上游的桓玄，劉裕等人絲毫不敢放鬆。他們迅速拼湊起數千軍隊和一些舟船，由劉毅、劉道規、何無忌率領，溯江向上游進軍，劉毅負責都督全體西征軍。

負責在豫州歷陽舉事但失敗被捕的諸葛長民，此時正被押解往建康途中。桓玄敗訊傳來，他趁機威脅利誘押解他的士兵，促使他們倒戈。士兵們打開囚車放出了諸葛長民，跟隨他回身向歷陽進軍。此時劉毅等水軍也在逼近歷陽，刺史刁逵棄城逃走，被活捉後押送建康，諸葛長民占領豫州。

刁逵被押解到建康後，在江濱斬首示眾。刁氏家族多年為惡京口，壟斷山林湖泊，積累了巨額家產，有田上萬頃，家奴數千人。劉裕寒微時，刁逵主持本地年節社祭，曾向劉裕家攤派三萬錢，劉家貧窮無法承擔，被捉到刁逵家中，捆在馬棚裡。當時王謐恰好到刁家做客，看到馬廄裡綁著一人，十分吃驚。問知原委後，他答應代為償還這筆錢，才使劉裕獲得自由。

關於劉裕和刁逵結怨原因，還有一種說法，是劉裕與刁逵賭博，欠下巨額賭債，無法償還。但這不如前述可信。因為劉裕是寒微農家，刁氏累世顯宦，兩人湊在一張桌上賭錢的可能性很小。無論哪種原因，都導致劉裕素來感激王謐而仇視刁逵，他下令除刁逵年幼的弟弟之外，其餘刁氏成員盡數處斬。刁家所有的財產，由百姓隨意分取。江南已經連年饑荒，此時又正是青黃不接季節，饑民蜂擁入刁家搬取，多天都未能搬完。

此時晉廢帝司馬德宗尚在桓玄手中，劉裕等急需一名皇室成員做朝廷象徵。恰好，有一位晉宗室武陵王司馬遵，本來要被桓玄押送外地，但二月二日的濤災沖毀了船隻，他滯留在京師，被義軍找到。劉裕宣稱司馬德宗有密詔，命司馬遵為大將軍，代行朝廷事務。從此義軍方面有了東晉正統的象徵。

對劉裕這些軍人當政，個別士族非常不滿。任尚書左僕射的太原王愉，本與桓氏家族聯姻，他與兒子王綏密謀發動叛亂，消息洩露，全家被抄斬。

政務方面，劉裕全面交劉穆之負責。東晉本來是士族高門的天下，他們習慣了廣占田園、奴役平民、荒殆政務，桓玄一度試圖校正，但未能成功。現在劉穆之斟酌時宜，限制士族的特權，嚴肅政令，特別是加強針對士族地產的稅收。劉裕也以身作則，配合劉穆之的政策。朝臣光祿勛丁承之、左衛將軍褚粲、游擊將軍司馬秀等人擅自把百姓變成私家奴僕，被執法官糾察。司馬秀是宗室章武王，褚粲家族曾出過皇后，他們態度十分強硬。劉裕宣布將三人免官，朝廷百官由此凜然奉職，數日之內，江東政風煥然一新。

流亡在南燕的劉敬宣、高雅之、司馬休之等人，聽說劉裕等起兵驅逐桓玄的消息，也密謀在南燕起兵，準備推翻鮮卑政權，歸附東晉。但同來的劉軌被慕容德任命為司空，他想在南燕終老，不願再冒風險。劉敬宣等看起事不成，就殺死劉軌南逃。鮮卑軍隊一路追擊，高雅之戰死。劉敬宣和司馬休之抵達建康，受到劉裕歡迎。

若干年後，他們將以占領軍的身分重回青州。

## 桓玄末路

桓玄登船逃命，才發現因為準備倉促，船上沒有儲備糧食。他們擔心被追兵趕上，不敢靠岸，連續數日未能進食。部下在船艙裡搜尋到一點糙米，煮熟奉給桓玄。桓玄平生未曾吃過此等粗食，噎噎在喉中無法下嚥，幼子桓升為他撫拍胸口。桓玄抱著飯碗和桓升，不禁嗚咽淚下。

到尋陽後，桓玄才算安全進入了自己的控制區。他得到了兵力和物資補充，布置了迎擊追兵的軍隊，帶上被囚禁在此的晉安帝一起西逃。

此時，桓玄心情開始放鬆起來。荊、揚兩州對峙已經是常態，現在他丟了揚州，但保住桓氏的大本營荊州應該沒問題。

帝王身邊都有史官負責記錄政令，寫成「起居注」，供日後編纂國史之用。逃難的桓玄朝廷已無暇顧及此事，現在，桓玄顧不上和部下討論軍務，只能專心為自己補寫逃難以來的起居注，記載討伐劉裕的經過：自己如何步步料事如神，指揮得當，只是因為諸將不遵命令，才導致失敗。他寫成之後，命下屬抄寫多部，發到各地向百姓宣讀。

四月，桓玄抵達他的根據地——荊州治所江陵。他的堂兄桓石康擔任荊州刺史，急忙為他置辦了朝廷所需的排場。桓玄重新任命了朝廷百官。他擔心敗逃以來聲譽下降，人心不服，經常因小事殺人，臣下更加離心離德。

下屬各州得知桓玄已到江陵，紛紛上表問安，桓玄命一律退回，重新寫恭賀遷都的表章。

此時追兵先鋒何無忌、劉道規部已經開到尋陽附近，經過一場水戰，大破桓玄守軍，占領江州全境。劉毅督帥諸軍繼續西進。溯江而上的舟艦中，義軍將士們目睹了平生所未見的奇觀：荊、江二州竹子全部開花、枯死。時當盛夏，江流兩岸盡是漫山黃葉，纍纍竹實叢生如稻穗。

桓玄此時已在荊州徵集了兩萬多兵馬，他挾持著晉安帝一家再次浮江東下，決心掃蕩東方叛匪。五月，兩軍相遇於崢嶸洲（今武昌附近）。

劉毅部總兵力不到萬人，覺得難以對抗桓玄水軍，想退回尋陽固守待援。劉道規堅持不能撤退，不然士氣低落，更難收拾，他帶著自己的部屬首先向桓玄艦隊駛去，劉毅等諸將也決心迎戰。

桓玄艦隊的先鋒，由苻堅的昔日太子苻宏指揮。苻宏二十年前南逃到東晉後，一直依附在桓氏門下。此時桓玄軍占據上游優勢，但東風大作，劉毅軍趁順風之機投擲燃燒物，桓玄艦隊紛紛起火。桓玄的樓船邊一直拴著一條輕舟，預備戰事不利時逃命，導致他的將士們都沒有決死之心，紛紛轉舵潰逃。桓玄覺得大勢已去，挾持著晉安帝登上輕舟，朝江陵逃命。

混戰之中，晉安帝的王皇后，以及年已六十六歲的前穆帝何皇后所乘船隻被義軍俘獲，他們將兩位皇后送往建康。在登上建康碼頭時，一個霹靂在頭上炸響，一名皇后侍從當場被雷電劈死。司馬皇室的壞運氣似乎還沒有到盡頭，何皇后回建康不久就死去了。

逃回江陵後，桓玄擔心追兵趕到，出城準備逃往漢中，投奔梁州刺史桓希。但他旋即被人誤導，以為益州（今四川）刺史毛璩可以接納自己，轉而溯江向益州進發。他的部屬一路逃散，最後只剩數人跟隨他單船獨行。

其實毛璩一直對桓玄稱帝不滿，此時恰逢他弟弟在成都去世，毛璩派二百多士兵送喪回下游，這些人與桓玄的座船迎頭相遇，密集的羽箭頓時向桓玄船艙射去。桓玄身體肥大，無法躲避，兩名宦官撲在他身上遮蔽，被射中滿身羽箭而死。幼子桓升躲在桓玄身邊，桓玄每中一箭，桓升都哭著給他拔下來，桓玄癱軟著渾身顫抖，泣不成聲。

一名益州軍官持刀衝進船艙，桓玄拔下頭上的玉簪給他，希望保住性命，嘴上還說：「你是何人，敢殺天子？」軍官揮刀砍下的同時回答：「我來殺天子之賊！」

桓升被士兵們帶出船艙，他還對眾人說：「我是豫章王（桓玄朝廷賜予的爵位），諸君不要殺我。」他隨後被送到江陵，在市場斬首示眾。

桓玄死後，他的族人在荊州繼續頑抗，戰事又持續了八個月才告結束。晉安帝司馬德宗被送回建康，重登帝位。已經死去的晉王朝復活了——至少形式上如此。

## 盧循占廣州

經過近一年的戰爭，桓氏被徹底平定。但戰亂大大削弱了東晉王朝，廣州和益州都落入割據者手中。

在劉毅等與桓玄殘部作戰時，益州刺史毛璩派遣軍隊東下助戰。這些軍人不願遠征，舉兵反叛，他們推舉一名官員譙縱為主，殺回成都，誅殺了毛璩全家。譙縱自稱成都王，割據益州，被稱為譙氏西蜀政權。

被趕到海島中的天師道教主盧循，看到劉裕與桓玄的戰爭爆發，知道機會到來了。他這次不再竄擾江浙，而是乘船南下，從海路直抵廣州城，開始聚眾攻城。

長江流域戰事正酣，無暇顧及廣州。廣州刺史吳隱之率眾抵抗三個多月。廣州城內擠滿了四郊進城避難的民眾，臨時搭建了很多棚舍。十月的一個夜間，城內民居起火，迅速蔓延。吳隱之擔心有暗藏的奸細作亂，命令士兵嚴加戒備，不得擅自救火。結果大火將廣州城燒為白地，再無堅守能力，盧循軍隊輕而易舉攻入城。事後從灰燼中撿出的骷髏有三萬多具。人們在城外挖掘了一個大坑，掩埋這些焚燒過的骨殖。

盧循又派徐道覆循北江而上，占領始興（今廣東韶關市），控制了南嶺通往北方的要道，掌控嶺南全境。但盧循暫時沒有稱帝建國的野心。他出身世家大族范陽（今河北涿州市）盧氏。這個家族自東漢末年的盧植以來，一直以擅長經學，特別是禮學著名。北方淪陷後，盧氏家族成員南渡的很少，所以盧循這一支在南方勢力單薄，政治上不得勢，終於走上天師道叛亂之路。

盧循的文化程度很高，擅長草、隸書和圍棋。看到晉安帝還都、東晉重建，他派使臣到建康進貢禮物。此時朝廷百廢待興，劉裕等顧不上遙遠的廣州，只好發詔書任命盧循為廣州刺史，徐道覆為始興相（太守）。劉裕要盧循交還被俘的吳隱之，盧循也照做了。

但盧循和劉裕之間很難有真正的信任。盧循以門第、學術和宗教地位自傲，看不起武人出身的劉裕，劉裕對天師道、對盧循也沒任何好感。朝野傳聞，盧循曾派人送劉裕「益智粽」[2]，以此譏諷劉裕粗疏無文。劉裕則以「續命縷」回贈，暗示盧循續命海隅，遲早要歸命朝廷。

2 益智仁是草藥，也可食用，當時稱蜜浸的果脯為「粽」。參見《藝文類聚》卷八十七「益智」條。

# 第七章：襲南燕

晉安帝司馬德宗復位後，東晉政局相對穩定。劉裕和隨同他起兵的軍官們，分別任各要州刺史。朝廷議平定桓玄之功，劉裕、劉毅、何無忌三人被封為公爵，成為實際控制東晉局勢的三巨頭。

經過一番調整，劉裕任徐州刺史，劉毅任豫州刺史，何無忌任江州刺史。劉裕少弟劉道規任荊州刺史，但軍事上歸何無忌節制（都督）。其餘參加義軍的人也都各有官職、封爵。他們被稱為「建義諸人」，是此時東晉政壇的主導力量。

至於揚州刺史和錄尚書事的職位，一直由老名士王謐擔任。此人碌碌無為，桓玄篡位期間，他身居顯官為其出力，此時頗受人指摘。王謐自己也很不自安，曾試圖辭職隱退。但劉裕因貧寒時曾得他幫助，執意推他執掌朝廷。如此，建義諸人分任外職，名士主持朝廷拱手無為，不失為平衡各方均勢的布局。

三頭當中，何無忌和劉裕是多年舊交，能夠和衷共濟，但劉毅性格倔強傲慢，起兵以前與劉裕也沒有私交。當初劉毅和何無忌西征桓玄時已發生過矛盾，所幸未曾激化，事後兩人重新言好。江東政局的穩定，全靠三人能相安無事。

## 三頭時代

安帝復位三年後，王謐去世，揚州刺史和錄尚書事職位空缺。從資歷看，無疑應由劉裕遞補。但劉毅不想劉裕入主朝政，他向朝廷建言：用士族文人謝混接替王謐之位；或者由劉裕在京口兼任揚州刺史，吏部尚書孟昶任錄尚書事。

尚書省右丞皮沈帶著這兩個方案來到京口，準備徵求劉裕意見。皮沈先見到為劉裕主持政務的劉穆之，向他講了此行的使命。劉穆之心知事關重大，藉口上廁所，悄悄寫了一張字條：「皮沈之言切不可從！」讓人送交劉裕。

劉裕隨後見到皮沈，聽他講完後沒有表態，先請他到外面休息，然後把劉穆之召進來，詢問他意見。

劉穆之分析：「劉毅、孟昶諸人，與您一同起自布衣，只是按謀事先後順序，推您為首，並非甘心服從。揚州是朝廷根本，不能拱手讓給外人。當初交給王謐，是出於時局需要的權衡之舉，現在如果貿然讓給別人，權柄一失，就難再得，還可能反受其害。」

劉裕也認為有道理，但又不便直接向朝廷索取，詢問劉穆之該如何應對。劉穆之早有準備：「不如這樣回答劉毅等人：『揚州是京畿要地，尚書省是朝廷根本。事關重大，應當面談，所以請諸位入朝會商。』如果您親自到京師，自然沒有越過您另授他人的道理。」劉裕聽從，當即進入建康，朝廷只得任命他為揚州刺史、錄尚書事，同時兼任徐州刺史。

劉牢之之子劉敬宣，曾與劉裕一起進剿天師道，兩人私交很好。當初劉毅曾在劉敬宣部下任職，有人誇讚劉毅能成大事，劉敬宣不同意，說：「此人性格，表面隨和而內心猜忌，自傲且目中無人，即使官至大位，也未必能得善終。」劉毅聽說後極為忿恨，始終念念不忘。

劉裕等京口起兵時，劉敬宣尚流亡南燕，未參與建功。他南歸後，劉裕曾想任用他為江州刺史。劉毅讓人給劉裕傳話，說：「劉牢之、敬宣父子曾不忠於國，投附桓玄。如今又未參與舉義，如果您是為了答謝私交，應當授予一個朝廷散官，郡太守都未免太高。如今聽說又要升任江州，實在不近情理！」

劉敬宣得知後非常緊張，自動請求解除了官職。但劉裕對他很好，宴會經常請他參加，還贈送了很多錢物。

譙縱在益州獨立建國之後，劉裕想給劉敬宣一個建功立業的機會，讓他帶五千士兵進占益州。劉敬宣率軍入蜀後，譙縱急忙向後秦姚興求援，姚興派遣二萬士兵入蜀增援。劉敬宣部行至距成都五百里處，被阻擊不能前進，相持兩個多月，糧食耗盡，軍中又發生瘟疫，死者過半，只得退回。

因為這次失利，劉敬宣被免官，劉裕薦人不當，軍銜也由二品車騎將軍降為三品中軍將軍。但劉毅想借機置劉敬宣於死地，劉裕急忙派人保護他，防止他遭遇不測。何無忌也派人給劉毅帶話，讓他不要因私怨影響公務，如果一定要治罪，也應入朝與諸人會商。建義諸人大多是劉牢之舊部，對劉敬宣比較敬重，都不願此事無限擴大。劉毅只得作罷，但見到劉裕時，還是要譏諷幾句以解怨氣。

東晉政治在「三頭」模式下進入相對平衡狀態，南燕軍隊卻數次對淮北邊境發動侵襲。劉裕開始考慮攻取南燕，為恢復中原取得前進跳板。

## 慕容超啟釁

當初，割據青州的慕容德看到東晉有桓玄之亂，曾想趁機南伐，占領淮河以北。但他年老多病，被迫放棄這一計畫。

四〇五年，慕容德病死，臨死前指定侄子慕容超繼位。慕容超即位後，其母、妻還在長安，他只好遣使到後秦，希望秦帝姚興能送還自己的家人。

姚興對慕容超的印象一直是個低能兒，他答應送還慕容超家室，但開出的條件是：一、南燕要向秦稱臣；二、南燕要將朝廷太樂隊送給秦。

姚興想要的這個太樂隊，是當初西晉朝廷的宮廷樂團。三一一年洛陽陷落後，它輾轉於北方異族朝廷中，樂師代代相傳，至此已近百年。雅樂正聲是一個王朝賦有天命的標誌，這個樂團幾乎濃縮了一部十六國時代的戰亂流離史。

三一一年，西晉都城洛陽被匈奴劉聰軍隊攻破，西晉朝廷樂團和其他典章寶物一起，被俘獲到劉聰漢政權的都城平陽（今山西平陽）。不久劉漢政權內亂，占據關中的匈奴劉曜建立前趙，帶兵攻入平陽，將樂團擄往長安。

後來，劉曜與東方的石勒大戰於河南，兵敗被俘，關中被石勒後趙政權征服。樂團被擄到後趙都城襄國（今河北邢臺市）。

石勒死後，石虎篡位，將都城遷至鄴城。他死後，冉閔起兵誅殺胡人，後趙兵亂。長期盤踞遼西的慕容鮮卑趁機入關，慕容儁在鄴城建都稱帝，建立前燕王朝，同時繼承了這個樂團。隨後，苻堅前秦攻滅前燕，樂團又被送往長安。

苻堅淝水兵敗後，堅守長安兩年，終於被鮮卑人攻占。當鮮卑人放棄長安東行，樂團也被裹挾其間。他們驅逐了晉陽的苻丕，在長子（今山西長治市）建國，史稱西燕。

三九四年，慕容垂的後燕攻滅西燕，又將樂團擄至中山。北魏攻擊中山時，樂師和百官逃奔鄴城，又隨慕容德南下青州、建立南燕。

這便是一個樂團百年顛沛，輾轉匈奴、羯、鮮卑、氐諸族王朝的歷史。

慕容超思親心切，只好答應了姚興的要求，將一百二十人的樂團送往關中，交給了它的新主人——羌人。姚興心願滿足，送還了慕容超的家人。這是四〇七年冬天的事情。

一年多以後的四〇九年新春，南燕朝廷舉行新年朝會。此時的慕容超家人團聚，內政平安，與四鄰的北魏、後秦和東晉也相安無事。但宴會之上，他總不能開心：樂隊不在，沒有喜慶氣氛。他決定從東晉擄掠人口，補充樂隊員額。

臣下大都不贊同這個計畫：補充樂師的方法很多，完全沒必要從鄰國搶掠。但慕容超堅持己見。他的不開心，不全是因為缺少了音樂，而是為向姚興稱臣、使自己朝廷降低為藩屬地位。這口氣他實在嚥不下，北魏、後秦實力強大，他不敢貿然挑釁。但南方的東晉歷來缺乏戰鬥力，他想從戰爭中找回尊嚴。

二月，燕軍兩度南下劫掠，攻克了淮河邊的宿豫城（今江蘇宿遷市），俘虜城中居民而去，從中選擇了二千五百人，交給太樂署學習音樂。晉朝的三名郡太守也成為俘虜。淮河一帶陷入戰爭恐慌，居民都修築堡壘自保。

慕容超沒有想到此事的後果。現在的東晉已經和五年前完全不同了：當權者不再是只知清談的矯情士族，而是一群靠戰爭發跡的軍官。

## 山地北征

獲悉南燕入侵的報告，劉裕上表要求北伐。朝廷討論時不同意者居多。有人認為南燕兵力強大，難以攻取，且盧循、譙縱各自割據一方，會趁機生事；有人則是不想劉裕再有戰功，打破目前三頭並立的均勢。劉毅從姑孰發來書信，稱劉裕身負宰相之職，不宜親征。他引證說，當年苻堅大兵壓境，丞相謝安也未曾親自出征。

朝臣中，只有孟昶、臧熹和謝裕贊同劉裕的計畫。劉裕力排眾議，最終決定出兵。

臧熹此時是劉裕中軍府的參軍，他認為此次平定南燕，是滅後秦、北魏統一天下的基礎。他雖然出身書生，卻想隨劉裕出征作戰。劉裕最後沒有同意他隨行，而是任命他為臨海太守，防範盧循從海道來襲。

孟昶自平定桓玄以來，一直作為建義諸將的代表在尚書省任職，監控朝政。劉裕此時讓他兼管自己中軍府的留守事務。他和臧熹、何無忌是京口建義諸人中比較有文化的。

謝裕出身士族，其祖父是謝安的二弟。當初劉裕還在擔任桓修的參軍時，謝裕已是桓玄的黃門侍郎，極受桓玄信賴。一次劉裕因公事見謝裕，謝裕對劉裕印象很好，留他一起吃飯，飯還沒好，桓玄詔命傳來，召謝裕入朝商議事情。桓玄性急，一時間多位詔使趕來催促。劉裕很緊張，幾次要求離去，謝裕都不放，直到陪劉裕吃飽，才動身入宮。劉裕因此很感動，視他為布衣之交。

出征前，劉裕最擔心安帝的弟弟——擔任朝廷大司馬的司馬德文。目前安帝沒有太子，德文聰明有才，是安帝之後的皇位繼承人。劉裕擔心自己不在時，他會聯絡司馬宗室，有不利於自己之舉，特地任命謝裕總管大司馬府事務，監督司馬德文。

四月，劉裕率軍從建康登船出發。

關於此次出征兵力，史書未做記載。從前後幾次戰爭的規模推斷，晉軍兵力應在四萬左右。參戰部隊除了來自朝廷禁軍和揚州，應該還有上游豫、江二州及下游徐、兗、青等僑州。西陲的荊州因要防範譙縱、姚興，加之與下游路途遙遠，應當不會參與北征。

劉裕部隊乘舟艦北進，沿著當年桓溫征前燕的路線，由長江經運河入淮水。入淮處的山陽城，此時由劉裕二弟、并州刺史劉道憐駐防。他也帶部下加入了劉裕北伐軍。

北伐軍橫渡淮河後，繼續溯泗水北上。五月，舟師抵達下邳城。這裡的居民還沒擺脫對鮮卑人

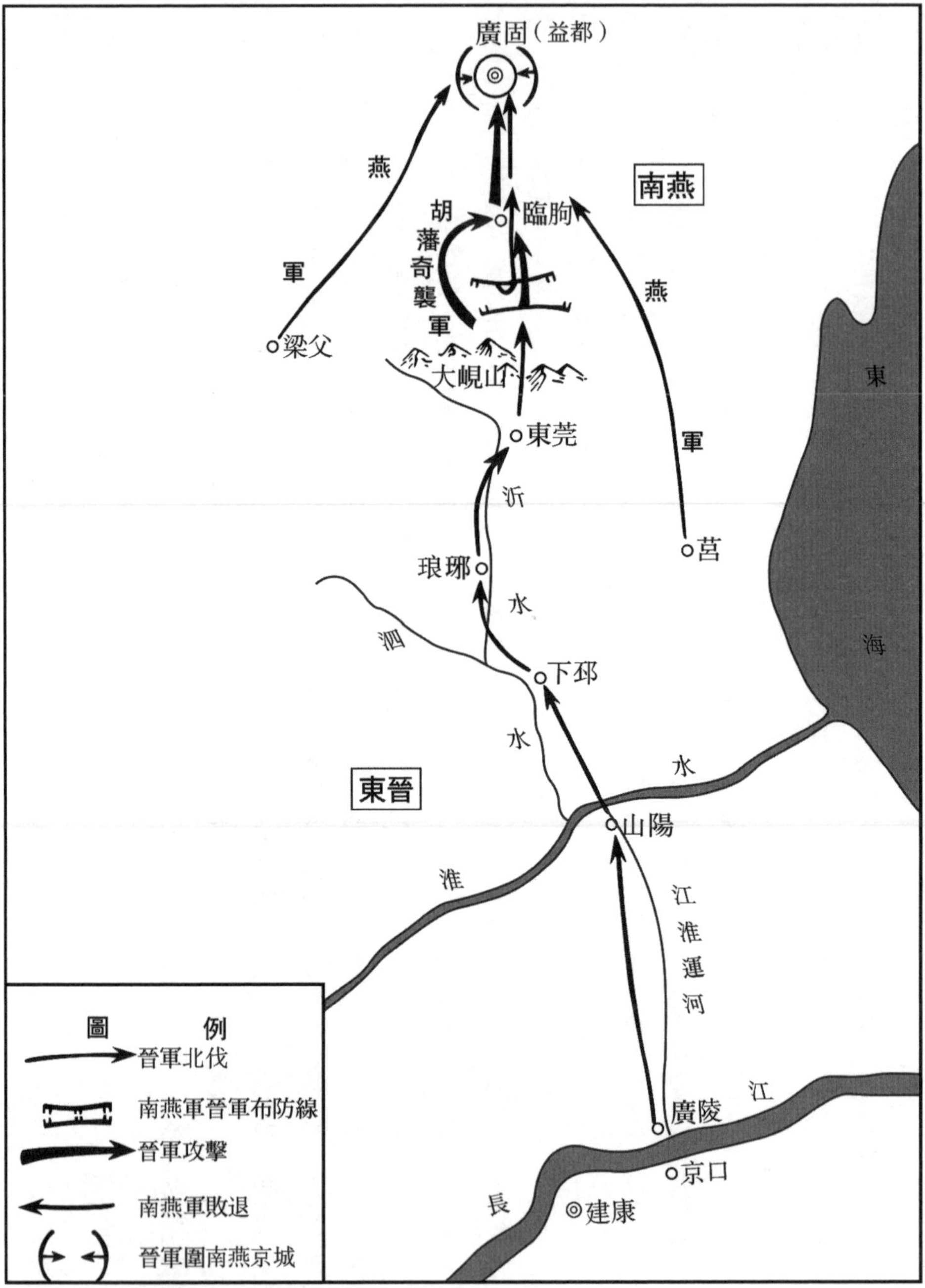


【圖6：東晉滅南燕之戰示意圖】

侵襲的恐慌。在這裡劉裕下令：全軍棄舟登岸，步行一路向北，進占三百里外的琅琊城（今山東臨沂）。

命令傳達後，全軍上下都疑惑不解：琅琊到燕都廣固之間都是山地，不便行軍。晉軍北伐，歷來要藉助舟楫之利；況且雨季將至，河流水量充沛，桓溫當年北伐故道俱在，何必要舍舟步行？如乘船沿泗水的桓溫故道北上，即使舊桓公瀆已湮塞難行，可以再用人力疏通，或者棄舟步行，沿途都是居民密集的平地，也比在下邳登陸北進省力得多。

這個出人意料的方案，正是劉裕深思熟慮後的一步險棋。

鮮卑軍隊最倚重的是騎兵，晉軍最缺乏的也是騎兵，在機動性方面，晉軍處於劣勢。如果繼續溯泗水北上，沿途都是平原地帶，鮮卑軍隊隨時會趕來阻擊——即使晉軍完勝，戰場距離廣固尚遠，慕容超聞訊憂懼，感覺大勢已去，很有可能逃竄他國——向西可以逃奔後秦，向北過黃河可以投靠北魏，甚至有可能浮海北上遼西。如果慕容超策馬狂奔，離廣固尚遠的晉軍根本無力追及。

如果晉軍從陸道北上琅琊，局勢就完全不同：占領琅琊後，在鮮卑人猝不及防之際，晉軍就進入沂蒙山地行軍。在林木茂密的山區，騎兵部隊難以展開衝擊，燕軍只能在山路出口的臨朐城下等待晉軍，那裡是山前平原地帶，適合使用騎兵。但那裡距離廣固只有五十里，晉軍一戰獲勝，廣固城中的鮮卑朝廷便是囊中之物。

當然，鮮卑人的反應也未必盡如預料：他們也可能在山地據險設壘，阻擊晉軍。但那樣的話，騎兵優勢無法發揮，雙方在山林間步戰，晉軍勝算更大。再者，如果把決戰地點定在臨朐城下，萬一晉軍戰敗，也可迅速收縮回山地，依託險阻緩慢後撤。這要比在平原上決戰失利容易應付。

當初與孫恩天師道軍鏖戰，無數次靠雙腳和風帆賽跑，劉裕已經練就了一種對付有機動優勢敵軍的天才能力。他會不動聲色地做好一切準備，將兵力和後勤逐一部署到位；在兩軍的對峙運動中給對手製造假象，使之麻痺鬆懈，產生錯覺，將其吸引到他暗中選定的地點，等待恰當的時機；最後是迅雷不及掩耳的致命一擊，使其徹底喪失反抗能力。沒有機動性的優勢，他只能倚靠自己的智慧。

劉裕是典型的賭徒性格，敢於弄險，一擲千金不顧後果。這種個性最適合馬背民族的戰術，以高速運動的騎兵部隊千里奔襲，大膽迂迴穿插，在最意想不到的時間和地點橫掃敵軍。但是，他最缺乏的就是馬匹和騎兵，這個優勢只屬於他的對手。他無法像狼一樣千里奔襲，在荒原大漠上長途窮追，就只能做一隻虎，在山石叢林的掩護下悄悄接近，隱忍潛伏，等待未察覺危險的獵物一步步靠近，最後以致命一擊咬斷對手咽喉。

對於劉裕的舉動，南燕君臣也頗為不解。南燕本來在莒城（今山東莒縣）、梁父（今山東泰安）有駐軍，防範晉軍來攻。面對邊境傳來的戰報，南燕君臣會商，有人認為應當發揮騎兵優勢，在山南的莒城一帶集結兵力，阻擊晉軍。燕主慕容超沒有採納。他下令撤回梁父、莒城駐軍，集中全國兵力於臨朐一帶，等待與劉裕決戰。

後來人們都將南燕的失敗歸因於此，但慕容超的計畫也有其道理。首先，山南距離廣固遠，而距離下邳近，燕軍倉促之際難以集中部隊。如果部隊分批抵達，很容易被劉裕各個擊破。更重要的是，劉裕已經迅速進占琅琊，戰報傳到廣固、燕軍做出反應都需要時間，待準備完畢，劉裕早已率領晉軍循山路北上了。沒人想到劉裕會在下邳棄舟步行，將其阻擊於山南的策略來不及實施。

慕容超也沒有採用在山地阻擊晉軍的策略。他對鮮卑騎兵有充分自信。他要以逸待勞，等晉軍翻山越嶺、遠行疲憊，臨朐山口一戰，定然可使晉軍匹馬隻輪無返。臣僚們提出堅壁清野的建議，也被他拒絕了，那樣容易散布恐慌，動搖民心。

鮮卑皇室子孫、二十五歲的慕容超有理由信賴自己的鐵騎部隊。一百年來，正是憑藉著鐵馬長矛，北方民族才得以馳騁中原。漢文化的中心區長安、洛陽，都是他們奔突之地。

七八百年來，北胡、匈奴人如潮水般從山地和大漠中湧出，走馬馳逐於長城之下。塞北大地廣闊荒涼，只有飼養牛羊可以維持生計，這些牧人知道，中原有富庶的城市，有讓人眼花繚亂的種種商品，還有白皙柔弱的女子，遠勝過草原女子的黧黑粗壯。北方酋長們一直憧憬著衝入中原，享有那裡的繁華柔媚，但他們始終無法衝過中原王朝的邊防線。只有最近一百年來，這個夢想才成為現實：北方草原、山林的子孫們終於統治了中原大地。

這個天翻地覆的變化，竟然來自一對小小的馬鐙。

## 馬鐙改變戰爭

公元前一千多年，亞歐大陸中部的草原民族已開始馴化馬匹。但早期的馬匹都只用來駕車，極少用來騎乘。這可能有駕馭方式的原因，也有馬種馴化、發育的因素。青銅時代的戰爭中，馬都是用來拖曳戰車，而戰車對地形適應性差，難以成為戰場主力。

到鐵器時代——中原的戰國時，騎馬技術開始普及。此時馬鐙尚未出現，騎手在起伏顛簸的馬背上，只能靠雙腿用力夾緊馬脅、手抓韁繩保持穩定。這種情況下難以運用矛刺、刀劈等，因為運動幅度過大，或者衝頂到目標後的反作用力，都會使騎手摔下馬背。

早期騎兵最主要的武器是弓箭。「騎射」是漢代人對匈奴人戰術的總結。這種騎兵難以衝擊盾牌如牆、矛戟如林的密集步兵方陣。戰國秦漢時代的匈奴人，無數次衝入塞內搶掠，但無法攻占漢地城邑，就是因為無法對付訓練有素的步兵。這種弓箭騎兵適合搶掠沒有武裝的平民，可以偵察敵情、襲擊敵糧運車隊，追殺潰散奔逃的步兵。中原內戰中弓箭騎兵的最主要用途，則是對抗敵方騎兵，為己方步兵提供掩護。

這個時期的騎兵沒有馬鐙，但有馬鞍。最初的馬鞍是馬背上的一方墊子，用交纏到馬腹下的皮帶捆綁，可以使騎乘者舒適一些，秦始皇陵兵馬俑，以及漢墓中出土的大量騎兵陶俑，都有馬鞍無馬鐙。

但馬上劈刺是騎兵的重要需求。人們首先想到的是改良馬鞍，增加它前後的高度，使騎手前後都有倚靠。馬鞍的弧度由此越來越大，稱為「高橋馬鞍」。由此，騎兵可以進行力度不是太大的刺殺。這樣落馬的危險雖被降低了，但依然存在。

高橋式馬鞍帶來了另一種不便，就是爬上馬背變得很困難。高聳的鞍橋阻礙騎手抬腿跨過。由此，人們想到了在馬鞍左側懸吊一個鐵環，上下馬時供左腳踩踏。革命性的發明由此肇端。騎手們發現騎在馬背上時，左腳仍可放在上馬環中，身體的穩定性大大增強了。另一隻鐵環順理成章懸掛在了馬鞍右側，馬鐙由此產生，騎手從此可以「站」在馬鐙上，重心可以自由地在左右腳間轉換，不用擔心掉下馬背。

這一改變發生在西晉末年的草原民族，同時也改變農耕民族命運的發明。有了馬鐙，騎兵也有了更合適的兵器——馬槊。魏晉時稱一丈八尺（合今四米左右）的長矛為槊，西晉以來，馬槊幾乎成為騎兵的固定裝備。騎手站在高速奔馳的馬背上衝向對手時，他只需握住馬槊，在腋下夾緊，同時使槊鋒對準對手。高速的衝擊使長槊在瞬間貫穿對手身體，巨大的反衝力通過槊柄傳遞給騎手，沿著騎手的身軀和兩腿落在馬鐙上，再由拴繫馬鐙的皮帶傳導到馬背上——對於高速奔馳的、沉重的戰馬而言，這點衝力沒有什麼影響。騎手要做的，是在馬槊刺中對手時夾緊胳膊，防止沉重的衝擊造成關節脫臼、馬槊脫手。

有了馬鐙和馬槊，騎兵終於可以正面衝擊密集的步兵方陣。面對高速衝來的、人馬合一的騎兵，步兵處在下風。不僅長矛，戰馬的踩踏衝擊也足以致命。

更重要的是，傳統時代的步兵大都社會地位低下，戰鬥積極性差，所以陣列必須密集、整齊，使基層軍官能監督自己的每一名部下，統帥軍令能逐級傳達給每一級軍官，最終變成全體士兵的統一行動。馬鐙騎兵出現後，一百名騎兵就可以衝擊、穿越上千名步兵的軍陣，甚至可以掉過頭來一次次反覆衝擊突破。步陣被攔腰衝斷後，指揮鏈斷裂，軍令無法有效傳達，軍官們失去了對士兵的監督控制，喪失鬥志的步兵會在驚慌中拋下武器、四散逃命。這是受到騎兵衝擊的步兵最常見的狀況。

馬鐙還給騎兵帶來一個便利：沒有馬鐙時，人坐在馬背上，臀部受力，在顛簸奔馳中很容易疲勞。有了馬鐙後，騎兵可以半「站」在馬鐙上，能更舒適和節省體力，更適合進行長途行軍。騎兵的遠程奔襲能力也因此大大增強。

這時的騎兵不僅有了馬鐙，還給戰馬披上了甲冑。

戰國以來，步兵對抗騎兵最有效的武器是弓弩，騎兵在顛簸的馬背上，射擊準確性遠遠低於穩定站立在地上的步兵。當騎兵向步兵軍陣衝擊時，會遭到密集箭雨的射擊。馬匹體形遠大於人，中箭的機率更高。

三國時代以來，為了衝擊步陣，騎兵開始使用皮革鑲鐵製成的馬甲，當時馬的甲冑有專門名稱：「具裝」。披甲的騎兵和戰馬防護性大大增強。對無裝甲的馬匹，箭矢的有效殺傷距離在一百米左右。但對具裝戰馬，這個距離降低到十米以內。這意味著具裝騎兵衝向步陣時，前排步兵僅有射出一支箭的機會，隨後便要面對槊鋒和戰馬的踩踏。同樣，衝入步兵軍陣後，具裝和鎧甲也可以降低刀、槍短兵對人馬的傷害。

馬具裝在東晉、南北朝時非常普及。這和當時的兵種特徵相聯繫：北方政權騎兵是主力，而東晉南朝以步兵為主。具裝騎兵最好的用途就是衝擊步兵軍陣。匈奴劉淵、劉聰，羯人石勒、石虎，鮮卑慕容儁、慕容垂，以及苻秦、姚秦，他們驅逐晉軍創立帝業的根本，都是強大的具裝騎兵部隊。

如果雙方主力都是騎兵，具裝則沒有優勢。一副馬具裝重百斤以上，戰馬披上具裝，再馱上披甲的騎士，行動能力大為降低，無法追上輕裝的騎兵。一旦奔跑疲勞，就會遭到輕裝騎兵的打擊。所以到隋唐時，中原統一王朝以騎兵對抗突厥游牧族，具裝騎兵就無用武之地了。但在火器出現以前，騎兵和步兵發生對抗時，具裝戰術都會恢復使用。

慕容超準備用來迎擊劉裕的主力，就是鮮卑人的具裝騎兵。桓玄篡晉時，慕容德準備南下攻入建康，當時南燕舉國動員，共徵集步兵三十七萬，騎兵五萬三千，輜重車一萬七千輛。但南燕僻處山東，與北方草原的馬產地之間被北魏隔開，馬匹難以得到補充。六年以來，戰馬數量已經有所下降——但用來踩踏區區數萬遠道徒步而來的晉軍，這已經綽綽有餘了。

## 決戰臨朐

劉裕將舟艦和後勤輜重都留在下邳，率步兵循沂水北上進占琅琊，一路選擇要地，分兵築壘留守，保持交通線的暢通。占領琅琊後，晉軍繼續溯沂水而上，進至今沂水縣，從這裡開始進入山林地帶。這條山路最關鍵的是大峴山天險，春秋戰國時有齊國重鎮穆陵關，當年齊國人修築的長城還在山間蜿蜒起伏。

遠處山林間，不時隱隱閃現鮮卑人的偵察騎兵。他們一直在監視晉軍的行程。在山地行軍期間，劉裕開始還擔心鮮卑人一面據守大峴山，一面堅壁清野。待全軍翻過大峴山後，仍未見到燕軍主力，遙望山下，田中農人還在晾晒剛剛收穫的小麥，劉裕不禁以手指天，喜形於色。

身邊將領問他：尚未見到敵軍，為什麼如此開心？

劉裕回答：軍隊已經過了天險，回鄉路遠，士兵們都知道前途只有決死一戰，此外絕對沒有生還希望；小麥剛剛收割，軍隊糧食無憂，此戰定然勝利！

劉裕選擇的進軍時機，也是為了能獲得敵境剛剛收穫的這一季麥子，解決軍糧問題。

晉軍逐漸將山地拋在身後，向臨朐方向開去。

集結在臨朐的燕軍，是左僕射段暉指揮下的步、騎兵共五萬人。獲悉劉裕軍隊即將出山，慕容超不放心，又帶著四萬步、騎兵趕到臨朐。他判斷天時正當盛夏酷暑，晉軍一路趕來，首先需要解決人畜飲水問題。臨朐城東有一條河流——巨洋水，慕容超命寵臣公孫五樓進占水源。

劉裕也派出孟龍符、沈田子兩支騎兵先後趕往水源。燕晉兩軍在水邊展開激戰。年僅二十三歲的孟龍符率騎兵衝擊燕軍，一番鏖戰後終於占據水源。孟龍符乘勝追擊，單獨衝出太遠，被上千鮮卑騎兵包圍，他挺槊往返衝突，每一次衝擊都刺死數人，最終戰死。

此時沈田子騎兵趕到，劉鍾衝入燕軍，奮戰搶回了孟龍符的屍體。事後，劉裕命劉鍾接替孟龍符的職務。孟龍符是京口人，自幼驍勇，與京口的好鬥少年廣泛結交，和劉裕是老相識，他和兄長孟懷玉都參與了京口起兵。劉鍾和劉裕都祖籍彭城，也是京口建義諸將之一。

飲水和短暫休整後，劉裕命全軍整隊，向西北方的臨朐城開進。

晉軍有輜重車四千輛，此時全部開到隊伍兩翼，一輛輛首尾緊密相連。朝外一側車廂上豎起提前準備好的木牆，木牆不足就拉起布幔，成為保護在步陣外側的一道運動城牆。駕車者在車上持槊而立，準備對付衝來的敵軍。步兵在車牆中間以整齊的隊列開進。騎兵則在車牆外巡視警戒。這是劉裕迎擊鮮卑鐵騎的新創舉。

行進到距臨朐數里之遙，站立車上的晉軍首先看到了源源不斷衝出城門的鮮卑具裝騎兵：人、馬的鐵甲上都繪著黃、紅、黑相間的虎皮花紋，馬甲邊緣綴飾著鮮豔的流蘇穗帶，令人膽寒的長槊上也繫著五彩絲條，隨著疾馳的戰馬飛揚飄曳。他們不等全軍列隊，便催馬向晉軍隊伍衝來。

晉軍步兵全軍戒備，依託車輛的掩護，用弓弩、刀矛和鮮卑騎兵展開激戰。燕軍還在絡繹不絕地開出城門、撲向晉軍。鮮卑騎兵一次次衝擊，都無法突破晉軍的戰車屏障，卻紛紛被車間的晉軍扯下戰馬砍死。

晉軍數量不多的騎兵也奔馳在軍陣外側，和鮮卑騎兵交鋒對刺。燕軍步兵也列隊衝來，與晉軍正面展開廝殺。劉裕二弟道憐、劉毅堂兄劉藩、伐蜀失敗被免職的劉敬宣，此刻都率部與燕軍混戰在一起。

燕軍一隊騎兵試圖繞到晉軍後方攻擊。二十三歲的沈林子正領步兵戒備這裡，看到敵騎兵衝來，他反而帶部下迎頭衝上去。六月的驕陽下，晉軍士氣激昂，在鐵馬長槊中奮力揮刀砍殺。慘烈的混戰持續了一個下午，太陽西斜時還未分出勝負。

晉軍一名軍官胡藩，最初是殷仲堪部下，後歸屬桓玄。當初桓玄逃出建康，阻攔在馬前的就是他。桓玄敗後，他被劉裕召入麾下。此時他向劉裕建議：南燕全軍都已投入作戰，臨朐城中肯定兵力單薄，如能派一支部隊奇襲臨朐，進占敵後方，燕軍主力必將潰敗。

劉裕立即採納這一建議，他命檀韶和胡藩率五千[1]晉軍，繞路偷襲臨朐。這支晉軍先向東南撤入山中。鏖戰正酣的燕軍以為他們是喪失鬥志、逃出戰場，沒有在意，也分不出兵力追擊。

胡藩等沿山前小路迂迴到臨朐城下，搭人梯攀上城牆，砍倒了慕容超的龍旗，立起晉軍旗幟，他們聲稱是從海上登陸的增援晉軍。城上燕軍紛紛潰逃。慕容超此時正帶少數燕軍坐鎮城中，聞訊大驚，單馬逃出臨朐，投奔正在激戰的燕軍將領段暉。

看到臨朐城頭飄揚起晉軍旗幟，劉裕敲響了總攻戰鼓。燕軍以為真有晉軍從海路趕來，占領了後方，頓時士氣大落，都四散奔逃。晉軍趁著夜色追殺，斬燕軍大將段暉等十餘人。臨朐城中堆積如山的燕軍輜重，包括慕容超的御輦、玉璽、全套皇帝儀仗，都成為晉軍的戰利品。

但劉裕的目標只有一個：剛剛逃走的燕帝慕容超。

## 後秦的威脅

慕容超和鮮卑敗軍連夜逃回廣固。第二天清晨，晉軍追兵也趕到城下，攻克外城。來不及逃入內城的鮮卑人都被俘虜，晉軍就地將其全部砍死。內城上的慕容超和燕軍眼睜睜地看著這一幕，卻束手無策。

劉裕指揮晉軍駐紮城下，給各部隊劃分了防守地段，挖土夯築長牆，準備長期圍困廣固。由於慕容超把全國兵力集中到臨朐，此時南燕各地已無重兵，晉軍迅速占領了南燕全境，接管地方郡縣政權，就地徵收軍糧。由於燕境迅速平定，晉軍已無需從後方運送糧食補給。

劉裕還從投降者中選拔人才，授予官職，讓他們協助治理燕境。鮮卑統治下的漢人都歸附晉朝。慕容氏之外的一些鮮卑族人，也開始向晉軍投誠。

慕容超從慘敗中清醒過來一點，決定派使者去後秦求援。他先派出了尚書郎張綱。有人建議：眼下國運垂危，求援已是十萬火急，張綱人微言輕，應該派尚書令韓範入秦求援。慕容超急忙再派韓範組成使團出發。

桂林王慕容鎮當初主張在山南阻擊晉軍，觸怒慕容超被下獄。現在慕容超將他放出來，詢問對策。慕容鎮認為：後秦忙於和叛亂的匈奴赫連勃勃作戰，自顧不暇，難以指望。如今敗逃回城的燕軍尚有數萬，應該拿出宮廷中所有的金帛寶物作為賞賜，整軍出城再次決戰，打破晉軍的圍困。但慕容超思量再三，不敢出城。

第一個張綱使團趁著晉軍圍城尚未合龍，潛出城外，匆匆趕到關中，向姚興報告了臨朐戰役失敗和晉軍圍困廣固的消息，希望秦軍火速東下增援，不然，南燕覆亡只在朝夕。

由於慕容超已向姚興稱臣，姚興在道義上應當援助。而且燕秦各據東西，互為犄角，晉軍一旦

1《宋書》卷四五〈檀韶傳〉：「（韶）從征廣固，率向彌、胡藩等五十人攻臨朐城，克之。」此「五十」當為「五千」之誤。

滅南燕，後秦面臨的威脅會大大增加。所以姚興派步、騎兵一萬先赴洛陽，會合那裡的駐軍，一起東下救援南燕。

得到姚興的保證，張綱急忙回燕覆命。東歸路上，他遇到了迎面而來的韓範使團，向韓範告知了姚興的承諾。韓範大喜，但他還要繼續入關，和赴援的秦軍一起返回南燕。

張綱東行到泰山郡，被駐防晉軍俘獲——此時晉軍已經控制了南燕全境。廣固城下的長牆也已經合龍，牆高三丈，牆下又挖了三道深壕。廣固徹底成為孤城。晉軍砍伐了大量樹木，開始製造攻城設備。

此時燕軍還指望秦軍來援，尚未完全喪失希望。有燕軍在城上嘲諷高喊：你們不是張綱，怎麼會造攻城器械！原來，張綱正以擅長工程，製造器械聞名。

張綱被送到劉裕軍中，他願意投降晉軍換取性命。劉裕讓張綱登上一輛樓車，繞城高呼：「羌人剛被赫連勃勃的匈奴軍打敗了，無法來援！」他還著手為晉軍設計各種攻城器械。

廣固城內士氣已經低落，漢人官員和士兵紛紛尋機出城投降。東晉後方每次有使臣和援軍開到，劉裕都悄悄派部隊前往迎接，待第二天一起舉旗鳴鼓進入軍營。城上燕軍看到，都以為晉軍在大量趕來增援。黃河以北、北魏境內的民眾，也紛紛渡過黃河、負糧持兵趕來投奔。

慕容超喪失鬥志，派人和劉裕談判，提出割大峴山以南之地歸晉，並交出一千匹戰馬，雙方罷兵，被劉裕回絕。

圍城進入深秋，一個來自後秦的使團到達戰區，給劉裕呈上了秦帝姚興的一封親筆信。

劉裕現在已經自學到基本識字，他沒有叫下屬幫忙，自己打開信看。姚興在信中說，慕容超的燕國已經歸附我秦朝，受我保護，晉軍不得擅自滅亡燕國，現在秦軍十萬鐵騎已經開到洛陽，如果晉軍再不退兵，秦晉之間將發生大戰……。

看完書信，劉裕招呼秦使走近說：「你回去告訴姚興，我滅燕之後，養兵三年，然後將進取洛陽、關中。今天如果姚興膽敢救燕，就請他速來，我正好把兩件事一起辦了！」

劉穆之聽說有秦使來見劉裕，急忙趕到劉裕帳中，秦使已經離去了。劉裕將對話告訴劉穆之。劉穆之感覺事態嚴重，抱怨說：「平常無論大小事務，您都和我一起謀劃。這種大事怎麼能輕率回覆！這種大話不但嚇不倒姚興，反倒會惹他憤怒。如果廣固未克、羌兵又來，我們怎麼對付？」

劉裕笑了笑回答：「這是兵機，你不了解，所以沒有通知你。兵貴神速——如果羌人真要出兵，只會擔心我軍發覺，怎麼會先遣使聲明？所以這肯定是故作聲勢。如今姚興能顧上自保就不錯了，怎麼還能來救人！」

果然，就在上個月，姚興親自率軍進攻赫連勃勃，大敗而歸，關中處於匈奴人威脅之下。姚興急忙派使者追趕增援慕容超的秦軍，命他們儘快回長安，這支軍隊已經開到了河南洛陽，又掉頭西歸。張綱欺詐之言居然成真。但姚興不甘心南燕被劉裕吞併，就派使者送信進行恫嚇，卻被劉裕識破。

南燕的韓範使團隨秦軍行至洛陽，又眼看著秦軍受命班師回長安，不禁仰天長嘆：「天命是要滅燕了！」他想率使團趕回廣固，行至燕境，卻發現都已被晉軍占領，陷入進退維谷之境。他的一名部下主動投奔了劉裕，並向劉裕推薦說，韓範是南燕文臣之望，如能招降，肯定可以爭取廣固人出降。

劉裕於是命幕僚給韓範發信勸降，承諾任命他為晉廷的散騎常侍。這是朝廷門下省的職位，在皇帝身邊擔任顧問，高貴清要，歷來只有高級士族才能擔任，跟隨劉裕起兵的諸將也難以獲此殊榮。收到劉裕書信，韓範一行有不同意見。有人勸他投奔後秦。韓範思考一番後說：「劉裕起自布衣，誅滅桓玄、興復晉室；如今舉兵伐燕，所向無敵，大概是有上天之命，人力難以挽回。燕國滅亡後，下一個定然是秦國。我這次如果投奔秦國，難免還要受一次亡國之辱。」於是他下決心投向劉裕。

劉裕和韓範同乘一車，在城下巡視。城上燕軍看到，知道秦援兵徹底無望了。

天氣進入隆冬時節，戰場被大雪覆蓋。圍城已經持續了半年，城內人缺少糧食，體質虛弱，越來越多的人患軟腳病，癱瘓不能行走。有傳聞說，這是因為晉軍斷絕城內水源，堵塞了澠水上游的五龍口所致。據說當年石虎進攻割據此地的曹嶷，便有術士獻此策；後慕容恪在此攻段龕，亦是如此。這次同樣是有術士給劉裕獻計，南燕已難逃覆亡命運。負責管理朝廷檔案的蘭臺令張光勸慕容超出降。慕容超怒不可遏，親手揮刀砍死了他。

## 慕容末路

雙方在圍城中迎來了新的一年。南燕君臣都在城頭堅守，新年的朝會也在城樓上舉行。慕容超下令殺死瘦弱有傷的戰馬為食，給將士們慶賀新春，還宣布給文武臣僚普增官爵。

慕容超和寵姬魏夫人在城樓上憑欄而望，看到晉軍營陣層層相連，圍城壁壘森嚴，正在大規模修造的攻城設備即將完工。困守孤城的時日不多，兩人相擁而泣。

這個二十六歲的英俊鮮卑青年，生於亂世，長於敵國，前二十年受盡人間磨難，卻忽然遭逢帝業，經歷了數載恣睢快意的君王生活。他的厄運正如他的帝運一樣，來得如此突然、意外，天意般不可挽回。

鮮卑人為這個歷盡人世變故的青年詠嘆歌唱：[2]

慕容攀牆視，吳軍無邊岸。我身分自當，枉殺牆外漢！
慕容愁憒憒，燒香作佛會：願作牆裡燕，高飛出牆外。
慕容出牆望，吳軍無邊岸。咄我臣諸佐，此事可惋嘆！

2 《樂府詩集》載此詩名為〈慕容垂歌辭〉，詩前小傳引〈慕容垂載記〉，以其爵為吳王，詩中又有「吳軍」，遂認為是歌詠慕容垂之作。但前燕的封爵與所領軍隊無關。慕容垂為吳王，其領兵士卻非「吳軍」。此「吳軍」為鮮卑人對晉軍的稱呼。且此詩內容是寫慕容氏被吳軍圍困於城中。整個十六國時期，慕容氏被晉軍圍城，僅有廣固戰役一次。故此詩內容是歌詠慕容超。至於其〈慕容垂歌辭〉的題目，或是後人誤傳，或是曲牌名，與內容無關。

「枉殺牆外漢」，是晉軍攻克外城時的屠殺。慕容超在城上徒然坐視，無可措手。「咄我臣諸佐」，圍城危局下，他手下的文武百官也同樣無計可施。至於慕容超曾在城內燒香做佛會、祈禱解脫之事，則為史書失載。他也許真的曾與魏夫人祈願，祈求化作燕子，飛離這紛繁血汙的人間。

但這個春天，燕子從南方歸來時，他卻已經成為戰俘，被押赴從未到過的水國江南，在萬眾圍觀中被送上刑場。建康市民、商人、學徒、奴婢、挎籃子的主婦、拄杖老人和追逐打鬧的孩子，都會聚集來觀賞這個胡虜首領。他們會為這個青年的英俊美貌所震撼，用一種他聽不懂的吳儂軟語竊竊交談，嘆惋憐惜。

然後，他的人頭被砍下，滾落在溼潤的江南土地，再被高高懸掛在城南浮橋畔的高杆之上。在那裡他終日遠眺，看著脂粉香柔的秦淮河水匯入滾滾長江，又向大海奔騰而去。也許，他會看到心愛的魏夫人，已成晉朝某位軍將的姬妾，在侍女的簇擁下，在秦淮河中盪舟而過。也許，她臨窗開簾時，會望見他那顆已經風乾的頭顱，暗拭一掬傷悼之淚，然後回到笙歌簾幕之中。

這一切場景，已經無數次出現在慕容超的夢境中。嚴冬已經過去，春天在大地降臨，萬物重新煥發生機——而他，圍城之中的鮮卑皇帝，在與那個夢境愈行愈近。

城下軍帳中的劉裕，此時卻陷入深深的憂思中。

原來，盤踞廣州的盧循天師道勢力，趁晉軍主力北上廣固，後方兵力空虛，正在密謀起兵殺回建康。他借鑑了劉裕京口起兵的經驗，一方面暗自添置器械，擴軍備戰；同時偷偷聯絡晉廷和劉裕身邊可以爭取的人，準備內外同時發難，一舉蕩覆晉朝。

劉裕部下的沈氏五兄弟，當初舉家信奉天師道。盧循覺得他們可以爭取，便派密使混入廣固圍城軍中，悄悄聯絡沈林子和另一名沈氏成員沈叔長。沈林子聞訊，急忙密報劉裕。劉裕因此獲知了盧循正在策劃的這個驚天陰謀。

從廣州到建康，再從建康到廣固，路途遙遠，信使往還，最快也要二三十日。最壞的可能，盧循現在也許已經舉兵北上了。北方晉軍屯兵堅城之下，師老兵疲，萬一後方陷落，或者，不待後方兵起，僅僅是盧循準備舉兵的消息一旦傳出，晉軍和燕軍的士氣將發生完全相反的巨大變化，後果不堪設想。

沈叔長沒有向劉裕報告此事，看來他已經與盧循密使達成了一致。他還數次試探沈林子的立場，試圖將他拉入密謀。沈林子只能依違拖延。

劉裕甚至不敢逮捕處置沈叔長。沈叔長確實驍勇善戰，但劉裕擔心的不是這個，而是他不知道軍中還有多少暗藏的天師道徒。一旦觸動沈叔長——哪怕他原因可疑地猝死、失蹤，都有可能招致暗藏天師道徒的暴動。劉裕現在的希望，是天師道再給他一點點時間，等他攻克廣固；再有就是，沈叔長別在夢囈中將陰謀洩露出來。

兩軍都發起了最後決死一搏。

張綱設計的攻城機械都已告成。晉軍填平了多處護城河段，潮水般湧向廣固城。他們用來撞擊城牆的衝車，頂部用堅固的板材構築，上面覆蓋牛皮，減緩被石頭砸中時的衝擊。城牆上發射的弓矢飛石對它都無可奈何，甚至澆下油脂縱火也難以燒燬。晉兵隱藏在車內，推動巨木做成的撞槌，緩慢、有力地一次次撞擊城牆。包覆城牆的磚石崩落，夯土塌陷。巨大的鐵爪拋上城牆，在絞車拖曳下將城垛口拉塌。還有比城牆還高大的飛樓，沿著軌道一寸寸向城牆靠近。士兵們站在樓內，居高臨下射殺城頭守軍，然後放下懸梯，揮刀衝上城牆，和燕軍展開廝殺。

絕境之中的鮮卑人也在做困獸之鬥，一次次將衝上來的晉軍又壓下城牆。張綱的母親被鮮卑人懸掛在城頭，剝光衣服，一寸寸剝皮肢解。

在城牆毀壞最重的地段，鮮卑人偷偷挖掘了通向城外的地道。二月一日，趁著沒有月亮的夜晚，大地漆黑如墨，燕軍衝出地道殺入晉軍營地，一邊縱火，一邊砍殺正在睡夢中的晉軍。

這個圍城地段由檀韶負責，他連忙帶領士兵反擊。晉軍士兵來不及穿甲，衣不蔽體。兩軍在沖天烈火的薰灼中廝殺對砍。燕軍最終全軍覆沒，但這裡所有的攻城器械、望樓都被燒燬。檀韶受到劉裕嚴厲斥責，並被降職處分。

慕容超已經無法步行。他被人抬著在城牆上巡視戰況。尚書悅壽勸他：將士都傷病憔悴，完全喪失了戰鬥力，外援無望，天命已去，應當考慮後路了。

慕容超回答：「我寧可揮劍而死，不能銜璧而生！」

二月四日夜間，劉裕召集軍官開會，宣布明日發起最後總攻，無論付出多大代價，也必須攻下廣固。

將領們大都顯出為難之色。有人質疑：明天是丁亥日，曆書上是「往亡」之日，兵家大忌，不利行師。劉裕回答：「我往，敵亡，怎麼會不利？」

晉將正在躊躇議論之間，一隻巨大的黑鳥忽然飛入軍帳，撲打著翅膀四下衝突。眾人一時愕然心驚。衛士急忙撲住了這隻大鳥。它形體如鵝，通體灰中帶黑。現在已是雁鵝向北遷徙的時節，但尚未有人見過蒼黑色的大雁或天鵝。占書載：「鳥集軍中，莫知其名——軍敗。」[3]眾人疑慮中，又是胡藩站起來：「蒼黑是北方胡虜之色。如今為我所獲，明日一定大勝！」

次日，圍城晉軍從四面開始了總攻。混戰中，檀韶最早率部衝上城牆，揮舞著旗幟頂住了燕軍一次次衝擊，逐漸向兩側推進。其他城段的晉軍見狀，也振奮精神，紛紛登城。悅壽此時打開了城門投降，晉軍湧入廣固城中。

慕容超見大勢已去，帶數十騎兵趁亂突圍而逃，被劉道憐所部騎兵追擊俘獲。當年劉敬宣等逃奔南燕，和他是舊相識，現在由劉敬宣查看，俘獲的確實是慕容超無疑。劉裕責問他為何不早日出降，慕容超仍神色自若，他沒祈求生路，只是託劉敬宣代自己贍養老母。

廣固堅守八個月不下，晉軍早已對之恨之入骨。劉裕下令屠城，將所有女子分給戰士做賞賜。韓範勸他：城中漢人數量不少，歸附鮮卑屬不得已；再者，如果這次屠殺太過，今後再北伐必然阻力很大。

劉裕思考後覺得有道理，但還是堅持將宗室——王公以下的三千餘名鮮卑軍人斬首，其實更多的人已經在晉軍克城之初被殺了。鮮卑家眷都成為晉朝官府的奴婢。慕容超也被加急送往建康斬

3《藝文類聚》卷九十引《抱朴子》。

首，以宣告北境徹底平定，安定後方人心。

然後是安排占領區事宜。南燕占據的是青州故地，現在成立北青州，和江南僑立的青州相區別。廣固城被拆毀，在它的東側、晉軍營盤之地，營建了北青州新治所——東陽，羊穆之被任命為刺史。以前他曾駐紮彭城，抗擊過南燕和北魏的進攻。降晉的韓範、封融都被任命為郡太守。檀韶改任琅琊太守，駐防北青州與建康間的要道。

攻克廣固後，還沒收到盧循起兵的戰報，劉裕心中稍感踏實一些。他最擔心陷入兩線作戰的局面。只要鮮卑已滅，盧循也難翻天。所以劉裕在北方又停留了二十天。

就在這二十天內，盧循率天師道徒起兵了。

# 第八章：天師道再起

## 跨嶺奇思

天師道此次舉兵，主要是因為盧循的姐夫、始興太守徐道覆的堅持。看到劉裕伐燕陷入僵持，徐道覆給盧循寫信，建議起兵直取建康。盧循已經安於做個廣州刺史，事實上的嶺南割據者，對這個建議不感興趣。

徐道覆親自趕到廣州城內勸導盧循：「嶺南是暫時落腳之地，難道我們的子孫也要永待在這裡？原來我們擔心打不過劉裕，現在他被鮮卑人拖住了，南回遙遙無期。我們的信眾都是江浙人，思鄉心切，士氣旺盛，對付何無忌、劉毅之輩易如反掌。而且，朝廷一直視我等為腹心之患，如果在這裡坐失良機，待到劉裕滅燕歸來，稍事休整，率軍南下，發詔書調您入京，恐怕您無法抗拒。現在機會難得，如果能攻占建康，控制朝廷，劉裕即使班師南歸，也只能束手就擒。」

盧循還是不想冒險。徐道覆威脅要獨自起兵，率始興的部下北上。盧循只好遷就答應。

天師道軍的優勢是水戰。一般人都猜測他們會沿來路，循海殺回江浙。但徐道覆另有打算：他要從廣州北上，直入長江。

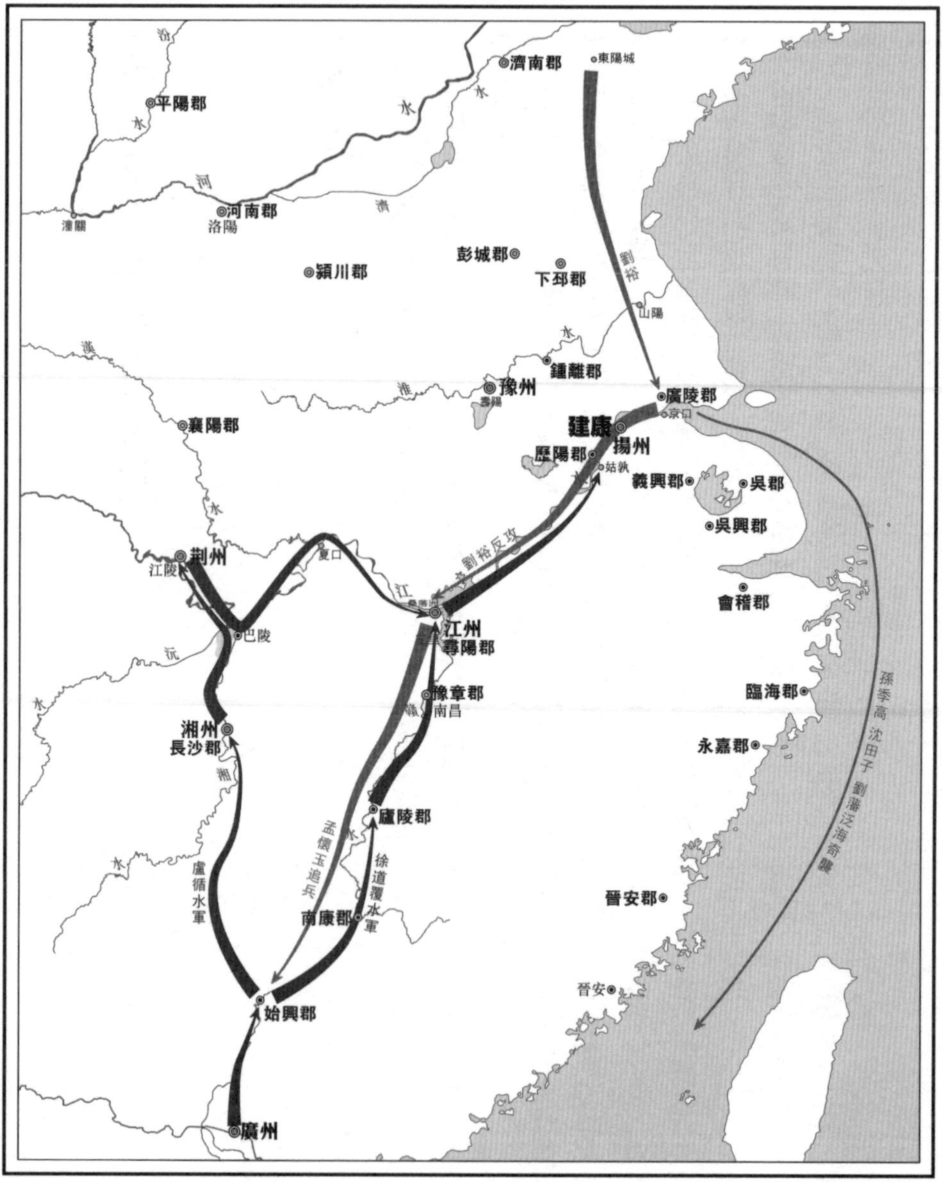


【圖7：盧循廣州起兵示意圖】

沿流經廣州城的北江而上，抵達徐道覆駐紮的始興郡以後，再向北就是高峻崎嶇的南嶺山脈，珠江和長江流域的分水嶺。按照分工，徐盧兩人將各自率軍翻越南嶺：徐道覆向東北，進占南康郡，從那裡順贛江而下，進占江州；盧循向正北，攻占湘東郡（今湖南衡陽），再順湘江而下，進占荊州。如此，東西兩路齊下，平定長江流域指日可待。

自進占嶺南後，徐道覆就在為此做準備。嶺北已屬荊、江二州，是朝廷控制之地。他經常派人扮作商人，越嶺到南康郡砍樹伐木，製作造船板材，聲稱準備販運到下游。完工後，又改稱本錢不夠，無法遠行，在本地廉價出售。南康人貪圖價錢便宜，都出錢購買，窮人家甚至為之變賣衣物用具。贛江上游石多水急，行船不便，這些板材也不易販出，都積存在當地人家中。徐道覆如此舉動數次，南康郡內積存了大量船板，當地官民也未起疑心。

賣船板時都有賬冊。如今徐道覆起兵進占南康，按賬冊勒令居民交出，沒人能夠藏匿。用這些板材，徐道覆在南康全力製作舟艦，十餘天就全部完工。然後登艦浮贛江而下。廬陵（今江西吉安）、豫章（今江西南昌）的晉軍和地方官猝不及防，都棄城逃命。

天師道起兵的戰報傳到建康時，朝廷尚不知廣固已攻克。詔書急命劉裕回援。

劉裕還未敢公布盧循起兵的消息。二十六日，他率晉軍班師南歸。行至下邳後，才將此消息通報軍中，同時命處死沈叔長。[1]下邳回京師水路便捷，但舟行緩慢，劉裕留下傷兵，讓他們乘船返回，

1《宋書．自序》載：「初，循之下也，廣固未拔，循潛遣使結林子及宗人叔長。林子即密白高祖，叔長不以聞，反以循旨動林子。叔長素驍果，高祖以超未平，隱之，還至廣固，乃誅叔長。」按，此「還至廣固」有誤，以當時局勢推斷，應為下邳。

自己帶軍隊步行兼程而進。

## 何無忌戰死豫章

江州刺史何無忌駐紮的尋陽城，正在贛江入長江匯合處。他得知天師道軍從上游殺來，急忙集結州軍準備征討。

有僚屬勸他：盧循所部多是浙東道徒，歷經多年戰爭，戰鬥力很強；如今又補充了嶺南蠻人，且占據順流之勢，不易對抗。不如固守尋陽、豫章二城，可以萬全。

這是東晉士族最習慣的縮頭策略，苟且自保，貽患於人，坐待時變。但這不是軍人何無忌的風格。如今豫章城的存亡尚未可知，何談據守？他率部登舟溯贛江而上，三月二十日，與天師道軍相遇於豫章城下。

天師道軍擅長造船，駕駛的都是多層高樓的大艦，何無忌晉軍所乘都是小船。雙方漸近時，晉軍首先遭到了埋伏在西岸小山上敵軍弓弩手的密集射擊。晉軍小船多無甲板，士兵暴露在箭雨下，只能用盾牌遮擋。不斷有人中箭，士兵開始驚慌。

隨後又颳起猛烈的西風，晉軍小船都被吹攏到東岸。天師道軍趁機用大艦撞擊，晉軍小船紛紛傾覆。有能僥倖靠岸的，士兵都棄舟逃生。眼見敗局已定，何無忌不肯逃命。他命人取來象徵皇帝特使身分的節杖，手執指揮戰鬥。直至他的座船被敵軍大艦圍困，數十名天師道軍持刀跳到船上。

何無忌手握節杖，搏鬥至死。

駐紮姑孰的豫州刺史劉毅獲悉，也準備率舟師進戰。但他忽然患病不起。徐道覆軍乘勝進占尋陽，扼斷長江。

在西線，盧循也建造了艦隊，一路順湘江北進，與趕來阻擊的荊州刺史劉道規會戰於長沙。荊州軍戰敗，劉道規逃回治所江陵固守。盧循進占湘江與長江交匯口的巴陵城。從此，長江上下游荊、揚二州之間的聯繫被掐斷。

何無忌敗訊及劉毅病重的消息傳至建康，再傳至劉裕軍中時，劉裕正率部行至淮河邊的山陽。他聞訊大驚，留下主力繼續行軍，自己帶主要軍官和數十騎兵火速趕路，於四月一日回到建康。

此時荊州消息已斷，朝廷都猜測已經失陷，天師道軍完全占據了上游。建康處在一片驚恐中，不少朝臣認為應該遷都淮北避難。劉裕的到來稍稍穩定了建康人心。

獲悉天師道尚未東下，劉裕下令解除戒嚴，緩解驚恐的氣氛。天師道在各地耳目眾多，過度緊張反而會誘使他們急於東下。劉裕現在需要時間，等待北伐主力返回建康。

## 劉毅兵敗桑落洲

此時，劉毅病勢緩解，上表朝廷準備西征。劉裕忙給劉毅發信，讓他等自己集中兵力、修造船艦，再合兵進剿，方為萬全之策。畢竟自己與天師道軍作戰多年，熟悉其戰術策略。劉裕知道劉毅擔心有人爭功，還在信中承諾：待到合力平定盧循，豫、江二州將都歸劉毅管轄。

隨後，劉裕派隨自己征伐南燕的劉藩前往送信，並當面勸止劉毅。劉藩是劉毅的堂弟。

劉毅見信果然大為不滿。他認為劉裕是不想看到自己戰勝立功，有意壓制。劉藩向他轉述了劉裕的話，劉毅將書信摔到地上，怒道：「寄奴他能有今天，不過是我當年一時推戴而已。你就以為我真的不如他？」他動員豫州全境，集合了二萬部隊，登船向長江上游駛去。

此時，盧循西攻江陵城，被劉道規擊敗。他命徐道覆趕來增援，一起攻占荊州。徐道覆受命，正沿長江向上游進發，忽然獲悉劉毅軍隊趕來的消息。他急忙報告盧循，說劉毅此來兵力眾多，需合力迎戰，如果此戰克勝，晉軍主力徹底斷送，不愁荊州不平。

盧、徐之間的默契要好於二劉（裕、毅）。盧循聞訊，立即率部與徐道覆會合，浮江而下。此時的天師道軍已有戰艦上千艘、士兵十餘萬人。艦隊中還有九條巨艦，這種巨艦有八個獨立的密閉艙艚，甲板上建四層樓，高十二丈，是天師道軍的水戰利器。

五月，劉毅艦隊進至尋陽附近，駐紮在江中的桑落洲上。盧循艦隊順江而下，一舉將劉毅艦隊衝散。晉軍看敵軍過於強大，都喪失鬥志四散逃命。劉毅棄船逃到岸上，帶數百人步行向建康方向逃命。出征官兵陸續逃回的，僅有十之二三。其餘大都成為俘虜，所有舟艦、物資，都成為天師道軍的戰利品。

盧循等前此三天已聽說劉裕平定南燕、回到建康的消息，但還不太確定。待到擊敗劉毅，審問戰俘，才得知此事為真，他和徐道覆都感到有點為難，因為劉裕是最難對付的對手。關於下一步舉動，盧循想回師占領荊州，穩據上游。徐道覆則堅持應趁勝直進建康。兩人在爭執中浪費了數日。最後，盧循才同意了徐道覆的方案，起兵向下游進發。

建康人在憂懼中等待著上游傳來的戰報。他們看到的卻是順流漂下、布滿江面的破碎船板、腫脹腐臭的屍體——都穿著晉軍的軍服。有敗兵乘船漂流而下，他們說起天師道軍聲勢浩大，艦隊連綿上百里，都心有餘悸。

京師再度陷入恐慌。此時建康駐軍只有數千人。征討南燕的軍隊在陸續返回，首先抵達的居然是乘船的傷兵，他們趕上了順風，晝夜兼行，反倒比陸行的主力軍走得快。傷殘軍人們互相扶持著，蹣跚湧入城中。看到這種慘狀，建康人更加驚惶喪膽。

劉裕向朝廷引咎自責。孟昶、諸葛長民重提遷都之議，要攜晉安帝遷居江北避難。劉裕不從。孟昶多次重提此議，劉裕說：「如今接連戰敗，民心驚恐，朝廷一動就會土崩瓦解，怎能到江北？即使能到，不過是苟延數日而已。如今兵力雖少，還足以一戰。如能克敵，君臣同幸；如果失敗，我立下誓言，寧可戰死太廟之下，也不會逃竄求生。你不必再勸！」

孟昶與劉裕爭執不下，一時負氣，他認定此戰晉軍必敗，向朝廷請求治罪處死自己。劉裕怒道：「你應該等著和盧循決一死戰。到那時再死不遲！」

孟昶卻回家寫下給朝廷的上表：「劉裕北伐前，眾人都不同意，只有臣支持。如今致使強賊趁機作亂，社稷危難。這都是臣下之罪，只有一死以謝天下。」封好上表後，他服毒自盡。

大敵當前，劉裕急於招募戰士。他發出重金懸賞，聲稱有投軍建功的，按京口建義功臣之例給予封賞。

不管劉裕如何決心力挽狂瀾，失敗的陰雲已經密布建康上空。

## 死守建康

建康城所在的地形，西面是長江，臨江是一些斷續起伏的小山，南有秦淮河匯入長江。劉裕把主要兵力部署在建康城西的石頭城內。這是一座依小山而建的營壘，西臨大江，南對秦淮河入江之口，既可以防範敵軍直接在江濱登陸，也可以扼守河口，防止其艦隊開入秦淮河。

有人擔心，將全部兵力集中在石頭城，是否過於冒險，劉裕則認為，如今兵少，如果分駐各處，容易被敵暗探偵察知底細，不如集結在一處，令人難測多少，且臨戰便於指揮調動。

晉軍大量砍伐樹木，在秦淮河口打下木樁，阻礙敵艦駛入河中，還從石頭城開始，沿著江岸和秦淮河南岸構築起一道木柵欄。

劉毅兵敗後第七天，盧循艦隊出現在建康江面上。

劉裕站在石頭城的望樓上，看著盧循艦隊蔽江而來。他最擔心的是敵軍直接登陸，尋求與晉軍決戰。目前雙方兵力對比懸殊，難以正面交鋒。如果那樣，他只能放棄建康，帶晉軍向後退避，等待戰機。

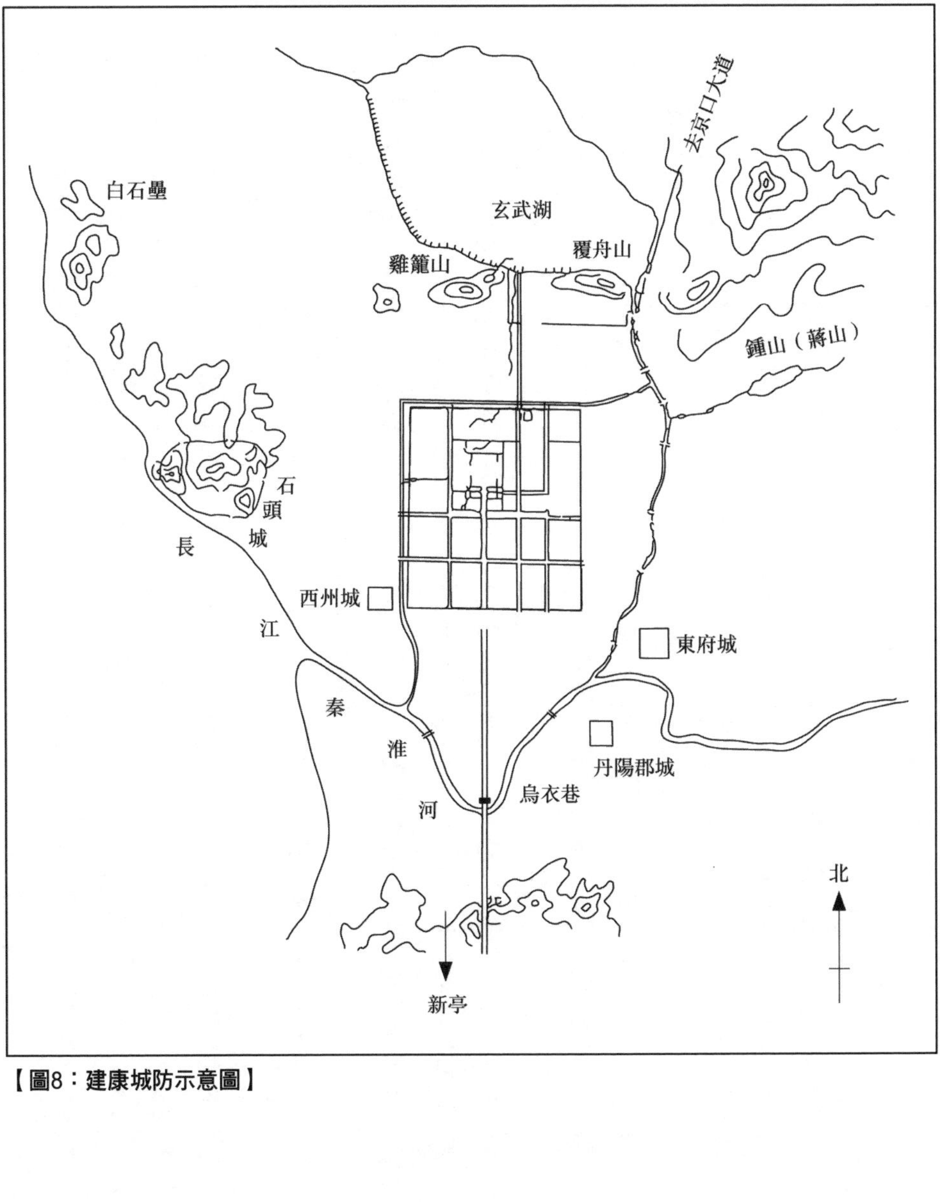


【圖8：建康城防示意圖】

開始時，盧循艦隊果然向秦淮河口方向開去。僚屬們看劉裕緊張得變了臉色。但敵軍可能看到了河口內打下的木樁，又轉帆駛向江心的蔡洲島，駁艦登洲，在上面建立營寨，準備駐紮。

原來，是旗艦中的盧循和徐道覆再次發生異議。徐道覆想在秦淮河南的新亭碼頭登岸，然後焚燬舟艦，與晉軍決一死戰。盧循卻不想再冒險，他聽說孟昶已經自殺，猜測晉軍內部人心惶惶，大兵壓境之下，很快就會崩潰。

徐道覆爭不過盧循，憤然嘆息：「盧公早晚要誤大事！可惜我沒遇到英明的主公，不然早已平定天下！」紮營蔡洲後，他幾次要求帶兵登陸決戰，都被盧循否決。

趁這段時間，晉軍加緊了修築柵欄的工作。伐燕主力也在陸續返回，這當中有一支劉敬宣統率的具裝騎兵部隊，由千餘名投降的鮮卑騎兵組成。劉裕讓這支部隊沿江奔馳，向敵軍示威。天師道軍人紛紛站在洲頭和船舷觀看。江南人歷來怕北方的鐵甲騎兵，鮮豔的虎紋鎧甲和森然如林的長槊，果然造成了極大震撼。

兵力增加後，晉軍又在沿江和秦淮河畔修築了三個營壘，防禦天師道軍登岸。劉毅也帶著百餘殘兵逃回了建康。他們一路輾轉，穿越荒山中的蠻人聚落，歷經飢困九死一生。劉裕又給他恢復了職務，添置部屬。

為了突入秦淮河，天師道軍十餘艘大艦開到河口，放下小船，試圖拔掉河中的木障。劉裕命弩兵部隊埋伏在河岸，待小船駛近時一齊射擊，天師道士兵紛紛中箭落水。這種弩力量很大，小船的船板也能一箭洞穿。劉裕的一個外甥劉榮祖箭法極準，每箭都能射死一名敵軍。天師道軍只得放棄了摧毀木障的企圖，駛回蔡洲。

兩軍隔江對峙之中，天師道軍中卻有一艘小艦悄悄脫離艦隊，向石頭城方向駛來。晉軍都緊張注視著這隻揚帆單行而來的艦船，以為是盧循派來勸降的使者。它靠岸後，首先下船的，居然是曾參與京口起兵的年輕晉將朱超石。

原來，他的兄長朱齡石隨劉裕征南燕時，他正在江州何無忌部下，何無忌戰敗時他被天師道軍俘獲。盧循知道他文武雙全，任命他做了自己部下的軍官。朱超石卻暗中爭取同船之人，尋機投奔晉軍。劉裕得知大喜，向他詢問了何無忌當時的戰況，以及天師道軍中的情況，讓他在軍中繼續帶兵。

盧循看突入內河無望，遂用徐道覆之策，命軍中老弱都登上軍艦，揚帆駛向建康城北的白石壘碼頭。劉裕以為敵軍要從白石登陸，急忙率主力開出石頭城，趕往白石。劉毅及駐防城北的諸葛長民，也率部向白石集中。

這是天師道軍的一個佯動。看到晉軍都向城北開去，徐道覆率精銳部隊乘小艦悄悄進向秦淮河南。他們摧毀了江邊的木柵欄，登陸占據新亭碼頭，悄悄在林間設伏，並派出一支小部隊向守軍挑戰。

劉裕北上時，留徐赤特、沈林子、劉鍾帶不到兩千士兵，防守秦淮河南岸的木柵，並叮囑三人：如果敵軍趁機來攻，必須堅守木柵。現在看到天師道軍列隊開來，徐赤特要率部出擊。沈林子阻止他說：「敵軍本來都已開向白石，卻忽然從南來，肯定是聲東擊西的戰術。我等兵少，僅夠防守柵欄，等主力回師再戰不遲，何必冒險出陣？」

徐赤特不從，他認為天師道主力已赴白石，這裡出現的都是弱軍，正好一戰，遂率部出柵迎擊。天師道伏兵一齊殺出，晉軍頓時被殺死上百人，餘眾急忙潰逃。徐赤特乘上一條小船，獨自逃回秦淮河北岸。沈林子和劉鍾集合潰敗晉軍，重新列隊固守木柵，頂住了天師道軍的進攻，又將其壓退，戰鬥中劉鍾受重傷。

徐道覆看到首輪攻勢受挫，但他判斷這個方向的晉軍不多，應全力突擊，遂又選調數千名精銳敢死士進行第二輪衝鋒。晉軍偵侯看到天師道軍再度整隊進發，急忙報告沈林子。

天師道軍從南來，必須經過南塘之路。南塘是秦淮河南的一片巨大水泊，遍生蓮荷，每年夏季荷花盛開，秋天蓮蓬纍纍，「採蓮南塘秋，蓮花過人頭」，是建康仕女在此遊賞詠歌之作。沈林子知道自己兵力微弱，難以和敵軍對抗，但穿越南塘只有一條堤路，如果扼守此路，雙方能正面接戰的不過百十人，其餘的都擁擠在後無法施展，於是他率部下趕赴南塘堤路，死死堵住了天師道軍。

劉裕趕到白石後，發現敵艦逡巡江中，不肯靠岸，知道中計，急忙率部往回趕。到達石頭城時，他得知沈林子已與敵接戰，於是命令士兵解甲休息，洗澡用餐。晉軍奔馳半日，都疲憊飢渴不堪，此時才稍稍恢復體力。

然後，劉裕率兵南行，衝過秦淮河。遠遠看去，青青荷葉、朵朵蓮花間的塘堤上，沈林子部正和天師道軍苦戰廝殺。戰線之後，天師道軍的隊伍綿延數里，兵器鎧甲在太陽照耀下閃閃發光，都在摩拳擦掌等待與晉軍決戰。

劉裕命全軍整裝列隊。徐赤特被押至陣前，歷數違令出戰、棄軍逃命之罪後斬首示眾。朱齡石受命率軍增援沈林子，他指揮一支千餘人的鮮卑步兵開上堤路，武器是對抗騎兵的長槊。天師道軍大都是短兵器，適合水戰時在船艙內砍殺。朱齡石部列成密集的隊列，長槊如林而進。天師道軍未能靠近就被刺死。雙方在狹窄的堤路上苦戰至日暮，天師道軍被一點點壓制後退，最終丟下數百具屍體，逃上舟艦撤退。

## 艱難轉折

此後，兩軍都不敢貿然進攻，相持近兩個月。

劉裕不能進攻，是因為缺少舟艦。天師道軍控制沿江，晉軍無法修造艦船。劉裕試圖從陸路插入天師道軍後方。他派魏順之從陸路沿江南行，進占盧循軍控制的歷陽城。晉軍偷襲歷陽成功後，又遭遇天師道軍反擊。魏順之不顧城內還有晉軍，一路逃奔回建康。劉裕大怒，下令將魏順之斬首。魏順之和其兄魏詠之，都是曾參與京口舉義的功臣。此舉大大震懾了功臣諸將，沒人再敢貪生怯戰。劉裕又派庾悅為江州刺史，命他從陸路西進豫章，擾動盧循後方。

六月，朝廷授予劉裕太尉職務。劉裕辭讓不受。太尉在此時已沒有實際執掌，但它和大司馬、司徒合稱「三公」，與丞相一起是人臣的最高職銜，以往只有皇室和高級士族才能擔任。此時劉裕綱維晉朝的功業，已經沒人能質疑了。

兩軍相持之中，盧循曾試圖攻擊京口及沿江城邑，都未能得手。他和徐道覆商議，如今兵士疲憊，鬥志不振，不如回師尋陽，休整軍隊後進占荊州，慢慢對付劉裕。七月，天師道軍焚燒了蔡洲營寨，溯江駛回尋陽。

看到盧循退走，劉裕命令王仲德、劉鍾等率南燕降兵為主力的步騎兵混合部隊，從陸路西進追擊。此時晉軍舟船數量有限，劉裕命全力製造軍艦，準備與天師道軍決戰。同時集中目前所有舟艦，由孫季高、沈田子帶領三千士兵，從海道遠襲廣州。

諸將都認為海路遙遠，目前兵力不宜分散，且出征兵少，未必能克廣州。劉裕堅持此舉。他祕密囑託孫季高，在沿途州郡徵調兵力、船隻，同時計算好行軍時間，待到十二月時，晉軍主力將在長江上擊敗盧循，屆時孫季高務必要占領廣州，斷絕盧循後路。

此時，荊州已數月未得建康消息，以為下游都被盧循占領，人心動搖，陸續有人起兵響應天師道。劉道規曾派舟師下江，試圖解救建康。行至尋陽時，被天師道留守的苟林軍擊敗。盧循獲悉，命苟林乘勝進占荊州。

割據蜀地的譙縱也試圖趁火打劫。他向後秦索要了在那裡避難的桓謙，讓他帶兵進入荊州。荊州是桓氏故地，舊部很多，桓謙沿路召集，很快就收集了兩萬人馬，進抵江陵以西的枝江。苟林也溯流進至江陵東的江津城。東西兩支敵軍，距江陵都不到百里之遙。

江陵人聞訊更加驚恐。劉道規集合所有僚屬將士，向他們聲明：「桓謙軍已逼近。聽說本地諸賢都想投奔他。隨我來此的東方將士很多，足以成事。如果有想離去的，我不禁止。」他命令夜間大開城門，城中人可隨意離去。眾人畏服他的膽略，幾乎沒人離開。

此時，駐守襄陽的雍州刺史魯宗之率數千士兵趕來增援。魯宗之與劉裕、劉道規諸人無甚淵源。他本是桓玄部下一名太守，桓玄退守荊州時，他起兵參與攻滅桓玄，被劉裕任命為雍州刺史，一直駐紮襄陽。有人懷疑他此來動機可疑。但劉道規出城迎接，單馬上前與之交談，勉慰魯宗之的忠心，使他非常感動。

劉道規留魯宗之駐守江陵防範苟林，自己率部迎戰桓謙。桓謙橫艦江面，步騎兵列隊江岸迎戰。劉道規率晉軍進擊，所部檀道濟首先殺入敵陣中。桓謙大敗，他試圖乘船順江投奔苟林，被晉軍截獲斬首。

道規軍在桓謙軍帳中繳獲了大量書信，都是江陵想投靠他做內應的人所寫。劉道規不看這些信件，命當眾全部燒燬，江陵人心大為安定。他又率師進擊苟林部，苟林見勢不好轉舵東逃。劉道規命部下追至巴陵，擊敗這支天師道軍，陣斬苟林。西線局勢開始轉危為安。

## 江海齊舉

十月，建康舟艦陸續建造完畢，其中很多十餘丈高的巨大樓船。劉裕要憑藉這支強大的水師徹底蕩滅天師道。劉毅多次請命掛帥進擊盧循。劉裕部下祕密建言，不宜再使劉毅建功、凌駕諸人。劉裕聽從，任命劉毅留守建康，負責一切後方事務，自己率軍溯江而上。

劉裕進軍時，上游正在相持的盧循和劉道規還都不知曉。盧循派徐道覆率三萬軍隊再征荊州，已進至江陵城下。荊州傳聞紛紛，說盧循已盡占下游，控制朝廷，這次是派徐道覆來擔任荊州刺史的。荊州士民感念劉道規焚書之恩，決意死戰。劉道規率軍出城迎戰，大敗徐道覆軍，斬首萬餘，其餘天師道軍都被趕入江中淹死。劉裕從陸路派出的部隊，此時也一路轉戰到達荊州。劉道規等這才獲悉下游無恙。

但劉裕此時也還不知荊州的存亡。他率水軍駐紮尋陽城東百餘里的大雷（今安徽望江縣），一面督促江南從陸路西上的諸軍，一邊計算著孫季高克定廣州的時間。江州刺史庾悅已陸行進占豫章。王仲德攻占宣城，然後與江中的劉裕主力會合。盧循的控制範圍，已被壓縮至尋陽一隅。

但劉裕不想過早發動決戰。他擔心盧循兵敗絕望，南逃廣州老巢。如屆時廣州尚未克復，盧循堅守嶺南，戰事還要拖延許久。

十一月二日，浮海而下的孫季高、沈田子艦隊出現在廣州外海，適逢海上大霧，晉軍祕密登陸，潛行至城下，一舉攻克廣州城。孫季高一面搜捕天師道徒，一面派部下占領廣州全境。被天師道占據十年之後，廣州再次易主。

尋陽的盧循也一直在組建軍隊、修造戰船，彌補徐道覆失敗造成的損失。看劉裕遲遲未發起總攻，他又感覺晉軍可能怯戰，局勢有轉機，遂決心東下與劉裕決戰。此戰若勝可進趨建康；即使不利，也可尋機順流入海，繼續占據海島。

十二月二日，盧循、徐道覆大軍數萬浮江而下。劉裕軍也列好舟艦迎戰。為防範敵艦趁亂東下入海，他還命王仲德帶二百艘戰艦，在下游百里處的吉陽（今安徽東至縣）江面設防。這裡江流狹窄，王仲德將舟艦並列停泊，橫斷江面。

盧循將主力艦兩兩連接在一起，形成巨大的雙體艦船，想借此衝開劉裕艦隊的阻攔，順流直趨而下。天師道艦隊列成密集的隊形，順江駛下，戰艦首尾相連，綿延無盡。

劉裕先命一支步、騎兵混合部隊登上南岸，進占沿江小山（今江西彭澤縣馬當鎮沿江之山），然後命輕型戰艦列隊在前，準備迎擊。劉裕親自提著戰鼓、拿著令旗爬上樓船頂層指揮戰鬥。軍將庾樂生畏敵，登艦不進，劉裕下令將其斬首示眾。晉軍艦隊開始逆流衝向敵艦。

晉軍艦上都裝有威力巨大的弩弓，射出的箭能洞穿堅厚的船板。先鋒輕艦駛近敵艦隊後，保持距離不讓敵艦靠近，不給天師道軍以跳船肉搏的機會，同時以弓弩射擊敵軍。望樓、甲板上的天師道軍紛紛中箭。餘眾被壓制在甲板下不敢露頭。

劉裕趁機指揮艦隊占據中流，列成楔形隊列，借北風將盧循艦隊壓向南岸。先期登岸的晉軍都預備了縱火器具，待敵艦靠岸時投上去。盧循艦隊紛紛起火燃燒，濃煙瀰漫江天。天師道軍為逃生只得跳入冰冷的江水。其他敵艦見狀，都轉舵向尋陽逃竄。晉軍水陸一齊追殺，至夜方止。

逃回尋陽後，盧循、徐道覆考慮東下無望，東西同時受到夾擊，只能溯贛江逃奔廣州。為防止晉軍追擊，他們決定在贛江流入彭蠡澤的水口處據險阻截，擊敗追兵。此處地名左里。天師道軍模仿晉軍戰術，在江口打下巨樁，阻斷江面。

劉裕艦隊迅速追來。上次未獲得參戰機會的王仲德此時率部為前鋒。當晉軍進至左里，水軍被木障阻攔。劉裕命全軍水陸一起進攻，戰艦駛近江口時，劉裕手持的令旗木柄突然折斷，令旗飄搖落入水中。部下都覺得這是不祥之兆。劉裕卻笑著說：「當年征討桓玄，決戰覆舟山前，令旗就曾折斷過。今日又如此，當必勝無疑！」

晉軍戰船駛近木柵，砍撞開一條水路而上。陸上軍隊也從兩翼合圍。天師道軍殊死抵抗，還是被逐漸壓縮包圍，上萬人被殺死、淹死，其餘都被俘虜。盧循、徐道覆率數千人狂奔逃向廣州。劉裕留軍追擊，自己帶主力返回建康。

盧循、徐道覆一路逃奔，翻越南嶺後占據始興城。徐道覆留守此處，盧循繼續進向廣州。此時，晉軍孟懷玉等部自北追來，開始圍攻始興。沈田子、劉藩也從廣州北上始興，但他們和南下的盧循居然擦肩而過，未曾相遇。晉軍合圍始興，苦戰多日。此時，盧循已進抵孫季高據守的廣州城下，召集舊部開始攻城。天師道占據此地多年，道徒紛紛起兵投奔盧循。孫季高守兵很少，固守近一月，廣州危急。圍攻始興的晉軍獲悉，由沈田子率部回援廣州，與孫季高裡應外合，一舉擊潰敵軍。

盧循從海道逃奔交州，糾合當地的俚、獠族人，試圖攻占治所龍編（今越南河內東）。刺史杜慧度迎戰，焚燬了盧循艦隊。盧循自感末日到來，決意自盡。他先毒死了妻子和子女，又召集眾姬妾，問：「誰願與我同死？」有人表示願意殉葬，有人則說：「鳥鼠尚且貪生，我等當然怕死！」盧循殺死了那些求生的姬妾，投水而死。

杜慧度軍清理戰場，打撈起漂浮的屍體，取盧循一家首級，人頭送往建康。孟懷玉等也攻克始興，斬徐道覆。天師道至此徹底平定。

# 第九章：故人火併

四一一年正月，劉裕從平定盧循的戰場凱旋，回到京師。從前年春天出征南燕開始，到去年春奔回建康、迎戰盧循，至此已有一年零九個月。這段時間裡，他一直處在高度緊張的臨敵狀態，此時才能安定下來，稍作休整。

此時，「三頭」中的何無忌已逝，劉毅因戰敗聲望大減，劉裕在朝野間的聲望已無人能及。朝廷再次授予他太尉之職，這次他沒有拒絕。他正式成為朝廷宰相，事實上也完全控制了東晉朝政。

## 整頓政治

回到和平狀態的劉裕，開始整頓晉朝內政。和以往一樣，他的主要目標，還是懲治士族的怠政和貪腐。

戰鬥中，對於畏戰、違令的軍官，劉裕從來都嚴懲不貸。以往都是無能士族掌握兵權，臨陣畏縮、棄軍逃命都是家常便飯，事後也都互相因循包庇，無人追究。劉裕固然靠法令和斬首來嚴肅軍紀，但作為從臨陣殺敵的下級軍官成長起來的統帥，他更多靠的是以身作則。經過他的整頓，東晉軍隊百年來的劣根性被徹底扭轉。整頓政治時，他也秉承了這一治軍作風，在身體力行和法令嚴明兩方面都無懈可擊。

除了玩忽職守，東晉士族最大的劣根性就是貪婪奢靡。劉裕自己一直保持樸素、本色的生活方式，家居和車馬都不用金玉裝飾，家中不蓄養樂伎舞女。家居時，他習慣穿木屐，最平常的消遣是踱到建康郊外，在江濱散步。

劉裕辦公的府內也從不設金庫，一切開支都按度支（財政預算）執行。他掌握朝政的近二十年間，國家處於戰爭狀態的時間遠多於和平，但政府財政收支一直保持平衡，極少靠加徵賦稅彌補軍費，更不曾靠增發貨幣、通貨膨脹斂財。而這一招正是他的子孫們屢試不爽的手段。

從戰場回建康不久，會稽郡的豪族虞亮因藏匿人口上千被揭發。這是東晉士族最習慣的擴充家產的方式。他們吞併小農的土地，讓這些農民成為自己的佃戶和奴婢，並把他們從政府戶口中註銷，不給政府繳納賦稅。劉裕命令將虞亮斬首。會稽太守是晉朝宗室司馬休之，也因包庇縱容被免官。

朝廷選拔官員，一個主要管道是由各地州郡推薦秀才、孝廉人選。秀才要求有文化，孝廉要求品德好，再由朝廷進行文化考試，合格者才能錄用。這個制度自漢代開始實行。但百餘年來，士族門閥控制了秀才、孝廉選拔，他們的子孫不管有無才幹，都可以透過這個名目，不用考試直接做官。劉裕此時向皇帝呈請批准，恢復對秀才、孝廉的考試制度。晉安帝雖智能不足，但朝廷正式法令還要以皇帝詔命的形式頒布，這是當時的行政程序。

劉裕用人也只看才能品行，而不計其出身，也不計較與自己有無恩怨。當然，他的親屬只要稍有能力，都會位居高官，這是他控制政局的需要。除此之外，他從不用只會阿諛奉承的無能之徒。有人認為跟隨他發跡的都是其京口鄉黨舊部，但劉裕從不介意從舊日敵人中選拔人才，像沈林子兄弟，本是天師道要犯；胡藩是桓玄部屬；平燕時招降的桓氏家族，甚至部分鮮卑貴族，都被他委以重任。這些人在他死後，仍在軍政領域發揮重要作用。

經過劉裕整肅，門閥士族已經退居政治生活的邊緣。代替他們的，是跟隨劉裕作戰起家的一批中下層軍官。這是自魏晉士族當道二百年以來政治舞臺的最大變化。

## 心腹劉穆之

劉裕自幼失學，文化水準低。在這方面，他最倚重的助理是劉穆之。地位提高後，劉裕經常主持重要場合，在生活交往和政務中，接觸到的士族文化人也越來越多。為適應這種角色變化，他做了很大努力。他的政務文書、重要發言，大都要和劉穆之預先商議，由劉穆之代擬。甚至行為舉止、服飾禮儀方面，劉穆之也常為他提供參考意見。

劉裕地位提高後，曾努力學習文化，但還是識字有限，寫字笨拙。他的多數文案雖有幕僚代筆，但有些發給外地重臣的機密文書仍需自己寫；當時士族上層風氣，朋友、僚屬間信箋往還，都以本人手寫為上。劉穆之勸導他：書法雖是小節，但事關聲望，還是應當留意習練一下。

但劉裕事務繁忙，加之天分不長於此，總是無法寫好。劉穆之只好教他：「那就索性放筆寫大字。一個字一尺見方也沒關係。字大就顯得氣度大，而且體勢有力。」劉裕從此照做，六七個字就寫滿滿一張紙。

身為宰相後，劉裕也開始留心學習知識，閒暇時會讓人給他讀書聽，或者讓劉穆之等講述歷史上的治亂興亡、文人士林掌故，他努力記住一些，在公私社交場合做談話素材，顯示自己不只是一個戎馬倥傯的武夫。但這種一鱗半爪的道聽途說畢竟有限，難免犯張冠李戴的錯誤。一般的臣僚即使聽出紕漏，也不好意思指正，只好點頭依違稱妙。

但有一人——劉毅的舅舅鄭鮮之，從來不肯放過劉裕的錯誤。此人出身北方士族，頗有文化，且性格倔強，正擔任御史中丞，負責糾察百官。他每次聽到劉裕引經據典的破綻，總不客氣地當面指出來。劉裕試圖遮掩，他更會追根究柢說個明白。劉裕經常被他搞得下不了臺，甚至臉紅動氣。事後劉裕反思說：「我本來沒有學問，說話粗淺。各位賢人一般都寬容不計較。只有鄭先生，肯給我當面指出來，我得因此感謝他。」

劉穆之除了為劉裕協理朝政、處理府務，還留心生活中的瑣事。百姓的街談巷議，京口、建康或各地的新聞趣事，他只要聽到，都會向劉裕報告。劉裕很喜歡藉此獲得小道消息，然後在公私場合談起，顯示自己耳目聰明，洞悉民情。

劉穆之精力充沛，涉獵極廣。他長期主持朝廷政務，還要為前方的部隊提供補給、兵員，工作繁劇，各種表章文件堆滿案頭，永遠有人在排隊等待向他彙報事務。他經常是手持文件閱覽批示，同時耳聽各種來人的彙報，隨時做出回答和指示，同時處理幾件事情，都不假思索而處置得當。稍有空閒，他就讀書、寫書，經常拿幾種不同的抄本親自校訂（當時書籍都是寫本，傳抄中會有差異）。

他還愛結交各路賓客，常一邊處理政務，一邊應酬客人，身邊永遠座無虛席。他不習慣獨自吃飯，每餐都要讓廚房準備十人以上的精美飯食，一邊吃飯一邊與眾賓客交談。他靠這些人為耳目，探聽朝野間的各種動向，報告劉裕。他事實上也負擔了劉裕軍府的情報工作。他曾對劉裕說：「我本來出身貧寒，生活清苦了很多年。自從追隨您高升以來，生活開支略微大了一些。有時想節省一點，但不容易克制住。除此以外，我沒有任何辜負您的地方。」

對劉穆之如此受重用，最不滿的人是劉毅。他幾次趁談話之機，與劉裕說起：劉穆之官階雖不高，但權勢太盛。劉裕對劉穆之的信賴則從未降低，除了靠他處理府務外，還將他提升為丹陽尹，即京師所在郡的太守。劉穆之女兒出嫁，劉裕提供了價值上百萬的嫁妝。而劉裕自己的女兒出嫁，嫁妝不過二十萬錢。

## 「二劉」結怨

何無忌死後，「三頭」去一，劉毅和劉裕的關係更為對立。劉毅性格果敢有為，但剛愎自用。京口起事以來，他認為自己與劉裕同謀共舉，功業相當，眾人推舉劉裕為首，他向來不服氣。

天師道平定後，劉毅仍官復豫州刺史，其堂弟劉藩任兗州刺史。但他看到劉裕官位升高，認為自己的聲望和地位相對降低了，不滿的情緒更重。二劉發生爭執時，劉裕總忍讓克制，希望能和衷共濟。

對劉毅的這種態度，不僅一同起家的軍官們，就是他的親屬也多不贊同。劉毅的舅舅鄭鮮之，就極為服膺劉裕而不滿劉毅，甥舅關係很差。鄭鮮之負責監察百官，當時發生一起案件，一名負責傳發詔書的官員羅道盛，偷偷開啟詔書竊取情報，事發後依法當問斬。劉毅卻以羅道盛有侯爵為名，阻撓行刑，也許此人是受劉毅之命探聽情報。鄭鮮之和劉毅有親屬關係，按法律不能互相薦舉或控告，於是他命令下屬代自己指控劉毅，申請從嚴查辦。最後是劉裕從中調和，透過皇帝發詔書，宣告此事不予追究。

劉毅一位堂叔劉慎之，在桓玄篡晉前曾任官，在家鄉聲譽很高。之後一直賦閒在家，不肯出仕。他經常對劉毅、劉藩兄弟說：「你等的才能，足以得富貴，但恐怕不能長久。我不指望跟你們升官發財，只不想跟你們受滅門之災！」劉毅對這個堂叔很敬畏，每次回京口探訪，都讓自己的衛士隨從停在門外。即使這樣，他和劉藩每次登門，都要被劉慎之痛罵而出。

和劉裕一樣，發跡後的劉毅也試圖樹立有文化的形象。但讀書沒能給他提供借鑑。他讀到廉頗、藺相如的傳記時拍案感嘆，認為世間絕不可能有藺相如這種謙恭隱忍之人。一名官員郗僧施主動投靠劉毅，兩人交情甚好。劉毅當著眾人引經據典誇郗僧施，同時也是自誇：「當年劉備遇到孔明，如魚得水。如今我與足下雖才能不如古人，而共事之情如出一轍。」眾人都暗自嘆息其高傲不遜。

尋陽兵敗後，劉毅知道自己武功無法與劉裕相比，更想在文雅風流方面勝出一頭。劉裕凱旋回京後，晉安帝親自主持宴會為劉裕慶功。當時士族風習，宴會上要賦詩助興。劉裕等武人自然要讓幕僚提前代寫。劉毅的詩中有「六國多雄士，正始出風流」一句，意為戰國時被秦國滅掉的六國，武夫戰將雖多，卻不如曹魏正始年間的名士風流有韻致，藉此顯示自己雖戰功略遜，但文雅有餘。

天師道平定後，劉毅重新就任豫州刺史，同時負有都督江州軍事的權力。當時的制度是：對刺史中位望較高者，授予其都督鄰州軍事的權力，可以指揮調度鄰州兵力。這是一種協調諸州統一作戰的軍區制度。

此時的江州刺史庾悅出身士族，桓玄篡晉以前官爵已經很高，他曾帶部屬到京口公幹，想順便比賽射箭消遣。當時劉毅還是京口一下級軍官，他召集同僚親朋聚會，已提前向州府預定了射堂（射箭館）。庾悅帶人來到射堂時，劉毅上前求情說：「我是寒微之人，能在這裡賭射一次，很不容易。君等大人物隨處都有機會，希望今天就把射堂讓給我們。」

庾悅根本不為所動。劉毅同來諸人見狀，紛紛收拾弓箭離開。劉毅卻占一射位獨自射箭。庾悅等人遊戲半晌，下人取出飯食就地用餐。劉毅看到有燒鵝未曾吃完，向庾悅索要，庾悅也不答應。從此劉毅對庾悅記恨在心。

現在劉毅借都督江州之機，將江州軍府劃歸自己指揮，三千江州軍都被徵調到劉毅部下，庾悅被剝奪了本州的軍權。在當時，這種刺史只管民政而無軍權的情況非常少。不僅如此，劉毅還藉口助江州防範蠻人，派自己的部隊千人進駐尋陽，向庾悅示威施壓，並以都督身分在政務上處處為難江州。他還派人向庾悅示意：正因當年射堂結怨，導致了今日之局面。庾悅在憤怒驚懼中一病不起，不久就死了。

四一二年四月，劉道規病重，荊州刺史空缺。劉裕控制下的朝廷任命劉毅為荊州刺史，同時都督荊、寧、秦、雍四州軍事。荊州刺史是東晉朝歷來的關鍵職務，但劉毅覺得從此無望掌握朝政，頗為不滿。他先從豫州回京口家鄉，祭掃先人墳墓，然後舟行上江赴任。

路過京師時，劉毅違反慣例，不到朝廷覲見皇帝。劉裕只得帶眾臣到江口碼頭拜會他。素來敢言的胡藩向劉裕提出：劉毅久已心懷不滿，現在為了收攬人心，又在廣泛結交士族，白面書生之輩都把希望寄託在他身上，希望透過他抗衡劉裕。如果放任他到荊州坐大，難免再生事端，不如趁此機會除掉他。

劉裕考慮到劉毅畢竟有京口起義之功，如今尚未有大過，不應自相殘殺，沒有答應。碼頭宴會上，諸人酒酣耳熱，脫下朝服，拋掉冠冕，以樗蒲大賭為劉毅餞行。每局賭額都達數百萬。相比朝堂上的文雅的賦詩宴會，劉裕一干人更適合這種消遣方式。

樗蒲的遊戲規則，是先以五枚骰子擲點，根據所得骰子花色，決定棋盤上棋子前進的步伐，以殺光對方旗子為勝。劉裕、劉毅二人年輕時都是賭徒，加之他人有意謙讓，沒多久便紛紛出局，只剩兩人做最後一擲。

此時賭桌上的錢已堆得能埋下人，眾人都緊張圍觀。鄭鮮之為劉裕吶喊助威尤其急切。樗蒲所擲的骰子面只分黑白二色，黑面少而白面多。擲得五子全黑為「盧」（「盧」古代也是黑色之意），為最高花色；次之為四黑一白的「雉」；再下級別還有很多。

劉毅先擲，骰子滾轉落定，花色為「雉」。他脫光了上衣，拍桌子跳躍，向眾人叫道：「不是不能得盧，懶得做而已！」

劉裕也已賭興大發，手捻骰子良久，慢慢說：「今天看看老兄的手段！」揮手擲出，四枚骰子都是黑色，剩餘一枚跳躍轉動不止。劉裕連聲高喝：「盧！盧！」果然落定為黑色。

劉毅情急轉怒，半晌說不出話來，良久才說：「早知道你不肯給人留位子！」他本來臉黑，此時早已憋成鐵青色。鄭鮮之狂喜，在旁邊赤腳跳躍，連聲歡叫。看舅舅如此舉動，劉毅尤其憤怒，已經不顧長幼之禮：「我們輸贏，關這位鄭先生什麼事？」[1]

劉毅對劉敬宣當年的評價依舊記恨在心。告辭登舟前，他對劉敬宣說：「想請你到我部下做南蠻校尉，不知能否屈尊？」劉敬宣頓時大懼，悄悄告知劉裕。劉裕笑說：「不必多慮，我保老兄平安。」他讓朝廷任命敬宣為北青州刺史，統轄新征服的南燕之地。

劉毅路上經過豫州、江州，擅自徵調二州的軍隊萬餘人隨自己到荊州。到達荊州後，他報稱荊州武備缺乏，廣州盛產竹木膠漆等武器原料，要求加都督交、廣二州，也獲得批准。這樣，劉毅所督之地已占東晉的半壁江山，儼然如當年的桓溫、桓玄時代。

1 關於此次賭局的時間地點，諸傳記所載有異。《晉書・劉毅傳》：「於東府（劉裕太尉府）聚樗蒲大擲」；《宋書・鄭鮮之傳》：「劉毅當鎮江陵，高祖會於江寧，朝士畢集。毅素好樗蒲，於是會戲」；按《宋書・胡藩傳》：「毅初當之荊州，表求東道還京辭墓，去都數十里，不過拜闕。高祖出倪塘會之」，則未入京師，劉裕等至江邊碼頭與其見面。

## 千里溯江

閏六月，劉道規病逝，時年四十三歲。劉裕不僅失去了一個弟弟，也失去了一個非常有才能的得力助手。

劉毅也知道兄弟最可靠。不久，他在郗僧施鼓動下上表，稱自己病重，要求將堂弟——兗州刺史劉藩調來荊州協理政務。

劉裕的容忍此時已到極限。如果劉毅病重是假，則是要與劉藩合力控制上游；如果是真，則是準備將荊州傳予劉藩，世代傳承，重演桓溫家族在荊州的一幕。劉裕絕對不能容忍此舉。

但劉毅現在控制整個上游，萬一處理不慎，刺激其起兵，將又是一場曠日持久的舉國大戰。劉裕很謹慎。他先透過詔書批准劉毅的呈請。劉藩從兗州趕到京師，馬上被逮捕，和另一名投靠劉毅的士族謝混都被賜死。

隨後，劉裕集中四萬兵力親自出征。他安排豫州刺史諸葛長民和劉穆之共同負責後方事務。至於下一任荊州刺史，他選擇了司馬休之。此人庸碌無能，但因為出身宗室，資歷靠前。劉道規死後，劉裕一時沒有得力的親人，部下諸將限於資歷，也無法越級提拔，只能做此選擇。

九月，劉裕艦隊開始向上游航行。這時，一名叫王鎮惡的部下向劉裕提出了一個幾乎是異想天開的計畫，要求給他數千士兵、一百艘輕舟，先行進占江陵。

王鎮惡是前秦丞相王猛的孫子，苻堅兵敗時他十三歲，隨叔父輾轉逃亡，流落到東晉的荊州。

劉裕征南燕前他已三十九歲，官至縣令，被人推薦入軍中。在滅南燕及盧循的戰鬥中，他的才能顯現出來，逐漸受到劉裕重視。王鎮惡生來體弱，拉不開強弓，騎不穩快馬，但讀書多，有謀略，性格果敢擅長弄險，與其祖父王猛神似。

劉裕聽取他的彙報後，決定依其計策而行，調撥一百艘輕舟歸王鎮惡指揮，由蒯恩擔任副將。蒯恩是劉裕舊部，從與孫恩交戰時就跟隨左右，婁縣作戰時被箭射瞎左眼。

九月二十九日，劉裕艦隊行至豫州姑孰，王鎮惡、蒯恩率前鋒先行進發。

按照劉裕和王鎮惡的謀畫，此時朝廷處死劉藩和起兵進剿的消息尚未傳到荊州，王鎮惡先鋒軍假扮劉藩一行，一路聲稱奉詔調任荊州。到荊州時，如當地已得知消息，應當也來不及集結舟艦，王鎮惡水師將燒燬沿江艦船，並阻撓其造船工作，巡遊江中等待主力；如果荊州尚未聞訊戒備，則徑直襲取江陵。

王鎮惡部出發後，逆水晝夜兼行。途中因逆風停泊四日。十月二十二日清晨，船隊行至江陵城外的豫章口碼頭，途中共用二十四日。

豫章口距離江陵城還有二十里。王鎮惡在舟中觀察，看到碼頭上停靠的船舶，岸上的商旅居民都一切如常——建康起兵的消息看來還沒傳到此處。他下令每船上只留一兩名士兵，其餘全部登岸集合。岸上每船旁邊又留六七人，各立旗幟一杆，安放一面戰鼓。

王鎮惡命令留守士兵：預計前軍開進到江陵城時，便擊鼓吶喊，做出大軍登陸的假象。此外，他還分出一支部隊去燒燬沿江停泊的所有軍民舟船。然後他和蒯恩帶主力向江陵城急進。隊伍最前方的士兵接到命令：如果有人問起，就說是劉兗州（劉藩）駕到。此時江口碼頭戍兵和商民都還以為這是劉藩的隊伍，沒有人起疑心。

王鎮惡等行至距江陵五六里處，迎面與劉毅部下的軍將朱顯之相遇。朱顯之受劉毅之命，帶著十餘騎兵、數十步兵去碼頭，等候劉藩船隊的到來。看王鎮惡部源源開來，他問這些士兵是何人？士兵邊行進邊回答：是劉兗州駕到。

朱顯之等迎著隊伍而行，一路詢問劉藩在何處，回答都是「還在後面」。朱顯之看這些士兵抬著木掩體、雲梯等攻城器械，武備嚴整，行進甚急，不禁心中疑惑。遠看江口一帶，忽然升騰起了遮天蔽日的濃煙，碼頭上舟船紛紛起火，密集的戰鼓和集結口令聲也遠遠傳來。他猜到這不可能是劉藩部隊，急忙打馬掉頭衝回城中，傳令關閉諸城門，並火速報告劉毅：有大軍好像是從下游開來，即將進城，江口船隻也都在起火燃燒。

王鎮惡軍也加緊行軍，狂奔到東門之下。城門剛剛關閉，還未來得及上門閂，被王鎮惡軍撞開。外城駐有上千荊州軍人，此時已穿戴好盔甲，準備戰鬥。王鎮惡、蒯恩指揮軍隊殺開荊州兵的抵抗，向內城衝擊。

劉毅州府所在的江陵內城，其中有從豫州帶來的親信舊部千餘人，荊州本地部隊兩千餘人，這時都整裝完畢，開出內城交戰。王鎮惡指揮部下在城內縱火，將外城的南門和東門也都燒燬，同時向劉毅軍喊話，稱朝廷軍隊前來逮捕劉毅，其他人投誠則一概無罪。

外城的戰鬥從上午持續到正午時分。荊州本地將士不太親附劉毅，大都投降或逃散，只有劉毅舊部退入內城，閉門拚死固守。王鎮惡對城內喊話勸降，說劉裕率主力隨後就到。還派人將朝廷宣布劉毅罪狀的詔書，對劉毅部下的赦免書，劉裕給劉毅親手寫的勸降書信共三封送入內城。劉毅將其直接投入火中燒掉。這個事變太突然，內城的軍人還都不相信二劉已徹底反目，劉裕會親自來征討。

這時外城有一名叫王桓的人，他家就在江陵，當初在劉道規部下曾手斬桓謙，靠勇武受到劉裕提拔，調入建康軍隊。此時他正請假來江陵搬取家眷，看到王鎮惡軍殺入江陵，他帶著十餘人加入其中。

下午，王鎮惡軍在內城東門邊的城牆上挖開了一個洞。王桓第一個衝進洞中，王鎮惡隨後也鑽入內城，士兵們魚貫而入。雙方在內城街道的巷戰一直持續到入夜。

交戰兩方大都是京口、建康等地人，有很多人是相識或者親屬。王鎮惡讓下屬一邊作戰，一邊向對方的親人喊話。劉毅部下逐漸知道，此次確實是劉裕與劉毅決裂，親征而來，都無心作戰。一更時分，劉毅府前的隊伍潰散，只有親兵還在守府門拒戰。王鎮惡擔心黑夜之中難辨敵我，容易誤傷，就把隊伍帶出內城，包圍城牆駐紮。

夜半時，劉毅率三百餘人從內城北門衝出，這裡是王鎮惡部防守的地段，無法衝過。劉毅又轉而衝向外城的東門。這裡是蒯恩防段，軍人奔跑、苦戰一天，都疲憊不堪，被突破。劉毅連夜逃到離城二十里的牛牧佛寺，部下散亡殆盡，人馬睏乏，請求僧人收留。當年劉毅討伐桓玄，有桓氏成員逃到此寺，被僧人藏匿。劉毅獲悉後誅殺了方丈，所以此時寺僧都不敢收留他。劉毅在絕望中自縊而死。

第二天早晨，劉毅的屍體被當地人發現，又被拉回城中，在街市上斬首。他的子侄也都被斬首。其餘頑抗被俘的部屬，都留待劉裕前來處置。此役王鎮惡身中五箭，所持長槊也被箭射中，斷為兩截。他駐守江陵二十天後，劉裕主力方才到達。

劉裕到江陵後，首先處死了郗僧施等劉毅黨徒。毛修之也曾帶兵抗拒王鎮惡，因為他以前頗有戰功，被劉裕赦免。王鎮惡受封男爵。劉毅有個遠房堂兄劉粹，也曾參與京口建義，此時正擔任江夏郡太守。劉裕軍隊經過江夏時，有人懷疑他會因與劉毅有親而不忠，但劉粹竭誠提供軍需，為平定劉毅出力，此時也被封為男爵。

劉裕這次在江陵駐紮了三個多月。他以前溯江最遠只到達過尋陽，這是第一次到荊州，要認真處理一下這裡的事務。為防止再次出現對抗下游的情況，削弱荊州勢力，湘江流域（今湖南）被劃出來成立湘州。

處理荊州的事務之外，劉裕還要解決割據蜀地的譙縱。此時離上次劉敬宣伐蜀失利已有五年。這次劉裕選定的伐蜀主帥、益州刺史，是三十五歲的朱齡石。眾將對這個決定頗為意外。因為朱齡石雖然在對南燕和盧循的戰爭中表現不錯，但畢竟只是郡太守級別，資歷尚淺，遠不能和劉敬宣相比。

劉裕的這個考慮，一方面是看朱齡石確實有統兵之才，另一方面，朱齡石、朱超石兄弟是京口舉義諸將中少有的通曉文墨之人。平定蜀地後民政事務頗多，要軍政兼長的統帥才能處理好。劉裕劃撥了此次西征兵力的一半（兩萬人）參加伐蜀，他的妻弟臧熹也在朱齡石統帥之下。

關於此次伐蜀路線，劉裕和朱齡石做了反覆推敲。溯長江、經三峽進入成都平原後，北方有三條支流匯入長江，沿它們都可以進趨成都。按照自東向西入蜀方向，依次是內水、中水、外水。內水路線最遠、最不便。上次劉敬宣伐蜀，為出敵不意，是取內水方向。

此時劉裕和朱齡石最關心的，是蜀主譙縱這次會在哪個路線上重點設防。二人判斷：敵人都知道劉裕敢於賭博的風格，譙縱很可能猜測，劉裕會出人意料地再賭內水之路，從而重點設防於內水沿岸。基於這個推論，劉裕和朱齡石決定這次改走外水。

這個賭博太大膽。由於擔心走漏風聲，劉裕不敢做進一步詳細部署。他獨自寫下進攻計畫，密封好交給朱齡石，讓他行軍至三峽的白帝城時再打開看。四一二年的年底，朱齡石率軍登船，向三峽駛去。

## 諸葛長民

劉裕出征期間，留守朝廷的諸葛長民逐漸不安。他素來以貪婪著稱，自參與滅桓玄發跡以來，他聚斂財寶、廣占地產無數，民憤很大。看到劉毅被除掉，他一方面慶幸少了一個競爭對手，又擔心劉裕下一步會對自己下手，對下屬感嘆：「如今的情況，跟劉邦殺功臣有什麼兩樣？」

他試探一起留守的劉穆之：「傳聞劉太尉（劉裕）對我一直有看法，是什麼原因？」劉穆之寬慰他說：「劉公獨自西征，母妻家小都交給您照顧，怎麼會有看法？」

諸葛長民的弟弟諸葛黎民，也一樣貪財好利，且驍勇好鬥。看到劉裕率主力在外，他鼓動長民尋機除掉劉裕。諸葛長民頗為動心，但又自感不是劉裕對手，權衡再三不能下決心，感嘆道：「貧賤時只想富貴，富貴了卻不免有危難。如今想回頭做個京口布衣，怕也來不及了！」

他還試圖招引正在做北青州刺史的劉敬宣，給劉敬宣寫信說：「盤龍（劉毅）剛愎驕橫，如今自取滅亡。與我等作對的人都快被剷除，正好趁機共謀富貴！」

劉敬宣嗅出諸葛長民準備弄險生事，回信說：「自桓玄滅亡以來，本人歷任州郡，只怕福中藏禍，小心謹慎尚來不及，不敢妄想富貴之事。」他同時將長民此信密送荊州的劉裕，報告原委。劉裕獲悉後欣慰道：「阿壽果然不辜負我！」阿壽、盤龍分別是劉敬宣、劉毅小名。京口諸將互相都很熟悉，常以小名相稱。

一時間，長江上下的形勢又頗為詭異。以諸葛長民的地位才能，無法與劉裕公然對抗。但人們都擔心事變會在最意想不到的地方發生。前方伐蜀的軍隊尚在征途。一旦建康有變，將又是盧循突起一樣的棘手局面。

劉穆之私下問擅長占星術的下屬何承天：「劉公此行，能否順利？」何承天說：「平定荊、蜀都不成問題。但另有一事值得擔憂——上次平定盧循後，劉公乘船返回，在石頭城碼頭登岸回府，隨行警衛很薄弱。這次回京，應該多加小心。」劉穆之急忙派信使將此言告知劉裕。

劉裕也在考慮如何不激起事變。他先派自己幕府中的心腹單船回京，顯示對後方形勢非常放心。四一三年的二月，劉裕開始安排西征部隊返回京師。運載著輜重、士兵的船隻陸續順流而下，回到建康。

但劉裕自己啟程的日期卻一再推遲。諸葛長民等留守官員幾乎每天都到江邊碼頭迎候。絡繹靠岸的艦船中，總不見劉裕座船。

二月三十日這天，劉裕乘一艘不起眼的輕舟靠岸，在數人陪同下悄悄回到太尉府。建康城中無人知曉。

第二天一早，諸葛長民才知道劉裕已經回京，急忙到太尉府拜見。劉裕讓一名衛士丁旿藏在房間簾幕之後。待諸葛長民落座，劉裕命隨侍諸人都退出，與長民盡興長談，說起了很多以往從未與人談及的事情。諸葛長民非常開心。這時丁旿走出簾幕，一拳把長民從坐榻上打翻在地，隨後幾拳將其活活打死。

劉裕是個武人，最擅長給對手製造假象。搏殺互砍時，是引誘對手的假動作；兩軍對陣時，是示形於敵的佯動。但在與對手直面相對的最後一刻，他卻常袒露出最真率、本色的一面，與臨死的對手分享。

諸葛長民的屍體被抬到廷尉府，象徵其被依法處決。諸兄弟也被逮捕處死。諸葛黎民不甘就擒，與前來抓捕的士兵格鬥至死。建康、京口等地因此流傳開一句民謠：「休跋扈，有丁旿！」

## 進占蜀地

諸葛長民家族在建康被處決時，朱齡石伐蜀的軍隊還在三峽內跋涉。三峽這段江路灘險流急，舟船憑帆槳無法逆流而上。士兵們用繂繩拖曳著船隻，手足並用，在亂石間艱苦爬行。

逆江流入蜀，最先進入長一百餘里的西陵峽。江流在峽谷中曲折奔騰。兩岸高山聳立千尺，懸崖絕壁上生長著奇異的松柏怪樹。不時有瀑布從上面飛流而下，飄搖灑落如雨霧迷濛。谷底陰暗潮溼如井底，終年難見陽光，抬頭仰望，只見高天渺如一線。只有夏日的正午時分，陽光才會穿過林木，斑駁地投射在谷底。

西陵峽盡處，層巒疊嶂的南岸群山之中，有黃牛山巍然聳出。江流在其下回旋成灘，名黃牛灘。絕頂石壁上，有圖形如人負刀牽牛而行，人黑牛黃，輪廓分明。江流迂迴湍急，逆水行進緩慢。每日清晨，抬頭看黃牛近在眼前。待行進數日，黃牛歷歷尚在原地。故有歌謠唱道：「朝發黃牛，暮宿黃牛，三朝三暮，黃牛如故！」

行過西陵峽，有激流奔迸的流頭灘，水勢湍急，礁石密布，魚和鱉都不能逆流而上，常有順流而下的船隻在礁石上撞成碎片。這裡到成都，水路還有五千餘里。因逆流難行，當時人語為「下水五日、上水百日」。

繼續西上，有懸崖高數百丈，陡峭壁立，飛鳥都無處立足，頂處石縫中卻插著一根木棍。自谷底仰頭遙望，木棍長約數尺，頂端焦黑如燒過。當地父老傳言：古代曾有大洪水，當時人們泊舟崖邊，隨手將煮飯燒過的木柴插在石縫間，水退後便留在原處。此地因名「插灶崖」。

插灶崖西上，是東界峽。這裡東屬宜都郡，西屬建平郡，正當兩郡之界上。遠望層巒盡處，有兩塊巨石如人形對立，做出挽袖對峙之狀。傳說那是兩郡督郵在爭執郡界，東邊的宜都督郵身略向後傾，據說是自知理屈之故。

朱齡石部繼續穿越巫峽，進入廣溪峽（今瞿塘峽）。山雨之後，山谷會響起猿群的啼鳴，聲如悲泣，迴盪在峽谷中經久不絕。漁人在舟中歌唱：「巴東三峽巫峽長，猿鳴三聲淚沾裳！」廣溪峽中的瞿塘灘，夏季水漲形成巨大漩渦，舟船一旦捲入其中必然傾覆。灘上有神廟，據說此神最惡聲音，朝廷刺史從此經過，也不敢鳴鼓吹角。行船人怕竹篙的鐵足觸石有聲，經過這裡時都以布包裹。

行出廣溪峽後，江流兩岸地勢稍微開闊一些，白帝城就在這裡。此城面江背山而建，周長十里左右。城牆早已處處坍塌，城內民戶稀少，樹木荊棘成林，百姓多在城內開荒種地。從江陵至此，水道共一千二百里。

四一三年六月，朱齡石部行至白帝。他們出發時是隆冬，此時已是盛暑。朱齡石打開劉裕的密函，上寫：「主力取外水入成都；臧熹率所部從中水取廣漢；撥大艦十餘艘給老弱兵士入內水。」朱齡石等依言而行，各自加速前進。

譙縱果然判斷晉軍會從內水（今嘉陵江）來攻，派大將譙道福率主力駐紮內水沿岸。如今獲悉晉軍忽然循外水（今岷江）北來，他急忙調成都附近的萬餘兵力南屯平模（今四川彭山縣），扼守

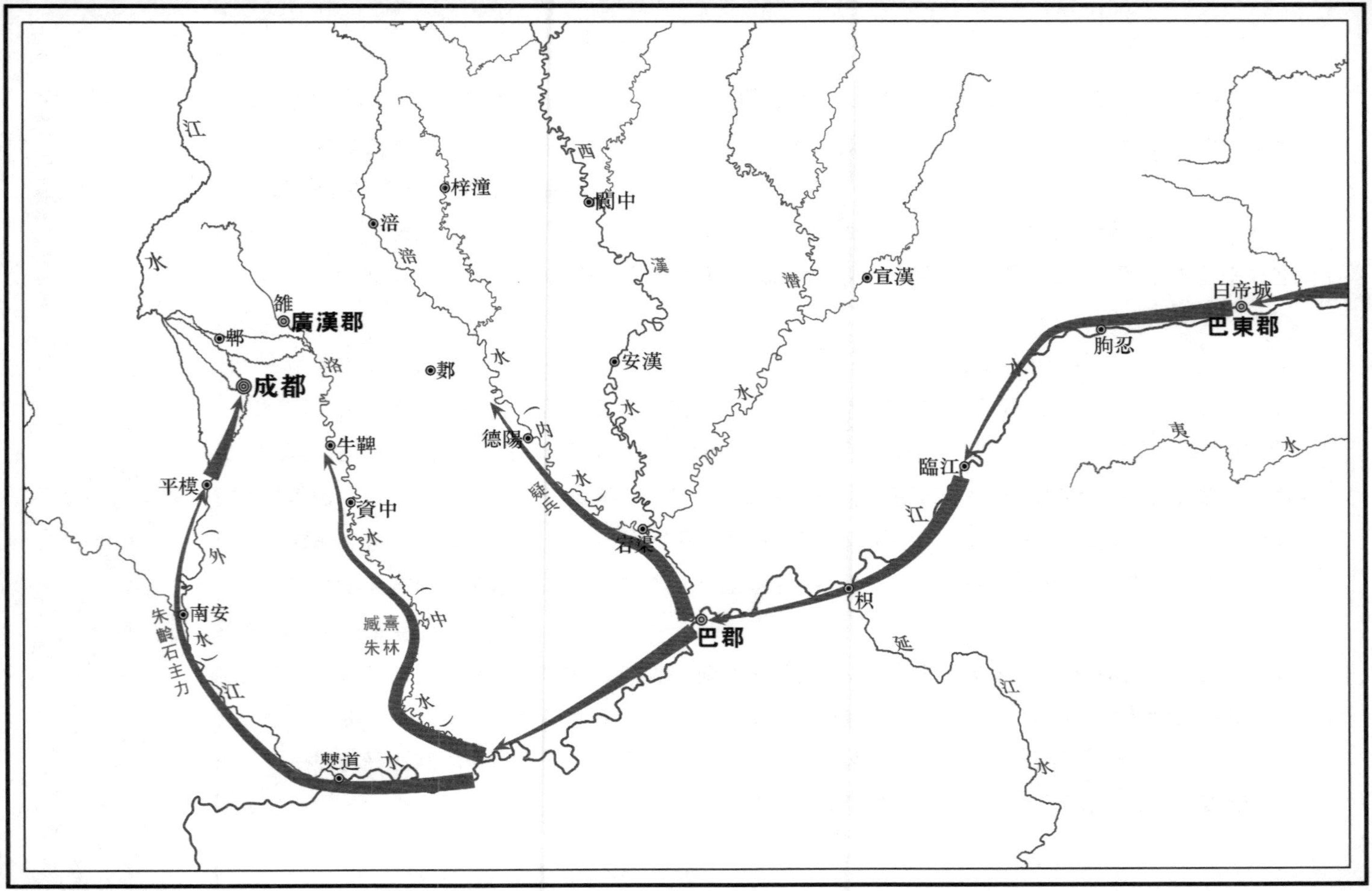

【圖9：劉裕三路伐蜀示意圖】

外水。

七月，朱齡石進抵平模，一戰擊潰蜀軍。晉軍從這裡丟下船隻，步行直指成都。譙縱逃出成都，東投譙道福主力。但譙道福已不服從他指揮，譙縱絕望自縊，晉軍進占成都。朱齡石命誅殺譙縱諸兄弟、堂兄弟，其餘一概不問。

沿中水而上的臧熹卻頗不順利。他這一路疑兵的任務是占廣漢（今綿陽市），截斷譙縱北逃入秦的道路。但入蜀不久臧熹就病倒了，指揮權交給下屬朱林。這路晉軍攻克牛脾城，斬蜀軍大將譙撫。當進至廣漢城下時，臧熹病逝。朱林指揮晉軍攻克廣漢。此時譙道福率部自東趕來，試圖解救成都，被朱林部擊敗。蜀軍聞知成都已陷落，都潰散而逃。譙道福被俘斬首。蜀地至此全部平定。

## 司馬休之

四一三年三月，劉裕從荊州返回後，過了一年零十個月的和平生活。這年他已五十一歲，第六個兒子也出生了。

劉裕得子很晚。青年新婚後，臧氏給他生下了一個女兒。劉裕給這個女兒起名「興弟」，即希望她能繼續帶來更多的弟弟。但臧氏此後不僅沒生男孩，連女孩也未再生一個。

直到四〇五年，劉裕攻滅桓玄，坐鎮京口控制東晉朝政，這時他已經四十三歲。為了得子，他只好物色已生過兒子的健壯婦女。當時顯貴為求子經常如此。被桓溫扶植為皇帝的簡文帝司馬昱，當初也為無子所煩惱，後來找了一個已經生過兒子的寡婦和一個黑粗胖大的侍女，才各自為他生下一個兒子：司馬道子和司馬昌明。

此術對劉裕也頗為有效。次年，一位張氏為他生下了長子劉義符。再次年，孫氏、胡氏分別生下了劉義真、劉義隆。胡氏名道安，生義隆時已經四十歲，兩年後因為不明原因觸怒劉裕，被賜死。張氏和孫氏則根本沒留下名字、鄉里和年齡。她們可能都是因犯罪（或家人犯罪連坐）被充配入官的奴婢。劉裕妻子臧愛親此時也得病身死。

劉裕發跡後，長女劉興弟也已逐漸長大。劉裕將她嫁給了老同僚徐羨之的侄子徐逵之。徐羨之也是京口人，當年和劉裕在劉牢之部下共事。京口起事後，他曾在劉裕軍府任職，但更多時間是在司馬德文府中，為劉裕監視其舉動。後來，徐羨之的兒子和劉裕其他女兒長大，兩家又有結親。

當初征滅南燕時，劉裕本打算繼續西征、攻滅後秦，因盧循兵起不得已作罷。此後劉道規病死，再沒有得力之人為他主持荊州西線，伐秦之舉一直在推遲。因為後秦地處西北，與荊州密邇接境（包括荊州都督下的雍州襄陽、梁州漢中）。如果荊州刺史沒有可靠的得力人選，劉裕不敢貿然西征。

此時劉裕開始多了一批新的潛在敵人：皇室的司馬氏宗室成員。晉安帝雖是弱智，但司馬氏宗室人數頗多，他們將劉裕看作司馬氏天下的威脅，希望尋機除之。擔任荊州刺史的司馬休之，這時被當作興復司馬氏的關鍵人物。

司馬休之性格柔弱，沒有野心對抗劉裕。但他年輕的侄子——在京師的譙王司馬文思性格凶暴，廣泛招納游俠武人，經常出獵習武，侵擾百姓甚至擅自殺人。數次被彈劾之後，他試圖暗殺劉裕。劉裕遂將其逮捕。

四一四年四月，劉裕命將文思送到荊州，讓司馬休之處死他。但司馬休之拒絕執行，只上表向朝廷道歉謝罪，仍讓司馬文思在自己部下任職。

這年底，一名逃亡後秦的宗室司馬國璠，在秦晉邊境召集數百人，渡過淮河，趁夜潛入廣陵城起兵，一直攻入太守府中。此時駐防廣陵的是劉裕舊部檀祗，他帶部下出戰，黑夜中被箭射傷不能行動，遂囑咐部下：「敵人是想趁夜作亂，趕快敲五更鼓。敵人以為天就要亮，必然撤退。」晉軍敲五鼓，司馬國璠等果然撤退。

劉裕最終下決心除掉司馬休之，消除司馬宗室的威脅。四一五年正月，他逮捕處死了司馬休之在建康的一個兒子和一個侄子，再度率兵西征荊州。

司馬宗室人數眾多，難以提防。正在任北青州刺史的劉敬宣，軍府中有一司馬道賜，他祕密結交了幾名部屬，趁一次報告事務之機，抽刀砍死了劉敬宣。青州文武聞訊，迅速撲滅了這次動亂，處死了司馬道賜諸人。劉敬宣是劉裕多年的同僚、好友，他的死訊傳到西征軍中，劉裕為之放聲大哭。

此次出征荊州，劉裕以女婿徐逵之為先鋒，希望他在戰鬥中立功，以便擔任荊州刺史。但戰事頗不順利，雍州刺史魯宗之也和司馬休之聯兵對抗劉裕。

二月底，劉裕命徐逵之帶蒯恩等為前鋒，從江夏口（今武昌附近）北進襄陽，占領魯宗之大本營。途中，他們與魯宗之之子魯軌的部隊相遇，交戰大敗，徐逵之及沈淵子（沈林子之兄）都戰死。

劉裕剛率水軍行至江陵城下，徐逵之等的死訊傳來。他在暴怒中命令全軍登陸決戰。此時司馬文思、魯軌已帶四萬士兵占領江岸。沿岸都是峭壁，無法攀登。劉裕自己穿戴好盔甲，要親自上岸對敵。眾將都拉住他勸解，劉裕的怒氣更盛，主簿謝晦抱著他拚死不讓下船。

此時胡藩正帶一支船隊巡遊江中，劉裕命令他強行登岸。胡藩看岸邊的峭壁和岸上的敵軍，面有難色。劉裕命左右將胡藩擒到自己艦上來，準備斬首示眾。看傳令親兵的船駛來，胡藩大喊：「我就要殺敵，暫時不能從命了！」他命船隻靠近崖岸，兩手持短刀插入岸壁，挖出僅能容大腳趾的坑洞，赤足攀緣而上，最終一躍登岸。部屬隨他之後也紛紛爬上，衝向司馬休之軍隊。敵軍不能抵擋，逐漸退卻，劉裕部主力趁機登陸進攻，大敗荊州兵，進占江陵。司馬休之、魯宗之等逃奔後秦。

凱旋的艦隊再次返回京師。戰死者沒能歸來，他們都被就地掩埋在戰場。擁擠在岸上迎接的家屬，很多人已成了孤兒寡婦。劉裕長女興弟也是其一。她與徐逵之生有二子湛之、淳之，長子湛之此時年方六歲。

徐逵之戰死後，劉裕派自己的內直督護（貼身侍衛長）——曾親手殺死諸葛長民的丁旿殯殮埋葬。劉興弟將丁旿叫到家中，向他詢問丈夫戰死、收屍殯殮的情況。丁旿本不善言辭，面對一身重孝的劉興弟，他低頭沉默，問一句才答一句。

劉興弟最想知道的，也最令她心碎腸斷。當時習慣，將士作戰都以砍首級記功，戰場上多數屍體都沒有頭顱，辨認屍體身分尚且困難，何談找回頭顱拼合屍身。這些血汙慘痛的細節，丁旿也支吾難言。每當他說出一句，興弟便掩面嘆息一聲：「丁督護！」

她的身分是相國之女，這使她不能像民婦那樣用哭天搶地、捶胸頓足來發洩哀痛。這一聲嘆息便是她所有的絕望哀悼與傷懷。一首〈丁督護歌〉從此傳唱江南。它因興弟悽婉欲絕的哀嘆而得名，歌唱的是建康、京口的女子們目送夫婿出征時的期待、哀傷與無奈。

劉裕因此頗為苦悶。他知道女兒聽到〈丁督護歌〉時的揪心，也擔心這支辛酸的歌曲有損士氣。荊州終於平定，下面就是解決姚秦、光復中原。他的丁督護們還要繼續征戰流血，命斷沙場。劉裕命人用此歌曲牌，重新填寫鼓舞士氣的歌辭。從此，〈丁督護歌〉便兼有了兩種不同的情緒：

督護北征去，前鋒無不平。
朱門垂高蓋，永世揚功名。

洛陽數千里，孟津流無極。
辛苦戎馬間，別易會難得。

督護北征去，相送落星墟。
帆檣如芒檉，督護今何渠？

督護初征時，儂亦惡聞許。

願作石尤風，四面斷行旅。

聞歡去北征，相送直瀆浦。

只有淚可出，無復情可吐！

前面兩首，應是劉裕命人改作。他的丁督護要北征洛陽，浮舟黃河孟津渡，蕩平胡虜立功封侯永世揚名。後面三首是民間傳唱之作。女子送她的督護離家登舟，哽咽啜泣之外，保重早歸一類言辭已無意義。她看著他的戰船駛離江岸，匯入帆桅如林的艦隊，再也分辨不出哪條船上載著她的督護。她眼望艦隊揚帆遠行，一點點消失在天際。此時，她只盼望蒼天颳起颶風，掀起巨浪，將船隻打回岸上，把督護送回她身邊——對於如劉興弟一樣的孀婦們，想再看到、摸到他僵冷腐敗的屍體都是奢望……。

這支歌謠一直傳唱到唐代。它太悲傷、太淒涼，李白也為之感嘆，「一唱都護歌，心摧淚如雨」。

劉裕試圖讓興弟從喪夫的傷痛中走出來。但她一直拒絕再嫁，獨自撫養著兩個幼子。她變成了一個性情怪異的寡婦，稍有不順心就哀號痛哭。即使父親劉裕和弟弟劉義隆相繼當了皇帝，也拿她毫無辦法，遇事只能順從著她。

# 第十章：法顯西行

公元三九九年，就是天師道在江南暴動、劉裕開始他戎馬生涯的這一年，在羌人姚興統治的長安，幾名僧人出發西行，去天竺（印度）尋求佛法。這些僧人中，有一位年已六十三歲，名為法顯。他比著名的玄奘取經要早二百多年。

## 求法第一人

法顯是山西平陽人，自幼出家為僧。他年幼時生活在石虎後趙朝，又經歷了前燕、前秦到姚氏後秦的更迭。此時的姚秦帝國佛法隆盛，塔寺林立。但接受了朝廷賜給的大量財物後，僧界不可避免地出現了腐化問題。佛教中規範僧人行為舉止的文獻稱為「律」，即戒律，翻譯到漢地來的律部佛典稀少，僧人沒有明確的行為規範，來自西域的胡僧可以任意解釋。法顯因此立志西行，遠赴天竺的佛祖故地學習律法，追求更嚴格的僧人行為準則。

法顯從長安西行，翻越隴山，渡過黃河，進入河西走廊，經過乞伏氏、禿髮氏建立的幾個割據小政權。他們一路經歷了戰亂，也遇到過禮佛的主人，還遇到了幾位同樣有志西行的漢僧。

但在這裡，法顯與一位來自西域的名僧鳩摩羅什失之交臂。法顯等人向西去後，鳩摩羅什則向東到達了長安。他受到了後秦皇帝姚興的尊崇，主持翻譯了大量梵文經書。但鳩摩羅什出入權門，生活豪奢，甚至有眾多妻妾、生養子女，完全不像個出家僧人。長安僧人也以他為榜樣，在紙醉金迷中墮落。

法顯等人走出河西走廊，跋涉過沙海戈壁，進入了西域的第一個綠洲小國——鄯鄯（也叫樓蘭，在今天已經乾涸的羅布泊裡）。西域小國都信奉佛法，由於各個國家的語言不同，所以僧人都懂梵文、梵語。此時距離漢代張騫開通西域已有五百年時間。

離開鄯鄯，法顯等人取近路，沒有去繁華的高昌國（今吐魯番盆地內），而是穿沙漠直接到達傿彝國（今天的新疆焉耆縣），這裡比較富庶，但居民吝嗇不好客，法顯一行得不到施捨，難以維持生計。有幾名同行的僧人洩氣喪志，掉頭向東返回。但法顯等最終找到了願意資助他們的人——一位來自漢地的苻堅後人——苻行堂，法顯尊稱他為「公孫」。這位公孫的父輩可能是隨呂光遠征軍到西域的。

離開傿彝國後，法顯沒有向西去富庶的龜茲綠洲，而是向西南穿越塔克拉瑪干大沙漠。當時橫貫大沙漠的塔里木河還沒有斷流，這條路雖然荒涼偏僻，還可以通行。他們在沙海、胡楊林和蘆葦溼地中步行了一個多月，到達于闐國（今新疆和田市）。這個綠洲國家民戶眾多，且都信仰佛法，有大乘僧人數萬。法顯等看到，這裡百姓民居分布稀疏，每家門前都有一座小佛塔，高的有兩丈左右。每家都設有僧房，供應來往僧人。

到達都城後，國主安頓法顯一行住在僧寺——瞿摩帝寺中。這座大乘寺中有三千僧眾。到用餐時間，僧人們魚貫進入食堂，整齊列坐，一起進食。大廳中肅然寂靜，不僅沒有言談對話，甚至連碰觸食器的聲音都沒有。面前食盡、需要侍者添加時，他們也不呼喚，只用手指碗碟即可。到此時，漢地僧人開始體會到佛法的莊嚴。

幾名僧人隨後向西邊的竭叉國進發（今新疆喀什市），但法顯在于闐國多停留了三個月，因為本地寺院「行像」的節日近了。行像就是用花車載著佛像的盛大巡遊，于闐國內有大型僧寺十四所，每寺行像一天。從四月一日開始，都城內灑掃街道，粉飾房舍。城門樓上架設了大幕帳，國王帶夫人、子女在帳中觀看典禮。

法顯投宿的瞿摩帝寺是于闐第一大寺，所以在第一天開始行像：先在城外三四里處建造四輪像車，車高三丈多，巍峨如佛殿，裝飾珠寶彩帛，安放釋迦牟尼像，兩旁各有一尊菩薩，佛像身後是跟隨的諸天使，都用金銀雕成，懸掛空中如飛舞。

載著佛像的彩車行進到距城門一百步時，國王會換上新的冠冕、禮服，手持香、花，率臣僚赤足出迎，俯身親吻佛像的腳，並散花、焚香祈禱。佛像進入城門時，門樓上的國王夫人及眾女子都搖動花枝、拋撒下花瓣。每天都有一寺的像車進入都城，如此十四天，行像才告完畢。

觀看完行像典禮，法顯離開了于闐，經過子合國、於麾國，與先期到達竭叉國的僧人會合。按照佛祖創制的規範，他們還要在途中進行夏日「安居」，即在規定的時間內，居於室內安心誦經禪坐，不出外化緣或做其他活動，也稱「坐夏」。

到竭叉國時，正逢其國內舉行「五年大會」，國王和眾臣輪流向寺僧施捨巨資。這裡已到蔥嶺腳下，生長的花草樹木和漢地都不同，只有竹子、石榴和甘蔗與漢地相似——也許法顯記憶有疏漏，把印度見到的竹子、甘蔗誤記到西域了。

從竭叉國翻越蔥嶺，就是北天竺。蔥嶺高峻，終年積雪不化。當地居民都自稱雪山人。翻越高山後是一個叫陀歷的小國，該國僧人都學小乘典籍。繼續向西南，沿著蔥嶺走十五天，有一個險峻的山澗：兩側是垂直的石壁，澗底是滾滾河水。前人在石壁上鑿出了一串窩坑，行人像壁虎一樣用手腳攀緣而下，共有七百多階。然後是渡過山澗的繩索，需腳踩一根、手扶一根繩索，兩腳交替行到對岸。法顯默數，到對岸有近八十步。漢地歷代還沒人能遠行到此，包括出使西域的張騫、甘英。

## 初入佛國

渡過山澗後是烏長國。這裡是北天竺地區的中心，位置可能在今巴基斯坦西北部。當地人都說標準的天竺語（梵語），以農耕為主，國內有五百座小乘佛教寺廟。外地僧人到寺，只提供三天食宿，三天後則要另覓去處。據說佛祖曾經到過這裡，但已是不太可靠的傳聞。法顯等找到了願意資助他們的主人，供養他們在此坐夏。

此後，法顯等在烏萇附近的幾個小國遊歷。據說佛祖前生曾轉生若干世，都有普度眾生的事蹟。這裡諸國都流傳著佛祖的種種神蹟，比如，割肉向惡鷹換取鴿子性命、以眼球布施人、以身飼餓虎。

在弗樓沙國，一座佛塔收藏著佛祖用過的缽盂。據說大月氏王曾攻入此國，想劫走缽盂。先將缽盂放在大象背上，大象伏地不能行走；又將缽盂放在四輪車上，八頭大象也無法牽動。月氏王知道與此缽無緣，遂為之興建塔及寺廟。法顯到這裡時，寺內有七百多名僧眾。每天將近中午和傍晚時，僧人會取出缽盂供人瞻仰禮拜。法顯觀察此缽，大概能容二斗（約合今四公升，有點大了），黑中帶雜色，質地光潤。據說窮人來瞻仰時，捧少量花瓣就可裝滿缽盂。有富人用數車鮮花敬獻，裝入也不能滿。

禮拜過缽盂後，有幾位僧人動身返回漢地，法顯和慧景、道整三人決心繼續向中天竺行進。他們先向西行至那竭國的界醯羅城，此城佛寺中藏有釋迦牟尼的頂骨舍利。由於擔心被盜，由城中八戶富貴家主，每人持一印，每天清晨八人核對印信無誤，方能打開藏佛骨的廳門，用香水洗手，共同取出佛骨放在寺外高臺上，罩以琉璃鐘。然後僧人登高樓擊鼓，吹法螺，敲銅鈸，召集信眾參拜。國主先到寺中禮拜，從寺東門而入，西門而出。城內其他官民，也習慣先禮拜佛骨，再開始一天的生活。法顯觀察這塊佛骨，大概四寸見方，顏色黃白，中間微微隆起。寺廟門口一直有賣鮮花、佛像的攤販，前來拜祭的人都會購買。其他國家的國王也常派人來此拜祭。

在那竭國停留數月後，法顯三人繼續南行，翻越終年積雪的雪山。山背陰面酷寒難忍，慧景病倒途中，口吐白沫而死。法顯和道整哭泣之後，留下慧景的屍體繼續前行。他們互相扶持，全力跋涉，終於翻越雪山。經過幾個小國，就進入了恆河流域的中天竺。按照當地人的說法，這裡就是「中國」。法顯自長安出發後，歷經六年始到達中天竺。

## 六載中天竺

中天竺地處熱帶，無冰、霜、雪，居民的衣服飲食、生活習慣和北天竺區別不大。這裡各國頗似漢地傳說中的上古淳樸之世：沒有戶籍、王法。百姓耕種國王的土地，繳納租稅，不想耕種可以隨意離去；對犯罪者只處以罰金，極惡的重罪則砍斷其右手。舉國人都不殺生，不飲酒，不食蔥蒜，市場中也沒有賣酒肉的商家。例外的只有賤民種姓——旃荼羅（首陀羅），即惡人之意。他們被隔離在城外，常人對他們避之如瘟疫，他們如果進入城市中，要一路敲擊木棒，以便其他人辨認、躲避。

中天竺也有很多僧寺。看法顯等外地僧人來到，本地僧人會前來迎接，替他們挑著行李。進入寺中，有人端上洗腳水、塗足油及飲料。待他們稍事休息，本地僧人會問來客出家的年分，據此給他們安頓不同等級的房舍。

此後，法顯與道整二人結伴在中天竺諸國遊歷、求經。這裡是佛祖釋迦牟尼生長和活動的地方，到處都有他和弟子們行經過的古蹟，流傳著他們參禪傳法的事蹟。

法顯到了佛祖出生的迦維羅衛城。佛祖是國主之子，其母懷孕後在池中洗浴，在池邊生下佛祖。法顯到此處時，石砌的浴池仍在，旁邊還有一口古井。佛祖在優裕的宮廷生活中長大，有三個妃子，生有一子。二十九歲那年，他出宮遊玩，見生、老、病、死四種人生痛苦，又看到耕田者的勞苦，於是終日思索解脫之道。在佛祖見四種苦處，後人都建塔紀念。法顯來時，迦維羅衛城已極為蕭條，城內只有僧人和數十戶居民，城外獅子、野象橫行，經常有行人被野獸襲擊喪命。

佛祖後來離家到伽耶城，在菩提樹下參禪四十九日，終於悟道。法顯到伽耶城，發現這裡也一片荒涼。城南的山林中，佛祖參禪的大樹尚在，樹下是佛祖所坐的石頭，六尺見方，高二尺。悟道後，佛祖到迦尸國波羅奈城的鹿野苑傳教。法顯到波羅奈城時，鹿野苑尚有僧寺。

法顯還到了佛祖居住、講法長達二十五年的拘薩羅國舍衛城。佛祖初到此地時，受到婆羅門教（印度教）僧人的排斥。有信徒在城南為佛祖購買園宅，建成祇洹精舍供他講法。園宅坐西朝東，裡面有清澈的流水池沼，樹木成蔭，開放著各色花朵。法顯和道整在精舍內遊覽，想到一路歷盡艱辛，只有他們兩人最後到此，不禁黯然傷悲。

當地僧人問他們從何處來，他們回答：「從漢地而來。」聽者都非常驚詫，因為此地從未有漢人來過。

法顯和道整還遊歷了佛祖帶弟子們坐禪的王舍城；恆河之濱的罽饒夷城，佛祖在這裡給弟子講無常皆苦、身如泡沫；還有佛祖涅槃離世的毗舍離國。

在中天竺遊歷三年後，法顯和道整最後在摩竭提國的巴連弗城安頓下來。此城是佛祖離世之後三百年、法顯之前六百年的阿育王都城。阿育王以此為中心，建立了統一印度次大陸的帝國，並以佛教為國教。和佛祖出生、悟道各處的荒涼殘破不同，這裡人口繁多，城市富庶。城中宮殿都用巨石壘砌，上面雕飾著各種花紋圖案，據說是阿育王命鬼斧神工之巧匠所做。城中每年二月八日有行像法事，和西域的于闐國一樣，也是以高大的四輪彩車載佛像周遊城中。法顯在中天竺求得了數部戒律和佛經，認真學習梵文、抄寫經卷。

道整看到中天竺僧律嚴明，佛學興盛，感嘆漢地遠遠不如，決意要留在此終老。法顯則想把經卷戒律帶回漢地，弘揚佛法，於是一個人踏上了回鄉之路。

## 泛海還鄉路

公元四一二年，當劉裕與劉毅反目成仇、兵戎相見時，已離開長安十二年、在中天竺停留六載的法顯，獨自踏上回鄉之路。

這個年過七旬的老翁已不堪雪山戈壁之苦。他準備取海道回國，走這條路的商船頗多。如果能找到願意贊助船費的施主，他將經印度洋、印尼群島、南中國海，去往東晉控制下的廣州。來天竺時十餘名僧眾同行，返回時只剩了他一人，揹負著一大堆在中天竺求得的梵文經卷——寫在菩提樹葉上的貝葉經。

告別巴連弗城的道整和天竺僧人們，他登上恆河裡的航船，向下游駛去，途中經過瞻波國，到達了海口的多摩梨帝國。此國有二十四座僧寺，佛法興盛。法顯在這裡又見到了大量經卷，在這裡住了一年多，一面化緣積攢船費，還在寺中抄寫佛經、臨摹佛祖說法的畫像。一旦要離開天竺，他更想盡可能多帶佛典回到故國。

第二年的冬初，法顯登上一艘大商船，乘信風沿著海岸向東南駛去。十四天後到達島國獅子國（今斯里蘭卡）。商船的航程到此結束。法顯登岸在獅子國遊歷。這裡也普遍信仰佛法。法顯一邊化緣，一邊走訪諸寺，繼續尋求經卷。

比起印度大陸上林立分散的小國來，獅子國可謂大邦。這個島國周圍的海中盛產各種寶物，最著名的是摩尼珠（珍珠）。一個方圓十里左右的小島尤其盛產珍珠，國王在此設有稅官，徵收採珠者所得的三分之一。

據說獅子國以前沒有居民，只有鬼神和蛟龍居住。各地商人乘船前來貿易，鬼神不願現身，只將寶物放在外面，旁邊註明價格。商人依價留下錢物，取走珍寶。後來商人逐漸增多，很多人定居於此，便成了大國。這裡終年和暖，沒有春夏秋冬的區別，田裡的莊稼隨時可以播種，沒有時令季節限制。

在王城北邊的山上，有兩個巨大足印，相距數十里。據說佛祖曾至此降伏惡龍，留下兩個足印，此山因此得名無畏山。信徒在足印邊修建了四十丈高的巨塔，外面以金玉裝飾。塔下有僧寺，中有五千僧眾。寺內有一座金銀雕飾的佛殿，鑲嵌著各種珍寶，中間供一座一丈高的青玉佛像，右手掌內持一寶珠。當地民眾及往來商人，都會到此禮佛致敬。

在無畏寺朝拜玉佛時，法顯忽然看到，佛像下商人施捨的物品中，有一支白絹團扇。絲絹是漢地特產，他國皆無。法顯猜測這團扇應是產自東晉，由商人從海道帶來。他雖自幼生長異族割據的北方，沒有到過東晉江南，但對於華夏之人，只要說漢語的漢地就是家鄉，法顯此時已離鄉十餘載，每天交往的都是異國之人，說的是西語梵文，所見山川草木都是他鄉景象，同行僧人或歸或死或留，如今只剩他煢獨一身，心中經常充滿淒涼之感，如今他對著團扇悽然無語，不禁淚下滿面。

法顯在獅子國聽一位天竺僧人誦經，大意稱：「佛祖離世前所用的缽盂，本來在毗舍離國，如今在犍陀衛。[1]待過數千百年，會輾轉到西月氏國。再數千百年，當至于闐國。再數千百年，當至屈茨國。再數千百年，當傳至漢地。再數千百年，當至獅子國。再數千百年，當還至中天竺，然後飛昇到兜術天之上。佛缽離開人世後，佛法會逐漸消滅，人的壽命越來越短促，直到五歲、十歲左右。那時米、油各種食糧都會消失。人民會變得極端凶惡，手持的任何物品都會化作刀槍，互相殺害。其中有福善之人逃避入山林，等惡人都相殺死盡，善人才回到家鄉。他們會懺悔喪失佛法的不幸，虔心向佛，壽命倍增，終至八萬歲。」

法顯聽講後，想抄寫此經帶回。但這位天竺僧人只能背誦，沒有寫本。

法顯在獅子國又抄到了數部漢地沒有的佛典，然後登上了一艘去東方貿易的海船。這條大船上載了二百多人，後面還拖帶著一條小船，以備大船損壞時逃生之用。

離開港口後就颳起西風，接連兩天航行順利。到第三天，海面掀起大風浪，船板破裂，海水開始灌入船艙。商人們紛紛想逃上小船。小船主人怕人多壓沉船，用斧頭砍斷纜繩，漂流而去。大船上的商人只好將粗笨貨物都拋入海中，以減緩船隻進水的速度。法顯也將自己的行李拋入海中，但哀求商人保留下他攜帶的佛經。

此後烏雲一直遮蔽天空，晝夜不見日月星辰。當暗夜籠罩海天之時，只見洶湧的巨浪搏擊相撞，迸發出絢爛的五彩磷光，黿鼉蛟蜃等怪異生物沉浮其間。

這樣漫無目的地漂盪了十三天後，海船終於漂近了一個小島。趁風浪稍減，人們用各種物品堵塞船板的縫隙，舀出船艙中的積水。這時天還沒有放晴，他們小心翼翼地躲避著天邊海盜船的蹤跡，又行駛了三個月左右，才到達一片陸地。

這裡是耶婆提國（在今蘇門答臘），婆羅門教興盛，佛教沒有什麼影響。商船到此已是終點。法顯在這裡停留了五個月，終於等到了一艘去往廣州的商船和一位願意資助他同行的商人。這條船上也搭載著二百多人。他帶著五十天的糧食登上了船，按照水手們的經驗，這段時間足夠航行到廣州了。

四一五年的四月十六日，商船離港，向東北方向航行了一個多月。一天夜半時分，海上颳起了黑風，暴雨傾洩而下。此後陰雲一直籠罩在頭頂，水手無法根據日月星辰判斷方向。船上的婆羅門議論說：「都是因為載了這個佛教僧人，才遇到壞天氣。應該給他找一個海島下船，不要因為他一人讓我們受危險。」法顯的施主很著急，威脅眾人說：「你們如果要趕這個僧人下船，就連我一起趕下去！漢地國主敬信佛法，尊重僧人。如果你們敢害死他，等到了漢地，我要向國主告發你們！」眾商人無奈，只得作罷。

1 據法顯記載，佛缽在犍陀衛國南鄰之弗樓沙國。也許這兩國有某種淵源，可以互稱。

## 漢地

商船在海上漂流了七十多天。待到天氣放晴，糧食、淡水都逐漸耗盡，人們只能喝苦鹹的海水。商人們商議說：「往常五十多天就能到廣州。現在這麼久還沒見陸地，應該是方向錯了吧？」水手們於是將航向轉向西北。航行十二天後，前方終於看到了陸地，商船在一片山麓下靠岸。

盛夏時節，這裡山林茂密，不知是何處。但法顯忽然看到地上生長著藜藿菜。他走遍諸國，知道只有漢地有這種植物，現在應該是在故鄉了，但苦於找不到當地人詢問。有的商人說這裡就是廣州，有人說已經過了廣州，莫衷一是。他們決定放下一條小船，由一群人划到內河裡尋找居民，打探這是在哪裡。

小船不久返回，帶回了兩個獵人。商人和他們語言不通，無法對話，就讓法顯試著問他們。這兩人說的果然是漢語。他們突然被一群外國人帶到船上，非常驚恐。

法顯先安慰他們不要擔心，又問他們是做什麼的。兩人看法顯是僧人，就不敢說自己是殺生的獵人，自稱也是佛家弟子。

法顯問他們：「你們入山做什麼？」

「明天是七月十五鬼節，我們想摘山桃供奉佛祖。」

「這裡是哪國？」

「這裡是青州長廣郡地界的嶗山（今山東青島）。現在都屬劉家的天下。」

法顯離開長安時，青州這裡剛剛被慕容德占據，所以法顯不清楚怎麼又變成了劉家天下。他向商人轉譯後，眾人都很高興，選人帶了部分貨物前往郡城交易，同時向官府申請入境許可。離開漢地十六年後歸來，法顯已經是七十九歲的老人了。

長廣太守叫李嶷，也信佛。他聽說有僧人攜帶經卷、佛像隨船而至，就派人到商船迎接法顯。商人們則駕船向南，前往揚州貿易。法顯獨自到長廣城，又被太守派人送往北青州治所東陽城。

此時東晉的北青州刺史是申永。他是青州本地人，以前在南燕朝廷任職，南燕滅亡後又為東晉效力，在劉毅的荊州軍府任職。劉裕滅劉毅後，他曾協助劉裕處理荊州事務。後劉敬宣遇刺身亡，他便繼任北青州刺史。

對於這個沿海道而來的老僧人，申永一度曾有懷疑。因為當時頗有刺探軍情的遊方僧人。一番接觸後，他逐漸消解了這個顧慮，向法顯解釋：這裡在六年前被晉軍收復，現在掌握東晉大權的，是太尉——豫章郡公劉裕。

申永還回想起他在江陵劉毅麾下時，當地曾有一個從關中來的西域胡僧，叫佛馱跋陀羅，因為他不滿鳩摩羅什等關中僧人的奢靡墮落，在當地被排擠，只得雲遊到東晉，在江陵安身。他從不依附權門，每天帶著弟子外出化緣飯食。劉裕進占江陵後，經人引見，認識了這位佛馱跋陀羅，覺得這才是出家人的真正典範，便將他帶回了建康，駐錫在京城道場寺。申永建議法顯去建康，與這位佛馱跋陀羅一起翻譯佛經。

但法顯並不認識佛馱跋陀羅。他已經離開關中多年，也不知道鳩摩羅什以及長安發生的一切，他很想念當年的諸位師友，便請求儘快返回長安。

申刺史勸他不要著急，長安此時還是敵國後秦的都城，還是先在此地居留過冬，待來年過了夏日動身不遲。法顯被安置在了東陽城內的佛寺中。六年前廣固圍城時，正是這裡的僧人為慕容超舉辦了祈求解脫的法會。

法顯在寺中翻檢帶回來的梵文經卷，發現其中有一部中土從來沒有的短短的《大般泥洹經》，這引起了他的注意。

泥洹就是涅槃，梵文「NIRVANA」，「NI」是遠離，「RVANA」是欲望。以前人們或認為涅槃就是死亡，或者是釋迦牟尼悟道成佛後的境界，常人無法達到。但法顯細讀這部梵經才明白，涅槃不是死亡，而是一種脫離人性欲望的束縛，從而也擺脫欲望帶來的一切因果、因緣和輪迴的不生不滅狀態。任何一個人，只要能解脫欲望，都可以涅槃成佛。法顯於是開始將此經譯為漢文。

第二年，四一六年的七月，他在東陽城僧寺坐夏完畢，準備前往長安。忽然有官員帶來刺史申永的命令，要他立刻前往東晉都城建康。法顯本沒有這個計畫，但命令沒有商量的餘地，申永還派了人替法顯搬運佛經、行李，護送他一路南下。

離開東陽後，法顯逐漸感覺情況有異。一路上的關卡都盤查很嚴，隨行人員也對他的行動頗有限制。行至泗水和汴水交匯處的重鎮彭城時，他發現這裡已經戒嚴，軍人嚴格搜查進出城門的行人商旅；彭城之下正在大興土木，成千上萬的民伕在燒磚夯土、加固城牆。這年夏天雨水很大，洪流沿泗水、汴水而下，彭城城牆多處被沖毀。[2]

離開彭城繼續南下，本來可以在泗水內順流行船，但法顯和隨從這次只能走沿河陸路。河裡行駛著溯流北上的船隊，連綿無盡，船上滿載糧草、被服、攻城器械等各種軍用物資。一列列步行、騎馬的晉軍士兵迎面開來，與法顯一行擦肩而過。

法顯忽然明白，申刺史何以不放他去後秦的長安，卻強令他去建康：北方要發生大戰了。

2《水經注》卷二十三：「義熙十二年（即四一六年），霖雨驟澍，汴水暴長，城遂崩壞。冠軍將軍，彭城劉公之子也，登更築之。悉以塼壘，宏壯堅峻，樓櫓赫奕，南北所無。」

# 第十一章：西征後秦

## 姚秦王朝

法顯之前五百年，當漢武帝把疆域拓展到黃河以西時，漢人和生活在青藏高原上的羌人相遇了。羌人活動的地域比氐人更偏西，海拔更高，那裡有崎嶇的山地，也有廣闊的草場，人們過著半農半牧生活，在山谷裡種植青稞，在草地上放牧犛牛和羊群。他們都是分散的各部落，政治上很少有統一的時候，還沒有文字，部落酋長在徵收貢賦，與外界貿易時，在繩子上打結計數。

羌人有一些奇異的風俗：他們喜歡吹竹笛，據說漢地的笛子就來自羌人。羌人女子將頭髮梳成很緊的髮髻，以繡滿鮮豔花紋的氈衣為盛裝，男子則把長髮披散在肩上。烤肉半熟後刀切抓食，鮮血淋漓指間。男子以戰死為高尚，恥於老病而死，每當病重時多用刀自殺。父母死後子女不哭泣，而是縱馬狂奔、唱歌長嘯。徒步作戰時，他們多一手持刀一手持木盾，盾牌為圓形，中間隆起甚高；受傷後用刀割破馬脖頸，接馬血喝下，傷口便很快痊癒。

漢代朝廷設有護羌校尉，管理邊境上的羌人部落。羌人也曾數次起兵，甚至攻到洛陽近郊。但他們從不離開山區。從青藏高原到隴西，東進黃土高原，再沿山西的山地進至太行山中，可直接威脅中原的核心地區。這是羌人很熟悉的一條山地走廊。

曹魏到西晉時，朝廷曾將一些羌人酋長徵發到洛陽定居。其中有後秦開國之君姚萇的曾祖姚馥。他嗜酒，喜吃酒糟，是當時洛陽上層子弟尋開心的對象，稱他為「老羌」或「渴羌」。有人說朝歌縣有商紂王的酒池肉林，就任命姚馥擔任朝歌縣令。

後趙石虎時，西部的姚氏羌人部落被遷徙到河北定居，和同樣從西部來的氐人生活在一起。石趙政權崩潰後，這些羌人部落在姚襄的帶領下向西返回，他們被氐人的前秦擊敗、臣服。前秦崩潰時，姚襄的弟弟姚萇建立起了自己的後秦王朝，割據北中國西半部，占據著故都長安、洛陽。

四一六年，後秦皇帝姚興因服用五石散中毒而死，二十八歲的太子姚泓即位。姚泓雖正當盛年，但性情軟弱，兄弟們多覬覦皇位，只有其叔父姚紹為之盡力。

劉裕占領南燕時，曾準備一鼓作氣攻滅後秦，但迫於盧循突然起兵而止，之後又是與劉毅和司馬休之的內戰，致使伐秦的計畫延宕六年之久。數年來，不滿劉裕的東晉宗室紛紛逃往後秦，想在羌人的支持下殺回江南。司馬休之、魯宗之等兵敗後，也都逃奔後秦，所以劉裕終於決心西征攻滅後秦。他以二弟劉道憐為荊州刺史，檀祗為江州刺史，鎮守上游。劉道憐性情貪鄙，無甚才能，但畢竟無反噬之虞。劉穆之現任尚書左僕射，負責朝廷事務。

劉裕最擔心的是晉安帝的弟弟——琅琊王司馬德文，他讓司馬德文和自己一起出征，防止其在後方生事。按計畫，這次占領後秦後，晉軍將繼續北上攻滅拓跋人的北魏。劉裕已經五十四歲，急於在有生之年統一中國全境。

對劉裕此次遠征後秦之舉，東晉士族們的態度依然是冷眼旁觀，和桓溫時代相比，他們如今在政治上更加邊緣化，只能暗中祈禱劉裕在戰爭中一敗塗地，士族才能重溫舊夢。

出征前，士族高門庾登之擔任劉裕太尉府的主簿，他的曾祖父庾冰在東晉初掌控朝政多年。當劉裕和朝臣商討伐秦的可行性時，庾登之擊節讚賞，表示願為此戰獻身。會議結束後，他卻私下找到劉穆之，訴苦說家有老母，希望調換一個郡太守的職位，試圖以此逃避遠征。此事影響極壞，劉裕大怒之下，將其免官除名。但劉裕又不想對這些無能之輩太嚴苛，大軍開拔後，他給後方的劉穆之寫信，要求給庾登之安排一個郡太守職務。

和庾登之形成對照的是七旬老人孔靖。他是劉裕舊交，當年劉裕在浙東準備起兵攻擊桓玄，就曾與孔靖密謀。劉裕決心遠征時，孔靖剛剛從三品領軍將軍之職退休，又向劉裕請命隨軍出征。這位老人厭倦了富貴閒適的生活，想親歷收復中原的盛舉，劉裕把他安排在自己軍府中，準備由他主管占領區的文教事務。

## 反季節用兵

此次遠征，東晉從二月開始舉國動員，準備時間近半年。劉穆之帶兩萬兵力留守朝廷，朱齡石也駐紮建康鎮守後方。其餘各州主力悉數徵調上前線。當前方部隊部署到位，四一六年八月，劉裕統帥晉軍主力離開建康，沿水路向彭城進發。

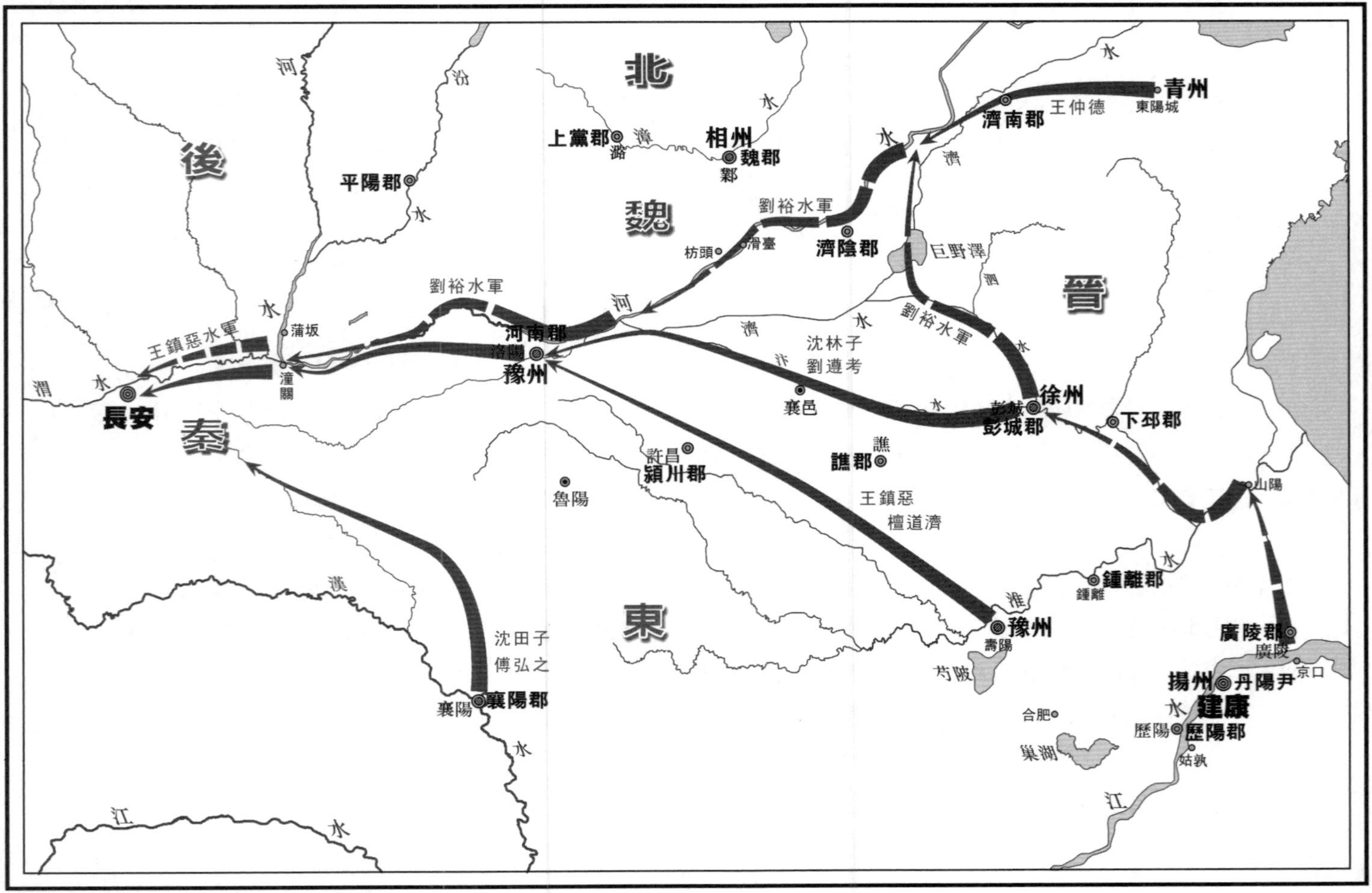


【圖10：劉裕進攻後秦之戰總體部署示意圖】

關於進軍路線，劉裕的計畫是從泗水、汴水兩路北上入黃河，再溯黃河進入關中。這條路線的前半段與當年桓溫北伐前燕一樣，是不得已而為之。

影響部隊推進速度的最重要因素是後勤，即軍隊的糧食供應。北方民族有充足的馬匹和騎兵。他們南下侵掠的慣用戰術，是以騎兵主力直接突入戰線後方，一部分騎兵圍困晉軍的設防城市，其餘騎兵化整為零，分散到鄉村間搶劫糧食，收集草料。這樣部隊進攻時就不需要攜帶大量糧草輜重。騎兵行軍速度快，活動半徑大，可以在百里之內當日往返，城市周圍百里之內的糧食，都可以成為軍隊補給。騎兵的優勢是野戰，攻城能力弱，但他們對城市可以圍而不打，只破壞農村、強制遷徙居民。

反之，晉軍方面因為缺乏騎兵，沒有速度優勢，難以因糧於敵，只能自己攜帶大量糧草出征，這大大增加了後勤壓力。

水路行進緩慢，無法給敵人以猝不及防的突然打擊，速度的優勢一直屬於北方政權而不是南方的劉裕。同時，速度的劣勢也帶來數量的劣勢。因為一旦開戰，各地分散的部隊無法很快集結到一處。所以會戰中，北方軍隊總是擁有數量優勢。

劉裕一直想擁有強大的騎兵。滅燕之初，他用鮮卑降兵組建了東晉第一支具裝騎兵部隊。他的太尉府中除了以往就有的中兵曹、外兵曹，還專門增設了騎兵曹，但因為南方不產戰馬，晉軍騎兵一直未能形成規模。這次遠征西北，他還要採用南方的傳統戰術，靠河道解決糧運問題。

他面臨著和當年桓溫一樣的難題：泗水和汴水與黃河交匯的河口都已淤塞多年，不能通行，首先要開通這兩條河道。北魏拓跋軍隊還占據著黃河下游南岸，控制著桓溫當年通過泗水及巨野澤行軍之地。如果走泗水之路，勢必要和北魏軍隊先發生戰爭。

按照劉裕部署，此時各支前鋒部隊都開始向北進軍：

東線，王仲德從晉軍控制的北青州出發，進入北魏占領區，開通巨野澤入黃河之口（舊桓公瀆）；

中線，沈林子循汴水故道西上，負責開通黃河流入汴水的石門水口；

西線，王鎮惡、檀道濟從壽陽出發，分路北上進占洛陽，同時協助沈林子開通石門。

劉裕叮囑沈林子和檀道濟、王鎮惡：待攻克洛陽後，不要急於進軍，一定要先開通石門水口，等他帶領的主力從水路趕來會合，再一同西進。

劉裕帶水軍主力和糧草輜重坐鎮彭城，等汴、泗兩條水道中的一條開通，就循之進入黃河、前往洛陽與前鋒諸軍會合。最好的局面是先開通汴水航道，從彭城到洛陽，這條路最近最便捷，而且可以避免走泗水時與北魏發生衝突，兩線同時作戰畢竟是最下策。

史書沒有記載此次西征軍隊的數量。根據以往的戰爭規模推斷，三支前鋒部隊應均在數千人規模，劉裕的水軍主力應在三四萬人，總兵力應在五萬到六萬。此外，到戰事後期進攻關中時，西部的荊州、雍州（襄陽）戰區也可以提供一部分輔助兵力，但數量可以忽略。

此次發起全線進攻的時間是八月，這是一個前所未有的選擇。劉裕之後的南方軍隊，也再無人敢在這個季節開始北伐。

以往晉軍歷次北伐，都選在雨季之前的四五月分開始。這是為了利用雨季時河道水量充沛，行船便利。另一方面，南方人不習慣寒冷，所以希望會戰發生在夏季，從而在冬天來臨前結束戰爭。劉裕當初伐南燕也是這樣選擇的。

但此次伐後秦，劉裕恰恰反其道而行之。他的考慮是：此戰戰線寬闊，縱深極大，即使春天出發，也難以在冬天到來前結束戰事。所以他把戰事分作兩個階段：第一階段攻占河南；第二階段攻占關中。

入秋時開始第一階段的進攻，這使得晉軍北上的步伐恰好與冬季的到來同步，士兵們可以在進軍中逐步適應北方的寒冷。待攻克洛陽、占領河南後，士兵們能夠在休整中度過冬季，來年春天正好趁勢攻入關中。他上次攻滅南燕時，也是有意把廣固圍城戰放在秋冬季節，甚至拒絕用談判等詭計奪取城池，都是為了鍛鍊士兵們在北方冬天作戰的能力。

這樣做的風險也最小。因為羌人的根據地在關中，應不會全力死守河南，所以第一階段的戰事不會太慘烈，正好給晉軍提供適應北方冬季的機會，萬一戰事不利，也可以及時撤退，不至於滿盤皆輸。至於攻入關中的最關鍵戰役，將在晉軍最適應的夏季展開，希望能以天時抵消敵軍的地利優勢。

劉裕的另一個優勢，就是擁有一批經驗豐富的軍官。這些人大都是他京口起兵的舊部，參加過平南燕，滅盧循，除劉毅，逐司馬休之，經歷了多次戰爭的鍛鍊，經驗膽識一流。他的多數士兵也久經沙場，這種經驗比數量優勢更重要——因為缺乏機動性，晉軍在局部戰場上從來都處於數量劣勢，只有倚靠兵員素質和將領的頭腦。

這次西征是舉國動員，軍隊中也增添了不少新兵，但有經驗豐富的軍官指揮，有足夠的老兵做示範，這些新兵應該能很快適應殘酷的戰鬥。

此時，寧州（今廣西）刺史給劉裕送來一個整塊琥珀做成的涼枕。劉裕平生不喜寶物，得到這個枕頭卻很興奮。因為琥珀粉末可入藥治療外傷，特別是頭部創傷。他命人將其研磨成粉末，分發給各部隊。

九月，劉裕水軍行至彭城，他在這裡駐紮，觀察前線各路軍隊的戰況。

## 初戰河南

進攻開始後，東線的王仲德部最順利。

北魏拓跋人在黃河南岸的據點是滑臺城，與北岸的枋頭隔河相對。這裡是黃河上的重要渡口、南北行旅的必經之路。北魏在這裡設了兗州府，由刺史尉建領兵駐防。

王仲德率步兵先攻克了魏軍駐守的涼城，朝滑臺進發。[1]尉建看晉軍來勢凶猛，自感不敵，率部棄城逃到黃河以北。王仲德順利進占滑臺，控制黃河南岸。按照劉裕的部署，他命部下朱牧、竺靈秀、嚴綱率兵到巨野澤入黃河處，開挖當年桓溫北伐故道。

對晉軍北上，北魏政權十分緊張。此時北魏都城在平城（今山西大同），皇帝是拓跋珪之子——

明元帝拓跋嗣。他擔心劉裕此行的目標是北魏，下一步就要北渡黃河、攻入河北，急忙派叔孫建、公孫表帶兵南下偵察情況。魏軍渡過黃河，到達滑臺城下，先將尉建拖到陣前斬首，屍體投入黃河中，又向城頭的晉軍喊話，質問為何突然來侵。

王仲德命部下出城會見北魏將領，解釋說：「我朝劉太尉要驅逐羌人，光復舊都洛陽。我軍這次北來，本來準備用七萬匹布帛向魏軍買路。沒想到魏軍守將棄城逃跑，我軍借空城駐紮，馬上就要繼續西征，兩國依舊交好，貴軍何必示威？」

魏軍看晉軍的目標不是河北，滑臺等地也設防嚴密，無機可乘，遂退回黃河北岸。

沈林子和王鎮惡、檀道濟兩路也在按計畫進軍。沈林子部沿汴水故道而上，攻占控扼汴水的重鎮倉垣（今河南省開封市祥符區北），駐防此地的後秦兗州刺史韋華投降。沈林子在北上的過程中發現，由於汴河故道多年荒廢，如今長滿了樹木，七百里河道已成荒林——這意味著即使掘通石門水口，汴河依舊不能通航。他遣使報告劉裕，要後方儘快派兵砍伐河道中的樹木。

檀道濟、王鎮惡部沿潁水北進，駐防項城的後秦徐州刺史姚掌投降。許昌、新蔡二城堅守，被攻克。新蔡太守是漢人董尊，被俘後綁送檀道濟行營。檀道濟問他為什麼不及早投降。董尊厲色說：「古代聖王征伐，對待士人都很有禮貌。你們怎麼敢這麼侮辱我！」這是激將法，用禮賢下士的道

1 按，據《宋書．劉裕本紀》：「公又遣北兗刺史王仲德先以水軍入河。仲德破索虜於東郡涼城，進平滑臺。」則王仲德部似為水軍進兵。但這時巨野澤入黃河故道尚未開通，無法動用水軍。《魏書．帝紀第三．太宗紀》：「司馬德宗相劉裕溯河伐姚泓，遣其部將王仲德為前鋒，從陸道至梁城（當為涼城）。」可見王仲德進兵亦是從陸路。《資治通鑑》同晉書，誤。

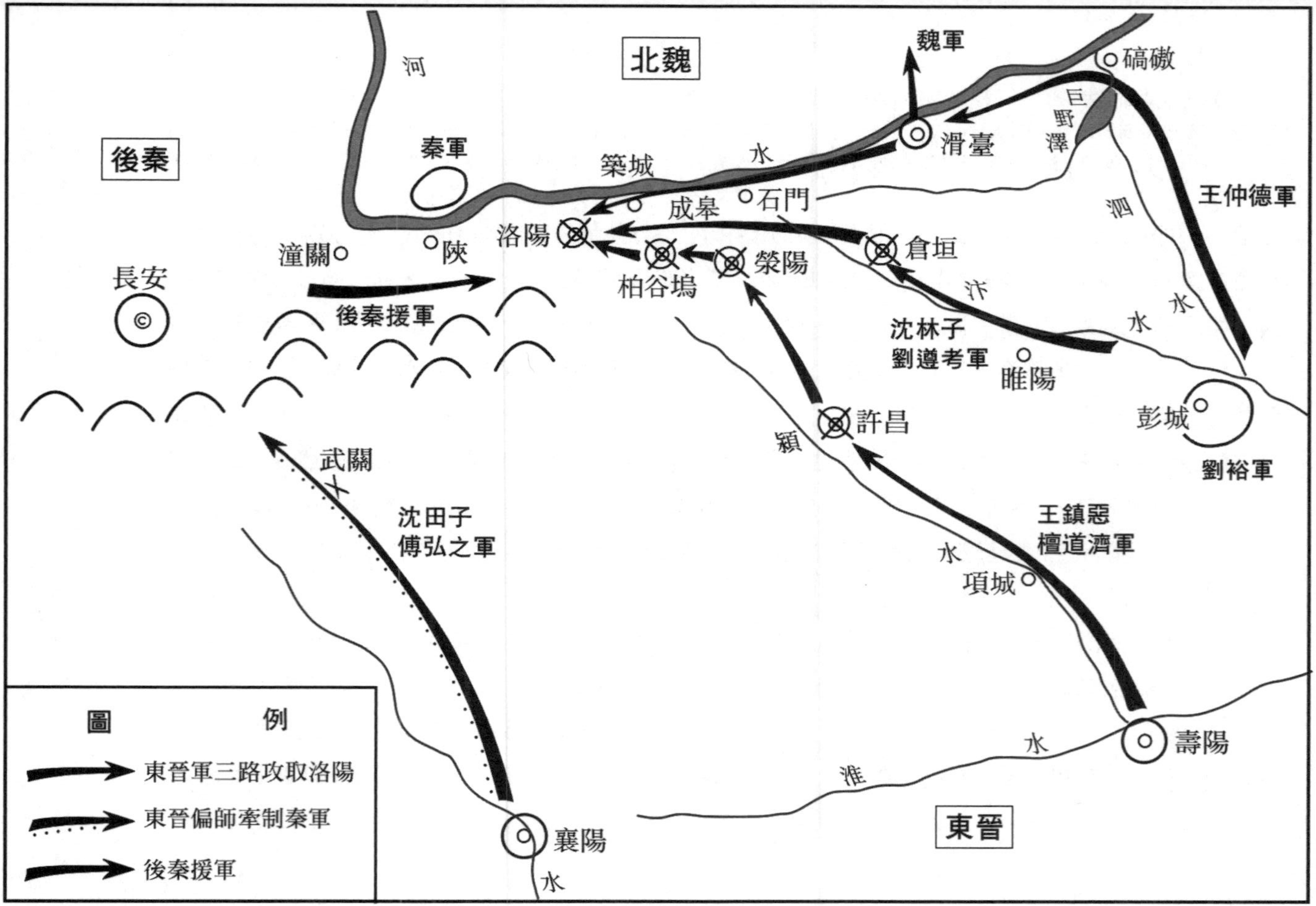


【圖11：伐秦第一階段部署及戰事示意圖】

義鎮住對方，當時往往有效。但檀道濟不理會這一套，下令將董尊斬首。

十月，沈檀王三路進抵洛陽百里之內。姚泓派出三千騎兵和一萬步兵，正從關中趕赴洛陽增援。此時鎮守洛陽的是後秦征南將軍、陳留公姚洸。有人建議他集中兵力，固守洛陽西北角的金墉城等待援軍。姚洸不從，派出兩支千餘人的部隊，一支向南據守柏谷塢，一支向東支援黃河岸邊的虎牢城。虎牢守軍已投降檀道濟，援軍行至半路才獲悉，又匆忙撤回洛陽。

固守柏谷塢的秦軍由趙玄率領。柏谷塢建在洛水邊一塊十餘丈高的臺地上，北面臨水，控扼航道，南面是一條峽谷，谷中密集生長著柏樹，幽暗不見日光，只有一條曲折的小路通到塢前。王鎮惡派毛德祖力戰破塢，趙玄戰死。晉軍進抵洛陽城下。

姚洸看諸軍盡沒，援軍無望，只好舉城投降。城內有羌人官兵及家屬四千餘人。晉軍將領想殺掉這些人，築成高臺記功立威。但檀道濟為瓦解羌人的抵抗，命將這些人都釋放，任其返回關中。

檀、王和沈林子兩路晉軍都開進了洛陽城，他們一面加固城防，一面肅清周邊殘餘的羌人軍隊。此時，後秦趕來支援的騎兵已進至洛陽以西不足百里的新安縣，步兵進抵三百里外的湖城。得知洛陽已經陷落，他們只好原地駐防固守。

按照劉裕部署，沈林子派劉遵考開挖石門水口，開通黃河流入汴水的通道。這段水口在黃河南岸的兩座小山之間，春秋時為邲地，當年晉楚兩國曾在這裡發生大戰，結果晉軍戰敗，士兵爭相上船逃命，上船者用刀砍攀住船舷的人手，艙底被砍落的手指成堆。

秦漢之際，汴水的此段被稱為鴻溝。項羽、劉邦分據東西，戰爭持續多年。項羽後方根據地是彭城，通過汴水進行糧運；劉邦的後方是關中，靠黃河航運獲得糧食。雙方也都以騎兵部隊滲透敵後，破壞對方糧運。

從漢代以來，石門水口就時常湮塞，需要人工疏浚才能保證汴河通流。南北分裂後，河政荒廢，此處已斷流淤塞多年。如今又進入冬天封凍期，開挖工程艱巨。晉軍缺乏技術人員，選址不準，曾挖通一條渠道，結果水流洶湧，沖刷作用造成山體滑塌，水口又被重新堵塞。

此時已近年底。汴水、泗水兩條水道都未開通，在彭城的劉裕還不太著急。第一階段克復河南的目標已經完成，現在前鋒各軍據守洛陽，度過冬天即可。只要在來年雨季前開通河道，就不影響第二階段的入關計畫。

他先派幕僚把克復洛陽的戰報帶回建康，並讓他私下提醒留守的劉穆之：前方取得如此勝利，朝廷應該考慮給劉太尉晉爵、授九錫。劉穆之一貫自命為劉裕的心腹，卻沒想到劉裕的這個心事，一時頗為尷尬。朝廷急忙以晉安帝名義發詔，任命劉裕為相國，爵位由豫章郡公升為宋公，並加「九錫殊禮」。

詔命傳到彭城，劉裕卻按慣例推辭不接受。他的計畫是在攻滅後秦、北魏後再接受此待遇，現在只是做前期鋪墊。

此次出征，除了蕩滅羌人、拓跋人的目標之外，劉裕心中隱隱還有一個打算，就是結束早已名存實亡的晉王朝，改朝換代登上帝位。

桓溫曾經以北伐為掩護，暗存篡奪之心，但他沒有真正北伐的才能和決心，也經不住士族集團對他的消磨，功虧一簣而亡。桓玄面對的士族對手才智更低下，稍施無賴手段就登上帝位，但也更迅速地跌落下來。如今士族政治大勢已去，重建皇權的事業，只能由劉裕這種戰爭中搏殺出來的軍人完成。

但這個過程仍頗曲折。雖然曹魏代漢、司馬氏代魏都是先例，但那只能提供一些儀式程序上的參考。曹氏、司馬氏和平過渡、建立新朝的代價，是對士族階層的籠絡收買，更多地承認其世襲特權，而劉裕的作為正與此相反。京口一干武人的崛起，將門閥士族們排擠到了政治舞臺的邊緣，不能再像以往一樣家族分肥、傳承子孫。劉裕主政以來政令嚴厲，令行禁止，也大大限制了士族的經濟特權。士族們雖已無力阻止他，但也不可能主動幫助他廢晉自立。

劉裕倚靠的是跟隨他征戰起家的將軍們。但他們都是粗疏武人，改朝換代對他們來說幾乎是不可想像之事，無法主動幫劉裕走上這一步。此時劉裕最需要的，是善於揣摩上意、逢迎趨合的勢利小人。可惜他手下實在缺乏這種角色，竟使他一時頗為躊躇。

## 受阻潼關

天寒地凍、風雪交加之中，東線巨野澤入黃河的水道終於開通。王仲德又建大功。

西線的石門工程依舊進展緩慢。駐紮在洛陽的諸將已經按捺不住：他們自信，僅憑洛陽這一萬多兵力，完全可以直入關中、蕩平後秦。

首先行動的是王鎮惡。他本是關中人，急於富貴還鄉，不顧嚴寒天氣和劉裕的部署，率部開出洛陽向西衝去，接連攻克後秦騎兵據守的新安、澠池縣城。

當年苻堅敗亡、關中擾亂時，王鎮惡還是少年，曾經流落到澠池，被當地人李方母子收留。離別李方時，他說：「今後鎮惡如果富貴，一定重重報答您。」李方回答：「你是王猛丞相的孫子，又有如此人才，何愁不富貴！到時你能讓我在本縣做個縣令就知足了。」此時王鎮惡率部開進澠池，直接進入李方家，升堂拜見其母，當場任命李方為澠池縣令，又贈送了很多財物。

王鎮惡部繼續西進，又擊敗來救援洛陽的後秦步兵，占領弘農郡（今河南三門峽市），俘獲後秦弘農太守尹雅。但對方伺機脫逃，又回到了秦軍之中。

檀道濟、沈林子二人看王鎮惡一路西進，殺入潼關在即，擔心滅秦之功被他一人獨占，也都率部開出洛陽，向關中方向急進。

晉前鋒諸將絡繹西進之時，後秦內部發生動亂。姚泓之弟、駐防黃河北岸的并州刺史姚懿，本來受命南渡黃河阻擊晉軍。他覺得晉軍威脅尚遠，這反倒是取姚泓而代之的好機會，於是趁亂起兵，徵調黃河北岸的軍隊、糧食，回頭殺向關中。後秦朝廷頓時一片混亂。

姚泓的叔祖、東平公姚紹受命東渡黃河，進剿姚懿叛軍。當姚紹與姚懿激戰之時，關中又起事變：負責防禦赫連勃勃的齊公姚恢也在西北的安定起兵，率領部下數萬人殺奔長安。姚泓急令姚紹火速回師保衛長安。

四一七年的春節，後秦君臣在長安宮殿舉行朝會。此時恰好發生日食。姚泓想到晉軍攻勢淩厲，國家內部動盪，加之天垂異象，恐是國祚不保、大難臨頭之兆，不禁淚下。群臣也都泣不成聲。這番情景，恍然與七年前廣固城頭的慕容超如出一轍。

姚紹撲滅了姚懿叛軍，急忙回師入關，與姚恢叛軍在長安城南對峙。姚恢命部下展開進攻。從潼關回師入保長安的姚贊部恰巧趕到，與姚紹前後夾擊。叛軍大敗，姚恢被斬。姚紹又急忙帶秦軍主力趕赴潼關固守，阻擊晉軍來襲。

劉裕獲悉汴水開通尚遙遙無期，洛陽諸將又都違令殺奔關中，只得於四一七年一月從彭城出發，率舟師溯泗水開向黃河。此行必然與拓跋人發生衝突，但沒有別的選擇。

王鎮惡部此時已進抵潼關不遠處。檀道濟、沈林子則北渡黃河，試圖趁秦軍重點防守潼關之機，從北路的蒲坂關攻入關中。二月，沈林子擊敗後秦河北太守薛帛，攻克襄邑堡，獲得兵糧補充後進向蒲坂。但後秦并州刺史尹昭固守蒲坂，晉軍幾度強攻都未能攻克。

檀道濟又分兵進攻後秦在黃河北岸的重要據點匈奴堡，被守將姚成都擊敗。黃河北岸戰局陷入僵持。此時姚紹率五萬兵力進至潼關，又派姚贊率禁軍七千增援蒲坂。沈林子和檀道濟商議，認為蒲坂城險兵多，一時難以攻克。王鎮惡獨自面對潼關秦軍，形勢孤危，不如現在渡河與王鎮惡合兵，一起攻克潼關，那樣蒲坂將不攻自克。

三月，檀沈王在潼關下合兵。姚紹率數萬秦軍主力開出潼關，列成方陣向晉軍開來。檀道濟等看敵軍數倍於晉軍，固守營壘不敢出戰。秦軍開始逼近晉軍壘牆。

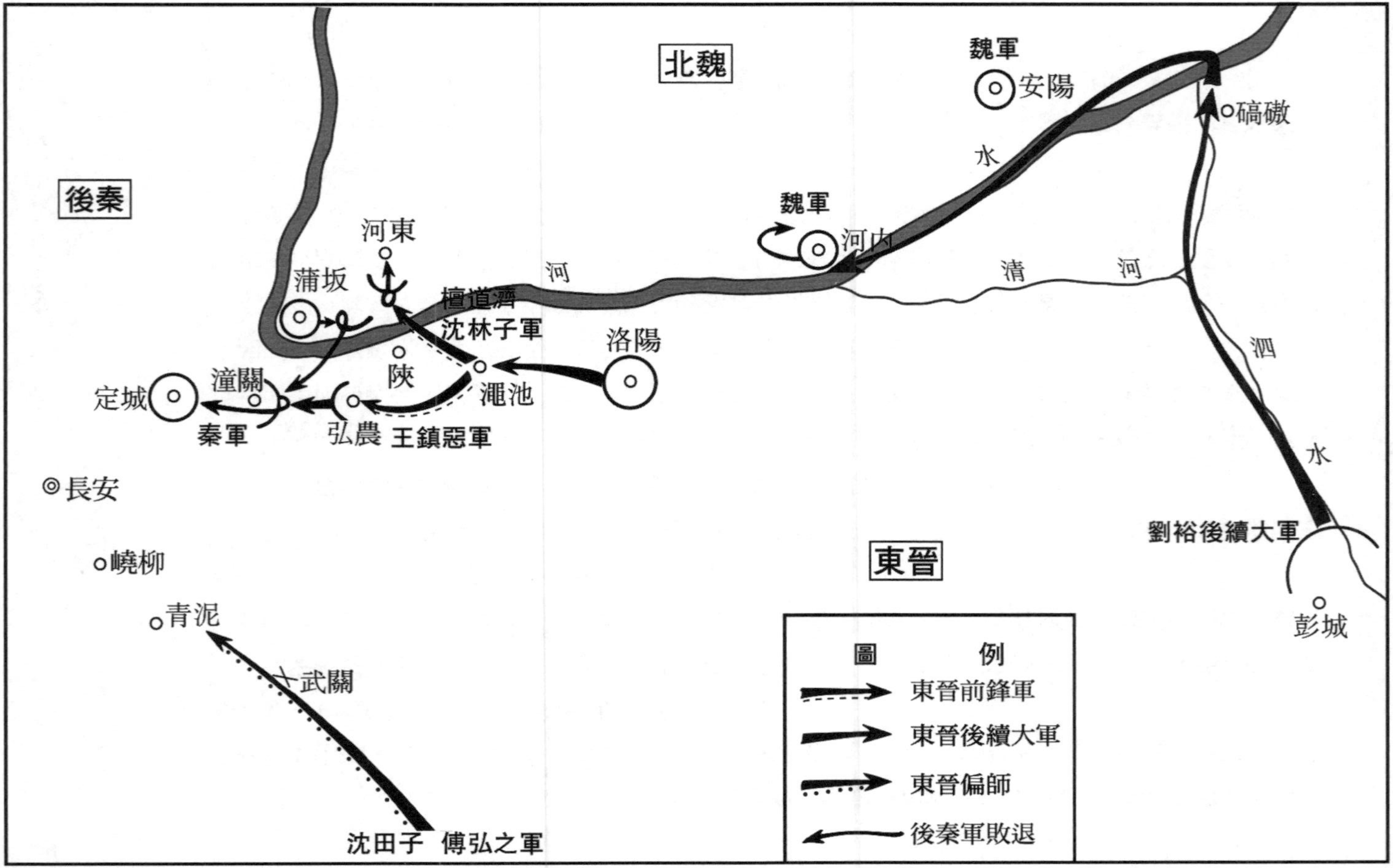
後秦
北魏
東晉
魏軍
安陽
碻磝
水
河東
蒲坂
檀道濟
沈林子軍
河
魏軍
河內
清
河
洛陽
陝
澠池
潼關
定城
秦軍
弘農
王鎮惡軍
泗
水
長安
嶢柳
青泥
武關
沈田子 傅弘之軍
劉裕後續大軍
彭城
圖 例
東晉前鋒軍
東晉後續大軍
東晉偏師
後秦軍敗退

【圖12：潼關戰事示意圖】

沈林子部在晉軍前方最右翼。他率部下數百人衝出營壘，與臨河的敵軍發生激戰。後秦軍陣人數太多，擁擠不便調動，士兵們聽到西北方的廝殺聲，開始驚惶起來。檀道濟、王鎮惡趁機進攻。秦軍潰散大敗，數千人或殺或俘。

姚紹逃到三十里外，才集結逃散部隊，重新固守潼關。他獲悉晉軍的糧草全靠洛陽陸路運送，於是命姚鸞翻山潛入晉軍後方，阻斷糧運。

晉軍得悉姚鸞動向，在山間設伏阻擊，姚鸞部下的尹雅戰敗，再次成為晉軍俘虜。姚鸞則進抵晉軍後方，駐營固守。沈林子選拔精銳士兵，趁夜銜枚偷襲，秦軍潰敗，死者九千餘人，姚鸞也被俘。為了打擊姚紹和秦軍的信心，晉軍將秦兵屍體拖到陣前堆成高丘。姚鸞被割去鼻子，送到陣前向秦軍炫耀，隨後被砍下了頭顱。

這時，後秦的河北太守（這個河北郡在山西南部）薛帛叛投晉軍。他率兵南下，占據黃河大拐彎的內側，試圖與南岸的晉軍連成一氣。姚紹急忙命駐蒲坂的姚贊前往阻斷。姚贊所部未帶足夠的軍糧，蒲坂駐軍隨後又派出糧運車隊進行補給。

檀道濟等分路對抗：一路晉軍從山間潛入秦軍後方，攔截糧運車隊；一路北渡黃河接應薛帛；另一路由沈林子帶領突襲姚贊軍營。姚贊軍隊剛趕到河邊，尚未修築成營壘，沈林子軍就趕到並發起突襲，一舉擊敗秦軍，姚贊輕騎逃回後方。另一路晉軍也攔截住了秦軍的運糧車隊，焚燒糧食後返回。只有渡河接應薛帛的晉軍，與趕來增援的秦軍姚和都部遭遇，被擊潰，這支秦軍進入蒲坂駐防。

## 北魏介入

同在三月間，劉裕的主力艦隊開進了黃河。劉裕的舊日府主劉牢之，當年也是從此路進入黃河，與鮮卑慕容垂展開廝殺。劉裕希望避免與魏軍發生衝突，先派使節趕赴平城，宣稱此次進入黃河下游河段，是向北魏方面借道，西行征討後秦，對北魏沒有威脅。

姚泓向北魏求援的使臣此時也趕到了平城。後秦和北魏皇室有聯姻之好，所以魏主拓跋嗣頗為躊躇。考慮再三，他決定先不招惹劉裕，以免引火燒身、刺激晉軍渡河北上。拓跋嗣派長孫嵩負責黃河以北的軍事防務，又派振威將軍娥清、冀州刺史阿薄干率步騎十萬（這個數字肯定有誇張）駐紮黃河北岸監視晉軍，防範其突然登陸北上。

劉裕水軍進入黃河後，留軍駐防入河口處的碻磝城，帶主力繼續西進。這個季節，上游山地的冰雪消融，黃河中水量大增。山間桃樹、杏樹的繽紛落花匯入渾濁的河水，時人稱為「三月桃花水」。這是黃河很容易發生潰堤決口的季節。由於河流湍急，舟艦難以逆流而上，只能靠士兵們在南岸河灘上用縴繩拖曳，艱難前行。

北岸魏軍派出數千騎兵，隔河監視劉裕船隊。河中風急浪大，波濤洶湧，一旦有晉船被沖到北岸，魏軍騎兵立刻衝上船，殺掉其中的晉軍，搶掠船中物資。

一次，胡藩所部一艘大艦被沖到北岸，拓跋騎兵衝到船上殺死了軍人，搬運船中的物資。胡藩見狀憤怒，帶部下十二人乘一條小船駛向北岸。拓跋騎兵見這樣一條小船獨來，都站在岸上觀望取笑。胡藩擅射，登岸後用弓箭射死十餘人，北魏騎兵急忙退走，胡藩率部下又奪回了大艦。此後拓跋騎兵只搶掠漂到北岸的船隻，不再與晉軍發生正面衝突，看到晉軍登岸就跑遠，待晉軍上船後又回來。晉軍缺少騎兵，無法解除拓跋人的威脅。

劉裕決心給拓跋人一個教訓。他派丁旿率七百士兵、一百輛輜重車登上北岸，七人拖曳一輛車，沿河岸首尾相連，排列成一道弧形的防線「缺月陣」。拓跋騎兵看到晉軍士兵和車輛登岸，不明底細，都站在遠方觀望。

丁旿排列好車輛後，按計畫豎起一面白旗。朱超石已受命率二千士兵乘船靠近，看到白旗後迅速登陸，每輛車上增添二十名士兵和大弩一張，朝外一側的車轅上架設木牆掩體。

魏軍騎兵逐漸策馬跑近試探。朱超石部先用軟弓小箭射擊，引誘敵軍發起攻勢。北魏騎兵看晉軍弓不能射遠，箭不能穿甲，便開始圍攏進攻。

這時魏軍統帥長孫嵩、阿薄干聞訊，又率三萬名騎兵趕到，投入進攻。晉軍士兵站在車上，以木牆為依託，用強弩射擊蜂擁而來的敵騎兵。魏軍騎兵人多擁擠，無法衝開車輛形成的臨時壁壘，都下馬持短兵肉搏，擁擠在車下與晉軍對砍，他們還試圖搭人梯翻過木牆。

晉軍當初進攻南燕時就遇到過這種局面，此次早有準備：朱齡石部登岸時，攜帶了長槊千餘支，大錘數百柄。此時陷入肉搏，長槊難以發揮，他們就把長槊截短為三四尺，插入木牆縫隙間，揮舞大錘砸擊。魏軍密集擁擠在牆外，像釘釘子一樣被瞬間刺穿。每支槊都能穿透數人。車下頓時堆滿了屍體和垂死掙扎的拓跋士兵。

晉軍趁機發起攻擊，魏軍潰散。胡藩、劉榮祖等也率部登岸追殺。阿薄干在亂軍中被斬首。晉軍一直追到魏軍固守的畔城，來不及逃入城中的數千魏軍被殺死。城中魏軍發現晉軍追兵並不多，又湧出城包圍了晉軍。朱超石率眾奮戰，再次殺退魏軍，才返回黃河舟中。

從此，魏軍只是隔河遠遠觀望晉軍，不敢再靠近河岸。

劉裕在黃河中與魏軍鏖戰時，潼關諸軍正面臨糧荒。此時正是青黃不接的季節，洛陽一帶本來居民稀少，能徵收的糧食有限，更難從山路輾轉運送到數百里外的戰場。檀道濟、王鎮惡、沈林子召集眾將商議，很多人主張拋棄營壘輜重，回東方與劉裕主力會合。沈林子怒道：「此行是要蕩平關陝、恢復北方。如今河南已克，大事能否成功，全靠我等前鋒盡力。現在敵軍虎視眈眈，想回東方談何容易！我肯定不撤退，不知想撤的諸位，還有沒有臉面再見到劉太尉！」

眾人決心苦戰到底。他們派信使奔馳東下，找到正在逆流而上的劉裕主力，希望能從黃河上為潼關提供糧援。劉裕在樓船中聽完報告，打開朝北一面的窗戶，指著北岸上的拓跋騎兵對信使說：「出發前，我已經告誡諸將，攻克洛陽後不要急於進兵。現在你自己看，北岸如此形勢，我怎麼提供援助！」

看到後方糧援無望，王鎮惡親自回弘農，動員當地百姓提供軍糧，甚至進入豫西山地的荒村中搜羅糧食，潼關晉軍勉強得以維持。

在潼關的相持進入四月時，劉裕艦隊終於駛過受拓跋人威脅的河段，開向洛陽。他派王仲德部護送糧船前往潼關，檀道濟等此時才得到了主力增援。

劉裕通知潼關諸將，先減緩進攻步伐，抓緊時間休整，準備主力趕到時再發起總攻。他還傳令襄陽方向，命沈田子、傅弘之率千餘晉軍從武關北上，進攻藍田、青泥關方向；漢中方向的兩支千餘人小部隊，也分別沿子午谷、洛谷北上，對關中形成合擊態勢。這幾路兵力都不多，目的是分散秦軍兵力，減輕潼關檀道濟諸軍壓力。至此，西征終於挺過了最困難的時節。

# 第十二章：故國往事

## 時空之旅

劉裕艦隊從黃河駛入支流洛水，溯流西行，逐漸駛近洛陽城。再進入洛水的一條支流——陽渠水，它通往環繞洛陽的護城河。

洛陽，是周武王滅商後營建的新都，東漢、曹魏、西晉三百年建都之地。中原傾覆百餘年來，匈奴人、羯人、鮮卑人、氐人、羌人相繼成為它的主人。這是東晉軍隊第三次開進洛陽：第一次是五十餘年前後趙王朝瓦解，第二次是三十餘年前苻堅兵敗淮南。

距離洛陽七里遠，有石橋橫亙渠水之上，名「七里橋」。這座橋用大塊的條石砌成，巍峨壯觀，橋拱是高大的半圓形，大型船隻放倒桅杆後也能駛過。昔日洛陽人送親友東行，經常到此話別分手，所以也稱「旅人橋」。

擔任艦隊前鋒的朱超石仔細察看了石橋，橋上刊刻著建造時間和用工量：太康三年（二八二）十一月初開工，次年四月底完工，每日動員民工七萬五千人。[1]當時西晉王朝剛剛平定東吳，天下

1《水經注》卷十六引朱超石《與兄書》。

一統，國勢正如日中天，方能興建如此規模的工程。屈指算來，已有一百三十五年。

艦隊繼續西行。洛陽城頭的雉堞逐漸浮現在樹木掩映間，上面飄揚著晉軍的旗幟。數千晉軍正在毛修之統領下修繕城垣。

渠水直通向洛陽朝東三座門中最北面的一座——建春門。艦隊又駛過兩座巨大的石橋，抵達門下。昔日承平歲月，建春門下有朝廷的儲糧倉庫「常滿倉」。每年繳納貢賦的時節，各地絡繹駛來的上千艘運船，都停泊在倉下碼頭卸載糧食。[2]

昔日建春門外路北有牛馬市，「竹林七賢」之一的名士嵇康，因觸怒司馬昭在此處被斬首示眾。當時他看到陽光的影子還未到正午，離行刑尚有片刻，遂向市人索琴一張，在萬眾圍觀和牛鳴馬嘶的腥臊喧鬧中從容彈奏一曲〈廣陵散〉，然後引頸就死。[3]

劉裕艦隊停泊在建春門下，士兵們登岸列隊入城。劉裕要視察城垣防務，將士們要換防休整，幕僚文士們則趁機懷古憑弔。

漢末董卓之亂，洛陽全城都被焚燬，此時洛陽城中的宮殿，多是曹魏文帝、明帝兩代所建。朱超石率部登上洛陽城北的邙山駐紮，防範北魏騎兵渡河來襲。站在邙山向南俯瞰，蕭條的洛陽城宮闕巍峨，道路整齊如劃，沿街遍植槐樹，紅牆灰磚點綴在一片綠海之中。

這裡北臨黃河的孟津渡，也稱盟津渡。當年周武王伐商，從關中行軍至此，天下諸侯不期而來者八百餘國，盟誓同心滅商，因此得名盟津。〈丁督護歌〉所唱「洛陽數千里，孟津流無極。辛苦戎馬間，別易會難得」，至此竟然言中。

數百年來，邙山都是洛陽皇室、權貴的墓地。太平歲月這裡尺土千金。自漢末兵亂以來，這裡的陵墓大都被盜掘，富有四海的天子，奢華豪舉的王侯，廟堂謀謨的袞袞公卿，凌雲功業的封侯將相，最終都難免曝骨揚屍，淪為狐鼠狼獾的玩物。只有荊棘間斷碑殘碣上的文字，依稀透露出往日的簫鼓繁華。

此時已至夏初，桃、杏果實開始成熟，東漢光武帝劉秀墳墓邊有杏子樹，果實酸甜可口，晉軍士兵爭相採摘。朱超石給留守建康的哥哥朱齡石寫信，詳細描述了他在洛陽的所見，隨信還寄上幾枚杏核，讓哥哥種植在江南。[4]

和桓溫一樣，劉裕軍府中也有一些士族文人，負責處理往來文書事務。他們將一路行軍見聞寫入信中，寄給後方的親人和朋友分享。其中有兩人的書信被彙集成書，就是戴延之的《西征記》和郭緣生的《述征記》。這兩本書後來散失，只在其他書中有零星的摘引。透過這些零章斷句，一幅斑駁殘缺的洛陽古都風情圖畫緩緩展示開來。

建春門向南是廣陽門。門外二里，有蜀後主劉禪和吳後主孫皓的宅第。他們在國破之後被押解到此，度過了後半世的臣虜生活。戴延之至此憑弔時，宅第已經寥落傾頹，無言地訴說著百餘年來

2《太平御覽》卷一百九十引郭緣生《述征記》。
3《藝文類聚》卷三十九引戴延之《西征記》。
4《藝文類聚》卷七；《太平御覽》卷一百五十八引朱超石《與兄書》。

的興替滄桑。[5]

洛陽西門中，最南面一座名廣陽門，又名西明門。門外有高臺平樂觀。東漢明帝時，從舊都長安搬運來銅馬及銅飛廉，安放在此。飛廉是一種神鳥，據說可以招來風雨。東漢著名的昏君靈帝喜歡自稱「無上將軍」，在此閱兵耀武取樂。當時的朝貴子弟曹操、袁紹等人，都在閱兵隊伍中擔任軍官。[6]

平樂觀再西，郭緣生看到了匈奴前趙皇帝劉曜修築的軍壘。八十年前，石勒軍隊攻占洛陽，劉曜自關中傾國出兵來爭奪，雙方在洛陽城西展開決戰，投入兵力二十多萬，戰線南北綿延十餘里。劉曜酒醉落馬被俘，前趙大敗，被斬首五萬多，石勒的後趙因此統一北方。[7]

自洛陽正南的宣陽門入城，有魏文帝曹丕修建的凌雲臺。臺高二十餘丈，磚鋪道路盤旋而上，不僅能俯瞰全城，還可以南望少室山，北眺黃河孟津渡。[8]更奇怪的是，如此之高的臺上居然有一口水井，井內幽深看不到底。朱超石到過此處，向井中投下了一枚石子，許久才聽到落水之聲。當年臺上還建有樓閣，每當微風吹拂，樓閣都會隨著風勢輕輕搖擺，但現在只留下一堆瓦礫殘柱。

凌雲臺下有冰井，是漢、魏、晉三代皇宮儲藏冰塊的窖庫。每年隆冬時節，工人從洛水中切割出巨大的冰塊，藏到冰井中保存，盛暑時再運入皇宮，供居室降溫及冰鎮食物。戴延之在六月裡進入冰井，取出一塊冰，半日還未化盡。[9]

宣陽門向北，遙遙正對皇帝宮城的南門。這條道路兩側都是朝廷官署。魏明帝時在街兩側安放了各種銅鑄獸像，其中太尉府外的銅駝高九尺，甚至高過府牆，此街因名銅駝街。

自銅駝街向北進入宮城，是魏明帝修築的正殿太極殿。殿前種植著四畦來自異域的芸香，散發出濃郁的藥香味。郭緣生在殿前看到六只巨大的銅鐘。洛陽老人說，兵亂以後，曾有人試圖搬走這些銅鐘，數百人用長繩拖曳，銅鐘發出巨大聲音，地面都為之震動。眾人膽怯不敢再動，這些銅鐘遂留存至今。[10]

南出宣陽門，有漢、魏、晉三朝的太學和國子學遺址。郭緣生看到太學中的殘碑，上面記載洛陽太學始建於東漢光武帝時，後來曾擴建學生宿舍達千餘間。[11] 太學西邊二百步之遙是國子學。漢魏時朝廷只有太學，平民子弟都可以到太學讀書。但到西晉時候，門閥士族興起，他們的子弟不屑與平民為伍，於是朝廷又建立專門的國子學，只招收高級官員子弟。

曹魏時期，朝廷為了提供儒家經典的範本，用大篆、隸書、蝌蚪文三種字體刊刻了「六經」。戴延之在國子學前面看到了三十五座這種石經碑，每座高八尺，只有十八座完好，其餘已經斷裂殘損。太學前面則有東漢時刊刻的隸書石經碑四十座，多數已經損壞。還有魏文帝曹丕作的《典論》

5《藝文類聚》卷六十四引戴延之《西征記》。
6《水經注》卷十六引〈東京賦〉。
7《太平御覽》卷一百七十七引郭緣生《述征記》。
8《太平御覽》卷一百七十七引楊龍驤《洛陽記》；卷一百七十八引郭緣生《述征記》。
9《太平御覽》卷六十八引戴延之《西征記》。
10《太平御覽》卷五百七十五引郭緣生《述征記》。
11《太平御覽》卷五百三十四引郭緣生《述征記》。

【圖13：太學三體石經殘片】

石碑六座，其中四座尚完整。[12]

洛陽西南郊的山中有一種青色石頭，質地細膩潤澤，可以雕琢打磨為棋子。郭緣生等文士們都獲得了些這種石頭棋子，做禮物寄給江南的朋友同僚，花費不多但頗為風雅。[13]

## 探祕桃花源

劉裕此時尚無心訪古。洛陽城已在戰亂中廢棄多年，城垣傾頹，坊市蕭條。如今要西征羌人，北伐拓跋，需要把這裡建設成新的戰略基地。他視察洛陽城防，發現數月之間，毛修之部已經將城垣修繕一新。他非常滿意，把很多繳獲的後秦軍財物賞賜給毛修之，價值上千萬。

西邊數百里外的潼關，諸軍仍在苦戰。

看到晉軍從黃河獲得糧運，姚紹派姚洽、安鸞、唐小方三將，帶三千騎兵沿黃河北岸而下，試圖偷襲晉軍逆流而上的糧船。晉軍在南岸設伏，趁秦軍渡河時發起攻擊，完殲這支部隊，姚洽等三將也都戰死。晉軍帶俘虜巡遊營地，展示營中的糧儲很多，士兵鬥志正盛，然後讓俘虜帶著戰死諸將的頭顱返回秦營。姚紹看到人頭又急又怒，發病嘔血而死，由姚贊接任潼關主帥。

洛陽的劉裕在思考如何跨越潼關、蒲坂關天險攻入關中。他想：洛水也是自西向東而來，如果

12《太平御覽》卷五百八十九引戴延之《西征記》。
13《太平御覽》卷七百五十四引郭緣生《述征記》。

溯洛水而上，不知能否發現一條通向關中的新水道。如果此舉成功，晉軍主力將繞開潼關天險，出人意料地出現在敵軍後方。他命令戴延之率領一支小部隊，乘船前往洛水源頭，探察能否從此路進入關中。

戴延之受命，到城南的柏谷塢準備舟船。這裡現在是晉軍艦隊的集結地，大大小小的戰艦運船密集停泊，沿著洛水綿延數十里。對著柏谷塢的北岸上有一個洞穴，其中有一具殭屍，已經不知經歷多少年月，戴延之曾到此洞邊觀看。

點選完士兵，戴延之等乘幾條輕舟溯洛水西上，行進數十里後逐漸進入山區。這裡居民稀少，洛水在山谷間輾轉流淌，林木幽深山勢崎嶇。百年前的太平歲月裡，洛陽是冠蓋雲集的都城，各地士人尋覓機會的繁華場，也時常有隱士到這裡的山中隱居。因為這裡距離洛陽近，名聲容易傳到都城，受到朝廷和高官的禮聘。兵亂以來，洛陽幾經焚掠，又有不少人躲避戰亂，結伴逃入山中自保，在險峻的山岩間修築塢堡，在貧瘠的山坡上種植莊稼，過著半蠻荒的生活。

進入山區不久，船隊經過一座「石墨山」。這座山上不生草木，只有黑色的片狀石墨，可以用來寫字，因此得名。

入山漸深，到宜陽縣境後，左側山上有一個塢堡，依託石壁而建，高踞在山崖之上，雲霧繚繞其間。這是當年逃避北族之亂的難民所建，名雲中塢。據說西晉太平時，此地曾有一位燒炭人，精神脫俗似仙人，名聲遠揚，甚至晉武帝也派名士阮籍前來探問。但此人從未開口說話，外人連其名字都不知曉。後來阮籍寫了篇著名的〈大人先生傳〉讚頌此人。

繼續西行，洛水右側又有一個塢堡。當年匈奴襲破洛陽，西晉官員魏該等人逃奔此處，在絕壁上築堡隱居，這個塢堡建在斷崖上的一個凹陷處，距離河岸二十丈高，南、北、東三面都是絕壁，只有西面可通向下方，因此得名「一全塢」，即只要防守住西面，就可萬全。但也有人說這裡叫「一泉塢」，因為塢中有一眼泉水。

一全塢其實預示著戴延之此行的失敗：當年建造此塢的魏該等人是籍貫關中，他們在戰亂中逃入山區之後，也曾試圖溯洛水找到入關回鄉的新路，但沒有成功，才在這裡建堡定居。

行進數日後，戴延之等發現水邊有一座新修的軍壘。當地人給這個軍壘取名叫「龍驤城」，據說是不久前一位晉軍的龍驤將軍帶兵到此所建。戴延之猜測這位龍驤將軍就是王鎮惡，他大概曾率部到此清剿逃散的後秦軍，同時徵收軍糧，修建了這座營壘。

戴延之最後到達一座檀山，山上有座塢堡遺址。這裡洛水水量已經很小，所以居民都從未見過船。看到晉軍的船隻行來，男女老幼呼朋引伴，站在水邊觀看，甚至笑得前仰後合。這裡距離洛陽已經有五百三十里。戴延之從居民口中得知，再往上的河道很窄，且要翻過險峻山脈才能到關中。

看到這條水路不能通行，戴延之等失望而還。[14]但他給後方的書信裡，報告了這次探尋洛河源頭的行程，作為故事在江南流傳。陶淵明受這個傳聞的影響，寫下了名作〈桃花源記〉，洛水盡頭

14《水經注》卷十五「洛水」條；《太平御覽》卷七百七十引戴延之《西征記》。

的荒村，被描繪成了遠離人間紛擾戰亂的世外桃花源。

從洛水出奇兵入關的希望落空，劉裕只得走常規路線。七月，他率艦隊進入黃河，逆流進至弘農郡。他計算從襄陽出發的沈田子奇兵即將進至關中入口——嶢柳城，又命潼關的沈林子率部翻山前往嶢柳接應。

這時，駐防柏谷塢的將領王智先忽然派騎兵送來一份報告，稱有河北冀州僧人惠義，在洛陽南郊的嵩山中發掘到黃金和玉璧，據說是嵩山神「嵩高皇帝」顯靈，稱江東劉將軍是漢高祖劉邦的後人，當受天命，故有此祥瑞。劉裕命人將金璧送到行營來，在黃河岸邊築壇祭天，向上天答謝。一百年來，北方各族的政權更迭頻繁，每每各朝都喜歡以祥瑞標榜自己負有天命，在民間催生了一批靠製造和彙報「祥瑞」事蹟發家的人，劉裕此時又成了他們的新主顧。後來此事傳聞更詳細，說惠義發現的是黃金一餅、玉璧四十二枚，玉璧數量代表著劉家天下的年數。[15]

## 長安克定

主力艦隊逐漸駛近潼關。劉裕派朱超石、胡藩、徐猗之到黃河北岸，與薛帛合兵進攻蒲坂。晉軍初戰攻克蒲坂，守將姚業旋即反攻，姚贊也率秦軍主力來援，又將晉軍逐出。徐猗之戰死，朱超石和胡藩艱苦轉戰數日，才退回南岸。兩軍依舊在潼關相持不下。

兩軍對峙之中，各自都在試圖尋找敵軍薄弱處，試圖給予出其不意的一擊。姚贊命投降的東晉宗室司馬國璠沿黃河北岸而下，爭取北魏援兵，然後渡河攻擊洛陽。

晉軍中，此時又是王鎮惡劍走偏鋒：他要乘船從黃河進入渭河，溯流直抵長安城下。兩個月來，他一直讓部下偷偷伐木造船，為此做準備。此時正當盛暑，連降大雨，渭河水勢洶湧，王鎮惡部趁機登舟西進。

姚贊帶秦軍主力在渭河北岸，眼睜睜看著王鎮惡溯流而上，卻無法向南渡河救援長安。

秦帝姚泓看到潼關苦戰危急，本想率禁軍趕往增援，但藍田方向的駐軍報告：晉軍沈田子、傅弘之部從南攻來，已經進至嶢柳。姚泓只好先帶禁軍趕往嶢柳防堵。

此時從潼關出發的沈林子部援軍尚未到達。傅弘之擔心人少難以對抗秦軍，一度想撤退。沈田子則決心趁秦軍初到之際發起攻擊，獨自帶數百人列隊擊鼓前進。上萬秦軍將這支晉軍小部隊重重包圍。沈田子鼓勵部下說：「諸君拋家別子，遠行萬里，正是為了今天建立封侯功業！」士兵們被他的情緒感召，都跳躍大呼，揮舞短兵衝向秦軍，傅弘之也率部趕來參戰。秦軍全線潰敗，晉軍一路追殺，斬首萬餘，姚泓倉皇逃奔長安，他的天子車輦、器物都被晉軍繳獲。

逃回長安後，姚泓忙於重整敗兵，旋即又獲悉王鎮惡溯渭水而來的消息，急忙屯兵長安城北的逍遙園準備迎戰。

此時，劉裕主力已趕到潼關與諸軍會合，一起沿陸路向西進發。潼關西面是一條長十餘里的連

15《太平御覽》卷八百零六引戴延之《西征記》。

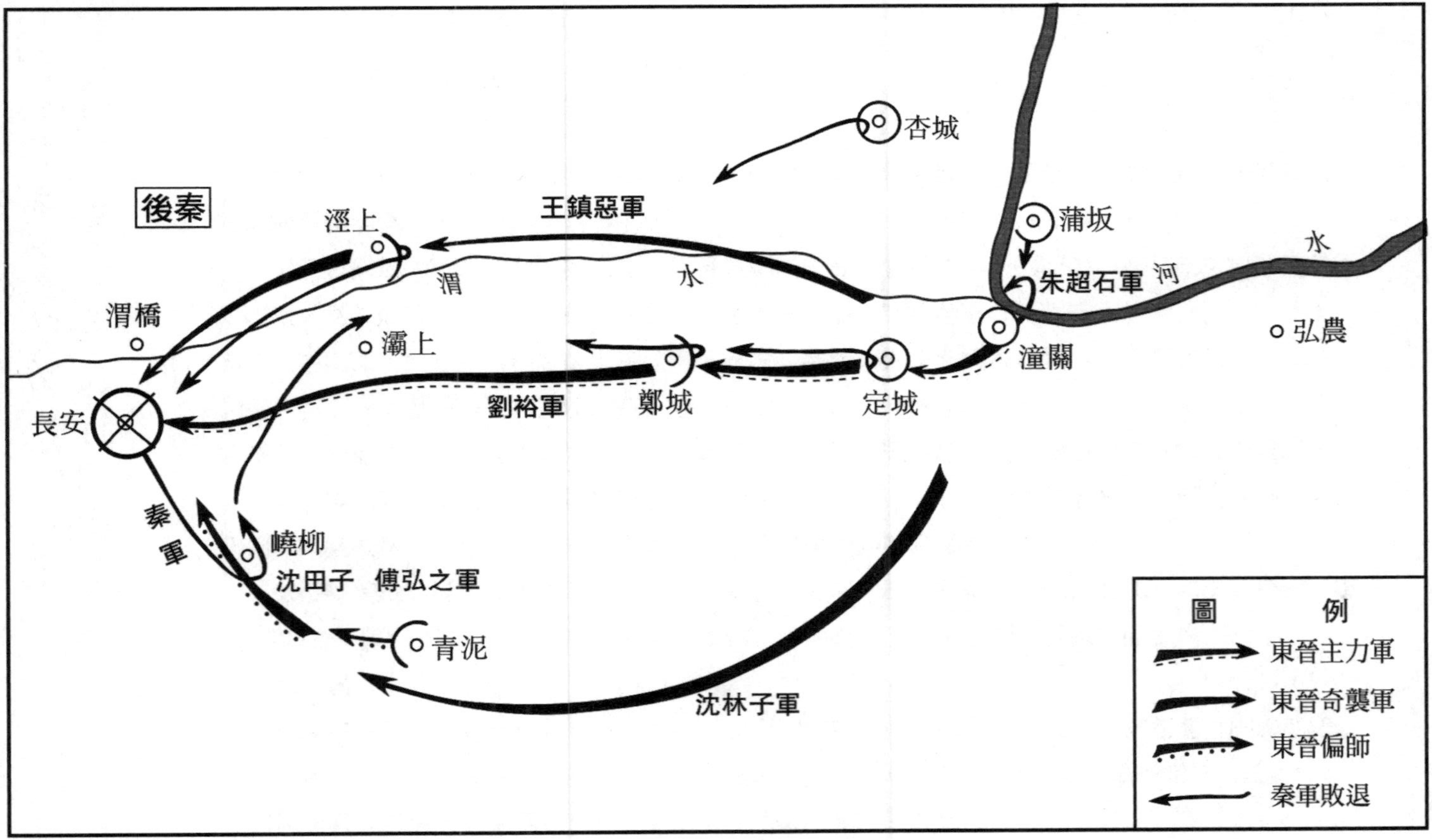


【圖14：攻入關中之戰示意圖】

續下坡道，左依山崖，右臨渭水，名黃卷坂。由於王鎮惡浮舟西上，潼關、蒲坂的後秦守軍都已放棄營壘撤退，希望追趕、阻攔住王鎮惡，兩處天險都成了虛設。劉裕主力進占潼關，循黃卷坂而下，緊追秦軍進入關中。[16]

王鎮惡部一路逆渭水而上。他造的都是吃水淺的小艦，用木板密封頂部，士兵在艙內操帆、划槳，從外面根本看不到船上的人影，也不怕敵軍射箭。岸上的秦軍都覺得不可思議。

八月二十三日清晨，王鎮惡艦隊抵達長安北門下的渭橋。他命士兵在船內吃完早飯，等號令一發，同時持兵器登陸列隊，動作遲緩者斬。士兵上岸後，湍急的流水沖走了舟艦，頃刻間不見蹤影。前方，秦軍數萬人列成隊伍，正向河邊開來。

王鎮惡對將士訓話：「這裡就是長安城的北門。我等家眷都在江南，離此地萬里。現在船、糧都已經被水沖走，此戰如果勝利，是功名富貴；如果失敗，就連屍首也休想還鄉！沒有別的出路，諸君各自努力吧！」

晉軍擊鼓而進，首戰擊破秦軍前鋒姚丕部。姚泓試圖率兵增援，但被迎面衝來的敗兵擁擠踩踏，全軍頓時崩潰，姚泓單騎逃命。王鎮惡開進長安城。

姚贊此時剛率主力南渡渭水，聞知長安陷落，士兵們都以刀砍地號啕大哭。姚贊試圖會合姚泓、攻入長安，但王鎮惡部已經固守長安城門，無處下手，姚贊部下士兵紛紛逃散。姚泓走投無路，率

16《太平御覽》卷四十四。

領家人、群臣前往王鎮惡軍營投降。

此時長安城中羌、漢居民及其他雜胡共有六萬餘戶。王鎮惡軍令嚴明，百姓生活如舊。十多萬羌人向西逃去，希望回到他們祖先生活的西部高原。沈林子等一路追殺，控制了關中。

九月，劉裕主力開到長安，王鎮惡到灞橋迎接。關中已經承平二十餘年，頗為富庶。劉裕下令將長安宮廷內的所有金銀寶物分賜立功諸將。王鎮惡性情貪婪，趁劉裕未到之際，已從後秦的府庫裡盜取了大量財物。

劉裕對王鎮惡的這個作風早有了解。前年進攻司馬休之時，王鎮惡受命進討江陵。他在擊破司馬休之的一支小部隊後，就忙於搶劫當地蠻人部落，中飽私囊，等他趕到江陵，司馬休之早已被平定，劉裕盛怒之下拒絕王鎮惡參見。時人都為王鎮惡捏一把汗，王鎮惡卻笑稱：「不用擔心，只要太尉見我一面，定然無事。」劉裕隨後召王鎮惡入帳問責。王鎮惡為人詼諧，談話風趣，把劉裕逗得轉怒為笑，沒有追究他貪財貽誤戰機之罪。

此次克復長安，王鎮惡功居諸將之首，劉裕也不再過問他侵吞財物之事，算是對他的犒賞。但有人向劉裕密報：王鎮惡將姚泓乘坐的御輦（轎子）偷運入宅中，似乎是隱有不臣之心。劉裕派人到他宅中悄悄探察，見御輦扔在牆下雜物堆中，上面的金銀裝飾都被剔刮了下來，劉裕這才安心。

長安是秦和西漢舊都，城內有漢代的長樂宮、未央宮。此時長樂宮已化作丘墟，未央宮歷經苻氏前秦、姚氏後秦的修繕，尚在使用。劉裕率文武諸人在未央殿中舉行慶功大會，光復中原的百年希冀，此時終於實現。

但喜悅之外，劉裕諸將更感到歷史的沉重和變幻無常。鄭鮮之陪伴著劉裕遊覽未央宮和秦阿房宮遺址，到漢高祖劉邦陵前拜謁。長安城西北，有苻堅時建造的逍遙園，瀕臨渭水，景色秀美，園門內有一銅澡盆，直徑一丈二尺。西域胡僧鳩摩羅什來長安，深受姚興禮敬，在逍遙園中召集僧眾翻譯佛經。鳩摩羅什已在八年前病死，在此園中焚化。園西有姚興仿照佛祖鹿野苑建的鹿子苑，飼養麋鹿數百頭。

在未央宮門內，郭緣生看到了指南車和記里車。這都是皇帝出行時車隊中的儀仗。指南車上有一木刻仙人，手持令旗直指南方，無論車輛如何轉向，木人指向總是不變。記里車上是一木人對著一面鼓，車每行一里，木人就敲鼓一聲。西晉朝廷覆亡以後，這種製造技術已失落多年。郭緣生還到了長安城南的靈臺（觀象臺），這裡有東漢張衡製造的銅渾天儀，上面的日月五星已經失落。[17]

這些指南車、渾天儀和後秦朝廷的各種典冊禮器，都被裝箱搬運上船，和俘獲的姚泓等後秦君臣一起運往建康。王仲德負責統領這支運送戰利品的隊伍。和慕容超一樣，等待姚泓的是建康街頭的斬首示眾。形形色色的臣虜之中，自然有那個歷經顛沛的宮廷樂團，經歷了一個百年輪迴的時空之旅，他們又回到了晉王朝。

但他們為晉王朝演奏的時間只有兩年多，就要投入一個新王朝建立的慶典了。

17《初學記》卷一，《太平御覽》卷七百七十五引郭緣生《述征記》。《宋書》卷十八〈禮志五〉，《宋書》卷二十三〈天文志一〉。

## 失關中

滅秦占領關中後，思鄉的情緒在晉軍中蔓延。他們已經離家一年多，看夠了北方的荒寒，更懷念和暖安逸的江南，也急於把擄獲的財物帶回家中。雖然他們祖籍大多在北方，但在南方過了一百年僑民生活，已經習慣了做一個江南人。

劉裕堅持遠征軍留駐關中。中原已經恢復，王朝的重心應該回到北方了。他一度考慮將都城遷回洛陽，但看到將士中瀰漫的鄉思，只得推遲這個計畫。他滅秦後的首要目標，是要建立一支完全北方化的軍隊：適應北方的天氣和地形、擁有強大的騎兵打擊力量，下一步是征服拓跋人的北魏王朝。

北魏人占據著黃河北岸的并、幽、冀三州故地（今山西、河北兩省範圍）。對目前的劉裕來說，要恢復這三州並不困難，用對付羌人的戰術就可以驅逐拓跋人。而且這裡的百姓多數是漢人遺民，只要他的軍隊出現在河北，漢人肯定會揭竿而起響應。但這樣難以根除拓跋人，他們完全可以從容撤回北方草原。劉裕從不給對手喘息養傷的機會，他習慣一擊致命，所以他需要一支能夠馳突草原大漠的騎兵，徹底解除北方民族對漢地的威脅。

此時與關中接境的，是兩個匈奴人小政權：西部是自稱河西王、建都姑臧（今甘肅武威）的沮渠蒙遜，北部是自稱夏王、建都統萬（今陝西靖邊北）的赫連勃勃。他們對劉裕滅後秦十分驚駭，擔心自己成為下一個目標。但在劉裕的計畫裡，他們都排在北魏之後，現在先要穩住他們。他派使者到兩國表達善意，相約互不侵犯。

使者到達統萬時，赫連勃勃頗想借此炫耀一下文采。他本來不識字，就讓部下先寫好了給劉裕的答書草稿，自己背誦下來，面見劉裕使者時，他當即口授回信，由文書官執筆記錄。劉裕讀到此信，聽說是赫連勃勃親自口授，果然讚歎比自己文采好。

平秦之後僅三個月，留守建康的劉穆之病死，時年五十八歲。消息傳到長安，劉裕為之痛哭數日，不能理事。目下劉裕最缺的不是能征善戰的武將，而是能為之經綸政務的蕭何式人才。他任命自己的親家徐羨之代替劉穆之主政，但徐的才智遠不能與劉相提並論。

劉裕考慮再三，只能暫時放棄滅魏的計畫，返回後方。他留下十二歲的次子劉義真為雍州刺史，鎮守關中。實際主持雍州政務的是長史王修，武將則有王鎮惡、沈林子、沈田子、毛修之諸將。

四一七年底，劉裕率部沿黃河而下。此時石門水口剛剛開通，汴水航道內的林木也都砍伐殆盡。劉裕艦隊順汴水而下，駛向彭城。

經過倉垣故城時，王恢等幾名僚屬登岸遊覽，到達一所破敗的禪寺。王恢等入寺，看到三位打坐的僧人，正在禪息入定，對諸人的到來渾然不覺。王恢彈一響指，三人緩緩睜開眼睛，隨之又閉目入定。諸僚屬問話，僧人也沒有反應。禪寺周圍的百姓說，這三位僧人長期在此修行，生活清貧。王恢將此事報告劉裕。劉裕對長安的奢華僧人們不感興趣，但聽說有這樣幾位苦行僧，決定將他們帶回建康。三位僧人都不情願，在軍官們的勸說下，才推舉其中一老僧智嚴隨劉裕南行。

舟中言談之時，劉裕才知道，當初他在江陵遇到過的高僧佛馱跋陀羅，和智嚴是舊交。跋陀羅就是智嚴從西域聘請到關中的，他們在長安受到鳩摩羅什僧徒的迫害，只好分散各自逃難。跋陀羅去了東晉，智嚴則一直在此修行。

不久，艦隊進抵彭城。劉裕要留在此地駐紮，他派人送智嚴到建康。智嚴與佛馱跋陀羅再次聚首，此時法顯也在建康，他們一起投入到翻譯梵經的工作。

次年（四一八年）初，割據陝北的赫連勃勃得知劉裕離開關中，覺得機會到來，率兵南下試圖占領關中，當地羌胡紛紛投奔。沈田子、傅弘之帶兵北上阻擊，獲悉夏軍兵馬眾多，沈田子膽怯回撤。王鎮惡此時也率部趕來會合，他批評沈田子畏敵退卻，相約一起北上。

沈田子與王鎮惡素來不和，此時感覺受到羞辱，趁一次會議時埋伏部下殺死了王鎮惡。王鎮惡有兄弟七人同在軍中，都被殺死。之後沈田子更加倉皇無措，他丟下軍隊單人匹馬奔回長安，想告發王鎮惡謀反，解除自己的罪責。

傅弘之當時在軍中，被這場事變驚呆，急忙派人報告長安，一邊率部繼續北上抗擊夏軍。鎮守長安的劉義真、王修命人逮捕沈田子，斥責他肆意殺害大將，將其斬首。傅弘之在前方連續擊敗夏軍，關中形勢終於穩定下來。

消息傳到彭城，劉裕驚愕又無計可施。王鎮惡是關中人，和京口起事的南方諸將淵源不同，此次克定關中立了首功，也招致一些妒忌，這已不是什麼祕密。但在大敵當前之際，沈田子何以做出這種完全喪失理智的行為，用常理難以解釋。沈氏家族世代信奉天師道，沈田子少年時也是虔誠的道徒，這也許是他精神失常的一個誘因。劉裕給建康朝廷書面彙報此事，也只能歸因於沈田子精神錯亂。

關中經此動盪，伐魏的計畫更難在近期實行。劉裕決定派人出使北魏，相約兩國和好。他很務實，深知在必要的時候和對手維持好關係的重要。

東晉內部形勢穩定，但關中的局勢還在惡化。劉義真年少無知，經常給予左右親信大量賞賜。長久以來他都被父親節儉的作風管束著，如今一旦獨掌一方大權，奢靡貪婪的欲望難以遏制。王修經常約束他的行為，引起劉義真憎恨，派人暗殺了王修。關中陷入動盪。劉義真將所有軍隊都集中到長安城中。夏軍頓時橫行關中，長安成為孤城。

劉裕聞訊，才醒悟讓劉義真守關中是大失誤，他連續派蒯恩、朱齡石率兵北上，要他們速送劉義真回江南，由朱齡石繼任雍州刺史。

年底，朱齡石部到達長安，傳達了劉裕命令。劉義真命部下在長安城中大肆搶掠，然後在蒯恩、傅弘之、毛修之等護衛下，運載著搶來的財物東歸。進至青泥關時，夏軍追兵趕到，合圍了晉軍，蒯、傅、毛諸將都被俘，傅弘之不屈而死。劉義真藏身草叢，僥倖逃脫。伐南燕時投誠的鮮卑將領段宏尋找到了劉義真，一起逃奔到洛陽。

長安百姓痛恨劉義真，都起兵反抗晉軍。朱齡石只得撤出長安，向潼關方向撤退。此時朱超石又率部趕來增援，兄弟二人合兵，據守黃河岸邊的曹公壘固守。夏軍包圍晉軍營壘，切斷水道。晉軍飢渴之下喪失戰鬥力，全部被俘，朱齡石、朱超石兄弟被殺。赫連勃勃下令將斬獲的晉軍頭顱堆成高臺，號稱「髑髏臺」。

劉裕聞知青泥關大敗，劉義真存亡不測，大為震怒，要率全軍征伐赫連勃勃。下屬都認為前度西征傷亡太大，而且赫連勃勃已經占領潼關要地，一時難以再度舉兵。此時段宏和劉義真逃到洛陽的消息傳來，劉裕才放棄了興兵念頭。關中慘敗的損失太大，許多跟隨他征戰多年的將士都亡於此役，劉裕只能登上彭城城頭北望，慨然流涕而已。

## 殘年帝業

關中失守後，劉裕的北伐事業只得告終。他此時已經五十六歲，開始考慮後事問題。他早已掌握東晉實權多年，代晉稱帝改朝換代只是時間問題。歷史上曹魏代漢，用了曹操、曹丕父子兩代人；晉代魏，則用了司馬懿、司馬昭、司馬炎祖孫三代人。但劉裕的問題是他的兒子們還都年幼，長子劉義符今年才十五歲。劉裕擔心等不到兒子們有能力掌控朝政，所以他急於廢晉自立。

當時流傳著「昌明之後尚有二帝」的讖語。東晉孝武帝名司馬昌明，現在的白痴晉安帝司馬德宗是他的兒子。這意味著司馬德宗之後，晉朝應該還有一代皇帝。劉裕便命部下殺死了安帝，改立其弟司馬德文。司馬德文在位時間只有一年多。這期間，劉裕爵位從宋公升為宋王。他離開了彭城，駐紮到淮河中游的壽陽。這次移鎮的原因不詳。可能是洛陽方向受到北魏壓力，需要從壽陽方向提供援助；也可能是受當時占星家的建議，適應某種廢舊立新的星相。

但臣僚們尚無人了解劉裕的心事。四二〇年的春天，劉裕和僚屬們聚會宴飲。酒酣之際，劉裕感慨道：「十五年前桓玄篡位，晉朝的命數已終。我帶諸將起兵，興復晉室，又南征北戰多年，才有如今四海平定，我也位極人臣。但盛極則衰，難保長久。我打算辭去爵位回江南養老。」臣僚們一時不解其意，只是稱頌劉裕的功業隆盛，勸他安享富貴。

深夜時分，宴會結束，諸人散去。中書令傅亮在回營舍的路上，忽然明白了劉裕的老年心境，急忙回馬。劉裕府門已關，傅亮叩門求見，見到劉裕後，他只說：「臣應該臨時回一趟京師。」劉裕心知其意，只問：「你需要多少兵力護送？」傅亮說：「數十人就可以。」劉裕首肯後，傅亮告辭而出。

這時已是深夜，傅亮忽然望見滿天流星劃破夜空，時人認為這是「驅除之徵」，即象徵新王朝要取代舊王朝，他拍腿長嘆：「我平生不信天文星相，如今居然應驗了！」（按：東晉和北魏的靈臺都沒有記載此次星變。）

傅亮到建康後，立即與徐羨之及諸重臣密謀，為劉裕稱帝做準備。朝廷發詔書徵宋王劉裕入朝。六月，劉裕到達建康。傅亮為司馬德文起草好了禪位詔書，讓他自己抄寫一遍。司馬德文沒有任何留戀，一邊提筆抄寫，一邊對左右說：「當初桓玄篡位，司馬氏已經失去天下，因為劉公舉義，才又延續了近二十年。今日之事我完全甘心。」

六月，劉裕建壇祭祀上天，正式即位，年號永初。這個年號用了三年，但他實際在位的時間不到兩年。劉裕之前已經被封宋公、宋王，他建立的王朝也叫宋。這個王朝存在了五十九年時間，最後因內亂被外戚、武將蕭道成取代。

即位第二年，劉裕準備除掉司馬德文。司馬德文此時的爵位是零陵王，生活在軍人的嚴密監視下，而且司馬德文的女兒嫁給了劉裕太子劉義符，兩人是親家。但劉裕從不留下任何潛在的對手，他找來曾擔任司馬德文僚屬的張偉，給他一罈毒酒，讓他送給司馬德文飲下。張偉不忍害死舊君，在路上躊躇良久，最後飲下毒酒身死。

自願承擔這項任務的是司馬德文的妻兄——侍中褚淡之。褚氏也是士族高門，他一直受命監視司馬德文。以往司馬德文的妻妾每生下男孩，褚淡之都要尋機將其殺死。但德文夫婦對自身安危的警惕性很高，兩人共居一室，所有食物都經褚氏之手烹煮，褚淡之一時難以下手。他就借探望妹妹的機會，將褚氏引到外室。軍人們趁機跳牆進入內室，逼德文服下毒藥。按照佛法，自殺之人來世不能得人身，司馬德文信奉佛教，拒絕服毒。士兵們於是用被子悶死了他。

伐滅後秦時，俘虜中有姚泓的一個堂妹，被劉裕看中納入後宮。劉裕平生妃妾不多，且沒有士族高門出身的女子。姚秦皇室漢化很深，文化程度頗高，因而這個異族女子深受劉裕寵愛，甚至使他一度疏於政務。謝晦為此勸諫，劉裕省悟，當即將姚氏送出宮嫁人。

當了皇帝的劉裕生活變化並不大，樸素簡單，還保留著穿木屐出城散步的習慣，身邊只有十來人步行跟隨。他死後數十年，其孫孝武帝劉駿擴建宮室，拆毀了劉裕生前起居的臥室。當時劉駿帶著群臣去觀看，只見睡覺的床前是泥灰抹砌的桌臺，牆上掛的燈籠用葛布做罩，蠅拂用麻線紮成，以致奢華的劉駿頗為尷尬。

劉裕晚年很信賴的是沈林子。從十三歲投奔劉裕以來，沈林子一直追隨他轉戰南北。兩人性格也頗相似：都是少年輕俠落拓不羈，成年後卻逐漸內斂，簡樸恭恪。四二二年五月，沈林子病逝。此時劉裕也已身患重病，諸臣擔心劉裕聞訊傷慟，每次劉裕召喚沈林子，臣僚都聲稱他在家養病。劉裕有時派人向沈林子詢問一些情況，臣僚們也按沈林子的語氣做答。

不久後，劉裕也病逝。遺詔徐羨之、傅亮、謝晦、檀道濟輔佐太子劉義符即位。沈林子之外，和劉裕一同起兵的舊將虞丘進、劉鍾、臧熹、孔靖等，也都在這一年先後過世。劉裕時代至此終結，江左政治也翻開了新的一頁。

## 南朝餘波

四二〇年，劉裕終結了東晉，南中國又經歷了宋、齊、梁、陳四個朝代，合稱南朝，到五八九年，陳被北方的隋攻滅，中國才進入新一輪大統一時代。

劉裕通過幾場戰爭構建的北方邊界，在南朝時逐漸退縮。他死後，劉宋朝廷一度發生繼承人紛爭，北魏皇帝拓跋嗣趁機奪回了黃河南岸的狹長地帶，這是十來年前王仲德從北魏手裡奪下來的。在劉裕的兒子劉義隆（宋文帝）在位的近三十年時間裡，宋魏為爭奪這一地帶發生過兩次大戰，劉宋都沒占到優勢，但還能保有河南大部和山東（青州）地區。

這種形勢持續了四十多年。到劉宋末年（四六〇年代），再次因為宗室爭奪皇位引發全國內戰，北魏趁機攻占了山東半島和河南淮北之地，南北政權又恢復到基本以淮河為界。這也是劉裕伐南燕之前的邊境態勢。

此後南北朝的一百二十餘年時間裡，南北雙方基本維持這種局面，直到陳朝的末期，北周、隋把邊境推進到了長江沿線，然後隋攻滅了陳，中國再度統一。

劉裕之後六百年，北宋中葉，一個秋日的黃昏，王安石登上了建康城外的石頭城小山。建康此時已改稱江寧府。晚秋時節，西風吹拂，天色高遠澄清，雲朵點綴天際。滾滾長江如一條無比寬闊的閃亮絲帶，向東北奔流而去。白帆點點漂浮在江上，映出夕陽的金黃色光暈。江中幾座洲島若隱若現。江邊遠近數座小山起伏，在叢林灌木的掩映下依舊翠綠。村野酒家的招幌飄搖於風中，幾隻白鷺翩然飛過。當年建都於此的東吳、東晉、宋、齊、梁、陳六朝，數百年間幾度興亡，多少風流人物，兵戈戰事，如今都已蹤跡難覓。只有草木山川依舊，江水奔流不息。王安石於此寫下一曲〈桂枝香．金陵懷古〉：

登臨送目，正故國晚秋，天氣初肅。
千里澄江似練，翠峰如簇。
歸帆去棹殘陽裡，背西風，酒旗斜矗。
彩舟雲淡，星河鷺起，畫圖難足。
念往昔、繁華競逐，嘆門外樓頭，悲恨相續。

千古憑高對此，謾嗟榮辱。
六朝舊事隨流水，但寒煙芳草凝綠。
至今商女，時時猶唱，後庭遺曲。

# 附錄一：部分人物及其家族簡介

## 東晉後期皇室

- 廢帝司馬奕（三六五—三七一年在位），被桓溫廢黜。
- 簡文帝司馬昱（三七二年一月—三七二年九月在位），廢帝司馬奕的從祖父，長期掌握朝政，後被桓溫改立為帝。
- 孝武帝司馬昌明（三七二—三九六年在位），簡文帝之子。
- 安帝司馬德宗（三九七—四一九年在位），孝武帝之子，智能不足，四〇三—四〇五年間被桓玄廢黜，又被劉裕擁立。
- 恭帝司馬德文（四一九—四二〇年在位），安帝之弟，被劉裕擁立、廢黜、處死。
- 司馬道子（三六四—四〇三年），孝武帝之弟，一度執掌朝政。
- 司馬元顯（三八二—四〇二年），司馬道子之子。桓玄掌控朝政後，父子二人都被殺。

## 劉裕家族成員

- 劉裕（三六三－四二二年）
- 父親：劉翹
- 繼母：蕭文壽
- 二弟：劉道憐
- 三弟：劉道規
- 妻子：臧愛親
- 妻兄：臧熹
- 妻弟：臧熹
- 長女：劉興弟
- 女婿：徐逵之
- 兒子：
- 劉義符（四〇六－四二四年）
- 劉義真（四〇七－四二四年）
- 劉義隆（四〇七－四五三年）

## 桓溫家族

- 桓溫（三一二—三七三年），東晉權臣，爵南郡公。
- 南康公主：桓溫正室，晉明帝之女。
- 桓豁、桓沖：桓溫之弟。
- 桓石虔：桓豁之子，曾參加對苻堅作戰，早卒，未經歷桓玄篡位。
- 桓玄（三六九—四〇四年），桓溫幼子，襲爵南郡公，篡晉建楚，後被劉裕攻滅。
- 桓修：桓玄堂兄，桓沖三子，桓玄篡位後任徐州刺史，駐京口，被劉裕攻滅。
- 桓弘：桓修之弟、桓玄篡位後任青州刺史，駐廣陵，被劉裕攻滅。
- 桓石康：桓玄堂兄，桓豁之子，桓玄篡位後任荊州刺史，被劉裕攻滅。
- 桓升：桓玄之子，與桓玄同時死。
- 桓謙：桓玄堂兄，桓沖次子。桓玄篡位後任尚書令，桓玄敗亡後逃亡後秦。四一〇年藉助譙縱武裝攻擊荊州刺史劉道規，兵敗死。

## 謝安家族將領

- 謝安（三二〇—三八五年），曾在桓溫幕府任司馬，桓溫死後執掌東晉朝政，部署應對前秦威脅，安排子侄擔任各地刺史，淝水之戰中任司徒、揚州刺史。

- 謝萬（三二〇—三六一年），謝安之兄，任豫州刺史，與荊州刺史桓溫爭功，三五九年北伐前燕，兵敗被免職，卒。
- 謝石（三二七—三八九年），謝安之弟，淝水之戰中任征虜將軍，擊敗前秦軍。
- 謝玄（三四三—三八八年），謝安之侄，淝水之戰中任兗州、徐州刺史，擴充北府兵，擊敗前秦軍。
- 謝琰（三五二—四〇〇年），謝安次子，淝水之戰中任輔國將軍，擊敗前秦軍。後與天師道軍作戰，兵敗被殺。

## 前秦苻堅等皇族

- 苻健（三一七—三五五年），氐人酋長苻洪之子，後趙石虎朝將領，前秦開國皇帝。
- 苻生（三三五—三五七年），苻健之子，繼位後被堂弟苻堅奪位，卒。
- 苻堅（三三八—三八五年），苻雄之子，苻健之侄，前秦皇帝。
- 苟太后：苻堅之母，苻堅奪權為帝的策畫者。
- 苻融：苻堅之弟，爵陽平公，三八三年死於淝水之戰。
- 苻熙：苻堅之子，淝水之戰後守長安，被慕容沖軍攻殺。
- 苻詵：苻堅幼子，淝水之戰後守長安，與苻堅一同被姚萇俘獲、殺死。

- 苻丕（三五四—三八六年），苻堅庶長子，淝水之戰後守鄴城，與慕容垂作戰，後在流竄中被晉軍攻滅。
- 苻登（三四三—三九四年），苻堅侄孫，在苻堅死後稱帝，與姚萇、姚興作戰，被攻滅。
- 苻宏（三五六—四〇五年），苻堅太子，苻堅敗亡後逃亡東晉任職，後投靠桓玄，對抗劉裕軍被攻滅。

## 後秦姚氏皇族

- 姚萇（三二九—三九三年），羌人首領姚弋仲之子，姚襄之弟，其家族在後趙、前秦相繼為將領。淝水之戰後反叛，俘殺苻堅，建立後秦為帝。
- 姚興（三六六—四一六年），姚萇之子，繼任者，後秦武昭帝，攻滅苻登。
- 姚泓（三八八—四一七年），姚興之子，後秦末帝，被劉裕俘獲、處死。
- 姚紹、姚贊兩名後秦宗室是抵抗劉裕軍的統帥，但史書中沒有兩人的立傳，難以進行介紹。

## 前燕、後燕、南燕慕容氏皇族

**前燕**

- 前燕幽帝慕容暐（三五〇—三八四年），三六〇—三七〇年在位，前燕亡後在前秦為官，淝水之戰後謀反，被前秦處死。
- 前燕太傅慕容評：幽帝慕容暐叔祖，前燕亡後在前秦為官，卒。
- 濟北王慕容泓：慕容沖之兄，前燕亡後在前秦為官，淝水之戰後，在關中起兵反苻堅，慕容暐死後稱燕帝（西燕），三八四年被部屬所殺。
- 中山王慕容沖（三五九—三八六年），前燕亡後受苻堅寵愛，在前秦為官，淝水之戰後，在關中起兵反苻堅，慕容泓死後繼為西燕帝，被部屬所殺。

**後燕**

- 吳王慕容垂（三二六—三九六年），幽帝慕容暐之叔，受慕容評猜忌，逃亡前秦為官，苻堅淝水兵敗後，慕容垂返回河北起兵反前秦，創立後燕王朝，三八六年即位稱燕帝。
- 可足渾氏，慕容垂正室。
- 段夫人，慕容垂側室，隨慕容垂逃亡前秦，與苻堅有染。
- 慕容寶（三五五—三九八年），慕容垂之子，隨父逃亡前秦，後繼慕容垂位為後燕皇帝，三九六—三九八年在位，受拓跋魏攻擊，從河北中山逃往遼西龍城後被殺。

**南燕**

- 慕容德（三三六—四〇五年），慕容垂之弟，前燕亡後在前秦為官，淝水之戰後，隨慕容垂創建後燕王朝。拓跋魏攻占河北後，慕容德逃至青州創立南燕王朝，三九八—四〇五年在位。
- 慕容超（三八四—四一〇年），慕容德之侄，生於前秦，長於後秦，後潛逃至南燕，被慕容德立為繼承人，四〇五—四一〇年在位，劉裕滅南燕，被俘處死。

## 北府兵和劉裕的將領團體

- 北府兵舊將群體：劉牢之、孫無終、高素，以及劉軌、劉襲、劉季武兄弟。
- 這些人多是在謝玄備戰苻堅、擴充北府兵時招募從軍，不屬於士族高門，所以史書對其家世、事蹟記載較少，他們多數參加了淝水之戰和之後在北方邊境的戰事，三九九年開始參與對天師道的戰事，最後在桓玄當權時被清洗。他們倖存的子侄多聚集在劉裕周圍，起兵推翻了桓玄的楚朝。
- 劉牢之（？—四〇二年），在謝玄備戰苻堅時加入北府兵，參與淝水之戰及之後的北方邊境戰事。王恭、殷仲堪、桓玄聯合對抗主持朝政的司馬道子時，劉牢之是王恭部屬，但他投降司馬道子，造成王恭敗亡。三九九年開始對天師道軍作戰。四〇二年桓玄與朝廷再度開戰，劉牢之投降桓玄，又發現桓玄準備除掉自己，被迫自殺。劉牢之前半生軍功雖高，但始終受到士族高門的壓制和歧視，造成其多次負氣叛變，最終身敗名裂而死。

- 劉敬宣（三七一—四一五年），劉牢之長子，隨劉牢之對天師道軍作戰，與劉裕共事。桓玄篡權後，與高雅之、劉軌、司馬休之逃奔後秦，又轉奔南燕，四〇四年返回東晉，四〇六年伐西蜀譙縱，失利。四〇九年參與滅南燕戰事，後被司馬宗室成員暗殺。
- 高雅之（?—四〇四年），高素之子，劉牢之的女婿，參加過對天師道的早期戰爭，桓玄篡權後逃奔後秦、南燕，試圖逃回東晉時被南燕追殺。
- 劉軌（?—四〇四年），北府舊將，參加過淝水之戰、天師道早期戰爭，桓玄篡權後逃奔後秦、南燕，頗受慕容德禮遇。劉敬宣、高雅之等密謀逃回東晉，劉軌不願同行，被殺死滅口。
- 何無忌（?—四一〇年），劉牢之外甥，其母為劉牢之姊。參與劉裕反桓玄的京口起兵。劉裕伐南燕時，何無忌任江州刺史，四一〇年防堵天師道軍北上，兵敗而死。
- 孔靖（三四七—四二二年），會稽士人，家富，曾資助劉裕軍對天師道前期作戰，與劉裕密謀反桓玄。四一六年隨劉裕北伐後秦。
- 孟昶（?—四一〇年），劉裕舊友，參與反桓玄起兵，後在朝廷任職，贊同劉裕的伐南燕計畫，四一〇年的後期天師道軍威脅建康時，引咎自殺。其妻周氏家富，京口起兵前贊助義軍財產。
- 劉邁（?—四〇四年），參與反桓玄密謀，但向桓玄洩露了計畫，被桓玄處死。
- 劉毅（?—四一二年），劉邁之弟，參與反桓玄起兵，劉裕伐南燕時，劉毅任豫州刺史，防堵天師道軍北上，兵敗。天師道平定後任荊州刺史，與劉裕不睦，被劉裕攻滅。

- 劉道憐（三六八—四二二年），劉裕異母二弟，劉裕滅桓玄、迎立晉安帝後，劉道憐長期在北方邊境駐防，防禦北魏、南燕軍。四〇六年出征割據西蜀的譙縱，失利。參與劉裕伐南燕戰事。之後劉裕出征時，多負責後方留守。
- 劉道規（三七〇—四一二年），劉裕異母三弟，參與反桓玄起兵，之後長期擔任荊州刺史。四一〇年盧循天師道軍北上，分兵攻擊荊州，劉道規指揮防堵。天師道平定後不久病卒，由劉毅繼任荊州刺史。
- 王仲德（三六七—四三八年），與其兄王元德參與反桓玄密謀，二人在建康內應，因劉軌洩密，王元德被處死，王仲德逃脫。後參與劉裕滅南燕、平定盧循天師道軍、滅後秦。參加過宋文帝元嘉七年（四三〇年）與北魏的戰爭。
- 檀憑之（？—四〇四年），北府兵軍官，帶檀韶、檀祗、檀道濟等五個侄子參與劉裕反桓玄的京口起兵，途中戰死。
- 檀韶（三六六—四二一年），檀憑之侄子，參與劉裕京口起兵，以及攻滅南燕、滅盧循天師道戰爭。
- 檀祗（三六九—四一九年），檀韶之弟，參與劉裕京口起兵，伐南燕時任中書侍郎、留京師，參與對後期天師道戰事。
- 檀道濟（？—四三六年），檀祗之弟，參與劉裕京口起兵，後在荊州刺史劉道規部下任職，在荊州參與對後期天師道軍的戰爭。參與對荊州刺史司馬休之的戰爭、滅後秦戰爭。參加過宋文帝元嘉八年（四三一年）與北魏的戰爭。被宋文帝劉義隆猜忌處死。

- 臧熹（三七五—四一三年），劉裕妻弟，侄子臧穆生，叔侄參與劉裕京口起兵。劉裕伐南燕時負責留守，參與對後期天師道、對劉毅的戰爭，四一三年參與朱齡石伐蜀，病死於途中。
- 劉穆之（三六〇—四一七年），參與劉裕京口起兵，之後一直為劉裕經營後方。
- 諸葛長民（？—四一三年），參與劉裕反桓玄起兵、對後期天師道的戰事。後密謀反對劉裕，被逮捕處死。
- 吳興沈氏家族的五兄弟：沈淵子，沈雲子，沈田子，沈林子，沈虔子。原為天師道軍，後避仇投奔劉裕，都參與了劉裕京口起兵。
- 沈淵子（三八一—四一五年），劉裕伐南燕時，在荊州刺史劉道規部下任職，在荊州參與對後期天師道軍的戰爭。參與征討司馬休之，戰死。
- 沈林子（三八七—四二二年），參與伐南燕，對後期天師道軍作戰，參與討伐劉毅、司馬休之，攻滅後秦，病卒。
- 沈田子（三八三—四一八年），參與伐南燕，對後期天師道軍作戰，攻滅後秦。負責駐守關中，因私憤擅自殺害王鎮惡，被處死。
- 王鎮惡（三七三—四一八年），偷襲劉毅的戰事中嶄露頭角，滅後秦戰爭中立首功，後駐防關中，被沈田子暗殺。
- 朱齡石（三七九—四一八年），參與劉裕京口起兵，參與伐南燕戰事、對後期天師道軍戰事，討伐劉毅，攻滅割據蜀地的譙縱。劉裕伐後秦時負責留守。赫連勃勃軍攻擊關中晉軍時，朱齡石受命前往增援，戰敗被俘處死。

• 朱超石（三八二─四一八年），朱齡石之弟，參與劉裕京口起兵，劉裕伐南燕時，在江州刺史何無忌部下任職，與天師道軍作戰失敗被俘，又逃歸劉裕，參與討伐司馬休之，征後秦，沿途與北魏軍隊作戰。滅後秦後駐防關中，與赫連勃勃作戰失敗，被俘處死。

• 胡藩（三七二─四三三年），桓玄舊部，桓玄亡後投降劉裕，參與伐南燕、滅盧循天師道軍、征討劉毅、征討司馬休之、北伐後秦。

## 劉裕的其他對手

• 孫恩（？─四〇二年），繼承其叔父孫泰為天師道教主，三九九年起兵反東晉，以舟山群島為基地多次襲掠江浙沿海，作戰失利身亡。

• 盧循（？─四一一年），北方士族范陽盧氏家族南渡之後代，孫恩妹夫，隨孫恩起兵，孫恩死後繼任天師道教主、軍隊統帥。四〇四年泛海南下占領廣州。四一〇年趁劉裕伐南燕之機起兵北上，擊敗何無忌、劉毅所部，威脅建康，後兵敗自殺。

• 徐道覆（？─四一一年），盧循的姐夫，追隨孫恩、盧循起兵，長期輔佐盧循，兵敗被殺。

• 譙縱（？─四一三年），益州軍府參軍，四〇五年桓玄楚朝瓦解，益州發生兵變，譙縱被推舉為首領，自稱成都王，建立割據政權。後被朱齡石遠征軍擊敗，自殺國滅。

- 司馬休之（？—四一七年），東晉宗室，早年追隨司馬道子、司馬元顯父子，對抗王恭、殷仲堪及桓玄勢力，失敗後與北府軍官高雅之、劉軌、劉敬宣等逃亡後秦，受秦帝姚興命去東方（後秦、北魏、南燕、東晉—桓楚勢力之間的河南地區）募兵，反桓玄。後與高、劉等投奔南燕慕容德。四〇四年南下返回東晉，當時劉裕剛驅逐桓玄、重建東晉。劉裕對東晉宗室頗為忌憚，但礙於司馬休之資歷不得不授官。四一二年，劉裕伐滅荊州刺史劉毅，由司馬休之繼任，後與劉裕日趨對立，四一五年劉裕再伐荊州，司馬休之兵敗，再次逃亡後秦。劉裕伐後秦時，司馬休之受後秦前線統帥姚贊指令，試圖在黃河沿岸聯繫北魏軍、組織抵抗。後秦亡後，司馬休之與在後秦的東晉宗室、桓溫後人及逃亡官員數百人逃奔北魏，不久病死。
- 赫連勃勃（三八一—四二五年），匈奴鐵弗部首領，其父劉衛辰曾被前秦征服、仕苻堅。前秦亂後重新發展勢力，占據河套及北部地區，長期與拓跋珪部—北魏作戰，後兵敗而死。劉勃勃受後秦姚興支持，繼續與北魏作戰，並與後秦反目，四〇七年自稱大夏天王，後改姓赫連，建都統萬城。四一七年劉裕滅後秦，四一八年赫連勃勃南下，消滅駐防晉軍占領關中。死後太子赫連昌繼位，被北魏太武帝拓跋燾攻滅。
- 拓跋嗣（三九二—四二三年），四〇九年繼位，拓跋珪之子，北魏第二任皇帝，與劉裕當權時間基本同步。拓跋珪被暗殺後，拓跋嗣在混亂中登基，北魏上層動盪，所以對四一〇—四一一年劉裕攻滅南燕未做出反應。四一六—四一七年，劉裕北伐後秦時占領了北魏一些沿黃河地區，雙方爆發了短暫而激烈的戰事，但並未升級；拓跋嗣試圖挽救姚泓的後秦，未果。四二三年，劉裕死後第二年，拓跋嗣趁劉宋無暇外顧之機南征，占領黃河南岸的虎牢等三百里地帶，當年年底拓跋嗣病卒。後宋文帝劉義隆試圖奪回這一地帶，引發劉宋、北魏間一系列大戰。

# 附錄二：戰事年表

**三〇一年，西晉惠帝　永元元年**

趙王司馬倫控制洛陽，正月，司馬倫廢黜晉惠帝、稱帝；四月，司馬倫敗死，惠帝復位。宗室齊王、成都王、河間王、東海王等為爭奪朝政，逐漸開始一系列內戰，西晉政局失控。

**三〇四年，西晉惠帝　永興元年**

匈奴北單于劉淵在并州起兵反晉，自稱漢王；巴人（賨人）李雄割據成都稱王。之後數年，劉淵稱帝建立前漢政權，定都并州平陽；李雄稱帝建立成漢政權。羯胡石勒組織流寇武裝，後向劉淵政權稱臣。

**三〇六年，西晉惠帝　光熙元年**

東海王司馬越控制洛陽朝政，害死晉惠帝，扶植司馬熾即位，是為晉懷帝。

**三〇七年，西晉懷帝　永嘉元年**

琅琊王司馬睿到江南建鄴（後改名建康）立足。

三一一年，**西晉懷帝　永嘉五年**

各地叛亂蜂起，全面失控。東海王司馬越病死。四月，西晉禁軍主力在譙郡苦縣被石勒軍包圍，全軍覆沒。六月，劉淵侄子劉曜及石勒等武裝攻破洛陽，將晉懷帝俘虜到平陽。

三一三年，**西晉愍帝　建興元年**

秦王司馬鄴在長安稱帝，是為晉愍帝。

三一六年，**西晉愍帝　建興四年**

劉曜攻陷長安，俘獲晉愍帝。西晉滅亡，北中國陷入全面戰亂，匈奴劉漢政權控制西部的并州、雍州等；石勒在河北立足，逐漸擴張。

忠於晉朝的劉琨在并州晉陽頑抗，祖逖在河南立足，之後相繼敗亡。涼州刺史張軌在河西自保，維持時間較長。

三一七年，**東晉元帝　建武元年**

琅琊王司馬睿在建康稱晉王，初創東晉政權，是為晉元帝。大量北方漢人逃到淮河、長江流域定居，但仍保留故鄉籍貫乃至州郡地名，被稱為僑民、僑州郡。

三一八年，**東晉元帝　太興元年**

司馬睿在建康正式稱帝（東晉）。匈奴劉漢政權內亂，劉曜奪位稱帝。

**三一九年，東晉元帝　太興二年**

漢帝劉曜改國號為趙，建都長安，史稱前趙。石勒在河北自稱趙王，定都襄國（今邢臺），史稱後趙。

**三二九年，東晉成帝　咸和四年**

石勒滅前趙，俘獲劉曜；後趙王朝基本統一北中國。

**三三三年，東晉成帝　咸和八年**

石勒死，其侄子石虎殺石勒諸子，自立為（後趙）帝。後遷都鄴城。

**三三七年，東晉成帝　咸康三年**

鮮卑慕容皝在遼西稱燕王，史稱前燕，建都龍城。

**三四五年，東晉穆帝　永和元年**

東晉朝廷任命桓溫為荊州刺史、安西將軍。

**三四七年，東晉穆帝　永和三年**

東晉荊州刺史桓溫攻滅李氏成漢政權，進占成都、益州，俘獲漢主李勢。

**三四九年，東晉穆帝　永和五年**

後趙帝石虎死，後趙陷入內戰。石虎養孫冉閔一度控制鄴城。

此後數年內，趁北中國動亂，東晉朝廷重臣褚裒、殷浩等相繼領導東線（揚州）的北伐，號稱要恢復中原，但都無太大建樹。

**三五〇年，東晉穆帝　永和六年**

氐人苻健率領族人從河北西歸，占領關中及長安，之後稱帝建立前秦政權。冉閔在河北建魏稱帝。

**三五二年，東晉穆帝　永和八年**

前燕主慕容儁攻滅冉閔，占領河北地區。北中國出現前燕與前秦東西對峙局面。

**三五四年，東晉穆帝　永和十年**

桓溫從荊州北伐前秦，在長安近郊失利撤退。

**三五六年，東晉穆帝　永和十二年**

趁河南地區戰亂，桓溫從荊州對河南方向進行北伐，戰果寥寥。

**三五七年，東晉穆帝　昇平元年**

苻堅奪取前秦帝位，自稱大秦天王，任命王猛主持政務。

**三五九年，東晉穆帝　昇平三年**

為了和桓溫爭功，東晉重臣謝萬（謝安之兄）從東線北伐，被前燕軍擊敗，免職為民。

**三六三年，東晉哀帝　興寧元年**

劉裕出生。其母去世。

**三六九年，東晉海西公　太和四年**

桓溫掌控東晉政權，從揚州北伐前燕，慘敗。

**三七〇年，東晉海西公　太和五年**

苻堅前秦滅前燕，基本統一北中國。

**三七三年　東晉孝武帝　寧康元年**

桓溫病死。謝安家族逐漸掌控東晉朝政。前秦攻占東晉的梁益二州（漢中與蜀地）。

**三七五年　東晉孝武帝　寧康三年**

前秦丞相王猛病死。

**三七六年　東晉孝武帝　太元元年**

前秦攻滅割據河西的張氏前涼政權。

**三七七年　東晉孝武帝　太元二年**

為應對前秦日益強大的威脅，東晉開始備戰。謝玄（謝安之侄）任兗州刺史，鎮廣陵。

**三七九年　東晉孝武帝　太元四年**

前秦攻占東晉重鎮襄陽，虜獲釋道安、習鑿齒。謝玄兼任徐州刺史，鎮京口，重點經營東線對前秦的防務。以京口城和僑徐州為基礎的「北府兵」獲得擴充壯大。

**三八三年　東晉孝武帝　太元八年**

前秦全面進攻東晉。十一月，淝水之戰，前秦慘敗。

**三八四年　東晉孝武帝　太元九年**

鮮卑宗室慕容垂背叛苻秦，在河北略地擴張。羌人姚萇起兵關中，稱秦王，史稱後秦。前秦境內陷入全面戰亂。釋道安等胡漢僧人在長安翻譯佛經。

**三八五年　東晉孝武帝　太元十年**

西燕主慕容沖占據長安。苻堅被姚萇俘獲處死。東晉將領劉牢之率北府兵到河北，與苻堅之子苻丕聯合對抗慕容垂，最終失利。釋道安去世。

**三八六年　東晉孝武帝　太元十一年**

慕容垂即位稱燕帝，史稱後燕。鮮卑拓跋珪在代北復國，創立北魏政權。慕容沖被部屬殺死，西燕鮮卑東遷并州，姚萇後秦占據長安。

**三九三年　東晉孝武帝　太元十八年**

後秦帝姚萇死，太子姚興繼位。

**三九四年　東晉孝武帝　太元十九年**

慕容垂後燕攻滅并州的西燕。

**三九五年　東晉孝武帝　太元二十年**

後燕軍遠征北魏，被殲滅於參合陂。次年後燕主慕容垂病死。

**三九七年　東晉安帝　隆安元年**

北魏拓跋珪舉國進攻後燕，占領河北。後燕主慕容寶逃奔遼西龍城。

**三九八年　東晉安帝　隆安二年**

皇叔司馬道子掌控東晉政權，引起荊州刺史殷仲堪、徐州刺史王恭不滿，兩人相約起兵進攻建康。殷仲堪為了壯大勢力，提拔了賦閒的桓玄（桓溫幼子）。王恭部下的劉牢之倒戈投奔司馬道子。

**三九九年　東晉安帝　隆安三年**

桓玄在荊州襲殺殷仲堪，獲得朝廷任命為荊州刺史。孫恩天師道軍在江南起兵，進攻會稽郡，劉牢之北府兵前往鎮壓，劉裕三十五歲，在劉牢之軍中擔任下級軍官。後燕宗室慕容德割據青州，定都廣固城，史稱南燕。法顯從後秦去往天竺。

**四〇〇年　東晉安帝　隆安四年**

孫恩天師道軍再次攻入錢塘江口，襲掠江浙沿海。劉裕等北府兵與天師道軍作戰。

**四〇一年　東晉安帝　隆安五年**

孫恩天師道軍泛海試圖進攻建康，劉裕在陸地防堵天師道軍。沮渠蒙遜占據張掖，史稱北涼。龜茲名僧鳩摩羅什抵達後秦都城長安。

**四〇二年　東晉安帝　元興元年**

桓玄從荊州起兵占領建康，劉牢之投降。桓玄控制東晉朝政，清洗北府舊將，劉牢之自殺。孫恩戰死，盧循繼續統領天師道軍。

**四〇三年　東晉安帝　元興二年**

劉裕與盧循天師道軍作戰。十二月，桓玄取代東晉，稱帝建楚。

**四〇四年　東晉安帝　元興三年**

劉裕、劉毅、何無忌等北府軍官起兵反對桓玄，攻克建康，重建東晉。桓玄西逃、敗死。盧循天師道軍泛海南下，占領廣州。

**四〇五年　東晉安帝　義熙元年**

正月，桓氏殘餘力量被劉裕軍徹底消滅。二月，譙縱自稱成都王，割據蜀地。三月，晉安帝復位。

**四〇六年　東晉安帝　義熙二年**

劉道憐、劉敬宣伐譙縱，失敗。

**四〇七年　東晉安帝　義熙三年**

匈奴赫連勃勃在陝北自稱大夏天王、大單于。在遼西，北燕取代慕容氏後燕。

**四〇九年　東晉安帝　義熙五年**

劉裕北伐南燕，兩軍臨朐會戰，晉軍擊敗南燕主力，圍攻廣固城。

**四一〇年　東晉安帝　義熙六年**

廣固城破，南燕帝慕容超被俘，南燕滅亡。盧循天師道軍從嶺南起兵，水師自湘江、贛江進入長江，東晉江州刺史何無忌戰死，豫州刺史劉毅戰敗，天師道軍進逼建康。劉裕從南燕戰場返回建康。

**四一一年　東晉安帝　義熙七年**

劉裕消滅盧循天師道軍，進占廣州。

**四一二年　東晉安帝　義熙八年**

劉毅任荊州刺史，與劉裕不和。劉裕率軍溯江奇襲荊州，攻滅劉毅。

**四一三年　東晉安帝　義熙九年**

劉裕返回建康，處死有異心的諸葛長民。劉裕部下朱齡石從荊州溯江進攻蜀地，平定譙縱割據勢力。

**四一五年　東晉安帝　義熙十一年**

荊州刺史司馬休之試圖對抗劉裕。劉裕率部奇襲荊州，司馬休之出逃後秦，劉裕女婿徐逵之戰死。

**四一六年　東晉安帝　義熙十二年**

劉裕北伐後秦，先鋒軍攻占河南地區。

**四一七年　東晉安帝　義熙十三年**

七月，晉軍攻克長安，俘獲後秦帝姚泓，後秦滅亡。十二月，劉裕返回南方。

**四一八年　東晉安帝　義熙十四年**

夏主赫連勃勃擊敗東晉駐軍，占領關中、長安。

**四二〇年　宋武帝　永初元年**

六月，劉裕稱帝，國號宋，東晉終結，南北朝開始。

**四二二年　宋武帝　永初三年**

五月　宋武帝劉裕卒，少帝劉義符即位。

**四二四年　宋文帝　元嘉元年**

劉宋重臣徐羨之、謝晦等廢黜殺死少帝劉義符，迎立荊州刺史劉義隆，是為宋文帝。

**四七九年　齊高帝　建元元年**

蕭道成建立齊朝，劉宋朝滅亡。

# 後記

這本書稿是我二〇〇九年秋寫的。當時正在寫博士論文（即《南北戰爭三百年》，已由上海人民出版社出版），劉裕的戰記，本來是博士論文裡面的一章，我就順便把它擴寫成了一本書的篇幅。

中國古代名將幾乎多如牛毛，包括很多馬背上奪天下的皇帝，劉裕的知名度算是比較低的。為什麼專門寫一本劉裕的戰史？

因為我優先考慮的不是戰爭的規模，甚至不是戰爭對後世的影響，而是戰爭的「可觀賞性」。可以用體育比賽類比一下：足球世界盃的決賽，往往不如前面的小組賽精采；兩位戰績顯赫的世界級拳王，舉行一場巔峰對決，也未必精采好看，比如當年泰森和霍利菲爾德之戰，黏黏糊糊拖泥帶水。多數人都是因為「咬耳朵」記住那次比賽的，其實即使沒發生咬耳朵事件，那場比賽也沒任何觀賞性，誰取勝也意義不大。而劉裕，就像一個陌生的新選手登場，接連放倒了幾個老拳王，甚至是比他高幾個重量級的大塊頭對手。他的戰記的魅力就在於此。

具體到劉裕當時的環境。第一，他生活在分裂時期的東晉——江南的半壁江山裡，當時人口很少，而且東晉政權對社會的控制能力很低，軍事動員能力也低，所以軍隊規模都不大。劉裕平生進行的幾次重大戰爭，多數史書都沒記載兵力數字，從其他旁證來推測（比如稍早的桓溫能夠集中的兵力），應該都在三五萬人規模，不會超過十萬人。在中國古代戰爭史裡面，這確實有點拿不出手。

第二，劉裕立足的南中國缺少戰馬，他的軍隊主力是步兵，後勤補給只能倚賴緩慢的水牛和舟船。當攻擊北方的鮮卑、羌人政權時，他面臨的困難更大，因為北方冬春季缺水，河流結冰，無法進行航運，他只能趁短暫的夏日雨季進行北伐。他的對手擁有騎兵優勢，軍隊的集結、攻防速度遠高於南軍；在戰場上，騎兵的衝擊威力遠遠超過步兵，而且可以靠四出搶掠解決補給問題。就在這種劣勢對比下，劉裕仍攻滅了鮮卑南燕、羌人後秦兩個王朝，他們的皇帝不僅沒能抵擋住劉裕遲緩的步兵部隊，甚至連逃命的機會都沒有，都被俘，然後被處死了。在火藥兵器普及以前的人類戰爭史上，步兵、騎兵相對抗時，這種戰局也許是絕無僅有。

了解了劉裕的實力缺陷，才能理解他戰略和戰術的過人之處。而且在劉裕不算長的戰爭生涯裡，有形形色色的眾多對手——除了北方政權，還有靠宗教凝聚力和水戰見長的天師道軍，有南方的割據政權甚至是王朝篡位者（桓玄），有東晉舊宗室實力派，還有漸生仇隙的同袍戰友。和這些對手的戰事往往此未落、彼已起，跌宕起伏懸念十足。就像本書「引子」裡，劉裕遠征南燕時，除了拓跋北魏、羌人後秦兩個王朝的虎視眈眈，還有天師道軍悄悄從嶺南北上，直逼都城建康，劉裕北伐軍堅城未克，又受到了後方淪陷的威脅……。

劉裕這人性格比較沉穩內向。如果說劉邦有無賴的囂張本色，李世民有刻意扮演開國雄主的舞臺感，劉裕能夠被人傳揚的言行就實在太少。即使如此，從戰爭生涯的緊張程度，從實力與戰績的「相對值」來看，劉裕戰爭生涯的精采跌宕，絕不亞於靠蒙古騎兵橫掃亞歐大陸的成吉思汗。

當然，作為歷史人物，劉裕有他不好寫的地方，除了他性格頗為內斂、缺少「舞臺感」的言行，還因為史書對他在軍政領域之外的事蹟記載太少，比如親屬和家庭生活的細節等，所以只能為劉裕寫一部「戰史」，而非一部完整的、多角度的人物傳記，他個人的生平經歷，和當時整個時代的關聯糾纏也不算太大。巧婦難為無米之炊，史書闕如的部分，我也只能留白了，因為這畢竟是一部史學作品，而非虛構文學。本書「引子」似乎有點「文學性」，但那有點虛晃一槍了，正文還是比較貼近史實，沒有什麼虛構成分。

這本戰記的另一個特點，是對魏晉時代地理、地貌的復原，希望讓讀者穿越時空、親臨其境。它也有兩個來歷。其一，戰爭與地理環境的關係最密切，戰事展開的山川地貌、季節冷暖乃至氣候的短期變化，都有可能影響戰局勝負，統帥必須考慮周全。所以戰史不同於一般的歷史作品，必須盡可能詳細地復原地理、季節、氣候因素，這就使作品更有身臨其境的「視覺效果」。除了常用史料，我還為此翻檢了史書裡的《五行志》與《災異志》，發現頗有些收穫，有對物候、環境現象的大量記載，以往學者們多不太關注《五行志》，最多是從政治文化的角度使用它，其實它的用處更多。

其二，自導致東漢解體的董卓之亂以來，文人士大夫中逐漸流行一種遊記文章「述行記」，它們多記載戰亂中的顛沛流離，沿途見到的景物、風土人情與古蹟。這些亂世行紀，很多被引入了偉大的地理志書《水經注》。劉裕時期，隨軍的幕僚文人也經常寫下行軍途中見聞，寄給後方的親友分享。它們是復原中古山川地理風貌、人文景觀的第一手素材，但這些遊記大都失傳了，只有唐宋類書裡面有零星引用。本書中劉裕軍隊占領舊都洛陽的篇章，就用了很多輯佚而來的時人書信、遊記。

軍人可以是偉大的旅行家，軍事遠征也是一種去往未知世界的遊歷（而且更刺激），我們可以隨著他們航行在「潮平兩岸闊，風正一帆懸」的浩蕩長江；可以穿越暑熱夏日裡水花四濺、濤聲如雷的三峽，感受長江在群山間奔騰的奇麗壯美；還可以進入淪為丘墟荒林的華北平原，在雪野裡感受胡馬驅馳的戰慄，直到開進新占領的古都洛陽、長安，觸摸那些殘破的周秦漢魏宏大建築，做穿越時空的懷古追思。

另外，魏晉南北朝時候的民歌，很多都保留下來了，有北方羌胡匈奴等漢譯過來的，也有華北和華南漢人的。一般北方的風格粗獷直爽，語言也俚俗；南方的婉約細膩，更多吳儂軟語。有些歌謠居然能和當時的歷史事件呼應上，因為當時的作者也喜歡大事件、愛拿著名人物當主人公，以往文史學者對這方面關注的還不太夠。像本書裡出現的幾首關於鮮卑慕容氏的歌謠，還有江南的〈丁督護歌〉，它的名字就來自劉裕的貼身衛士丁旿。這些歌謠放在《樂府詩集》裡，讀者都不太明白怎麼回事，但把它們放到當時的歷史事件裡，還原到它們的主人公身上，這些詩歌就都「活」了，導致它們產生的那些歷史場景歷歷俱在；它們的主人公也活了，從古書裡的「之乎者也」，變成了有悲喜嗔怒、有笑聲和淚水的活人，如在眼前。

薩滿教的巫師藉助咒語通神，召喚死去的先人降臨附體；詩歌，也許是古人留給後輩的通靈魔咒。

書稿剛寫出時，我請清華大學歷史系的王曉毅教授審讀過，他提了個意見：為什麼要寫那個去印度取經的法顯和尚呢？他和劉裕的戰爭好像沒什麼關係。

確實如此。不過我覺得，軍人和僧人，這兩個職業截然不同，是兩個完全相反的方向：殺戮和超度，但他們又有某種相似——往往都被忽略，或者說超越了飲食男女的正常生活，也許把他們合起來，才能看到人生和時代的全貌。而且，法顯走得更遠，他是第一個去印度並留下文字記載的中國僧人，比著名的玄奘早二百多年，他的行紀《佛國記》雖然不如玄奘的《大唐西域記》篇幅長，但更有個性化的體驗和豐富的細節。本書讀者在隨士兵們遊歷華南和中原世界之餘，也不妨隨這位僧人去看看遙遠的西域、天竺，乃至泛舟印度洋，遍歷斯里蘭卡和印尼群島，那是中國古史的另一個維度。

而且，把史書和《大藏經》裡東晉十六國時期翻譯的佛經對照，會有更驚人的發現。比如在淝水之戰後，前秦王朝崩潰，苻堅據守長安，和鮮卑、羌人對手長期鏖戰，研究魏晉史的人都知道這些。但多數人沒注意的是，《大藏經》裡的一些佛經篇章，居然就是這個時候在被圍困的長安城內翻譯的，這些自序裡稍有提及。將這兩者拼合，就是令人無比震驚的一幕：在靠吃人肉為生的長安圍城歲月裡，這群僧人居然翻譯出了一部又一部佛典……。

那會是怎樣一幅洪荒可怖，但又寧靜肅穆的場景？這個顛覆性的歷史細節，似乎還沒有史學和佛學研究者注意到。

在古書裡復原六朝山河的同時，我還想去那些昔日戰地走走看看。

劉裕軍事生涯中最有戲劇性的一幕，是四〇五年春天，他在京口城（今鎮江市）聚眾起兵，反對已經廢晉稱帝的桓玄，從京口到建康一百多華里，他的小隊伍走了三天，打了三仗，然後攻克建康（今南京市），驅逐了桓玄。這條路在長江南岸、紫金山脈北麓，魏晉隋唐時期的地理志書對它有所記載，那時山林茂密，人煙稀少，甚至有行人被虎捕食的記錄。我對那場進軍的描寫是：「他們的右邊是浩蕩奔騰的長江水，江濱綠柳如雲；左邊是綿延起伏的群山，山間雜花競放，群鳥啼鳴，花瓣伴隨著微風紛揚飄落。這支千餘人的絳紅色小隊伍，匆匆行進在遲來的江南春色之中……。」

說來沒出息，我也有點被這段文字感動了。於是在二〇一〇年的春天，我到了鎮江城，看了京口北固山，在劉裕隊伍向建康行軍的那三天時間裡，我也從鎮江走到了南京，在沿途的下蜀鎮等鄉間住宿。三天裡陰雨頗多，漫山遍野的黃色油菜花，民居都是白粉牆，黑瓦上有青苔碧綠。

一路走完，有點遺憾，因為今天的山河已經不是一千六百年前的模樣了，昔日的江流水道已經沉積成了平原，運輸礦石的大卡車在小路上隆隆駛過。漢唐時，這段長江因靠近海口，寬達四五十里，煙波浩渺如海，如今已經變窄到不足當時的十分之一。當年的石頭城臨江而立，被江水拍打沖刷，現在城下已經淤積為平地，變成了秦淮河的延伸段……今天的人口比當年增加了五六十倍，經過現代工農業的各種開發，已經看不到那個莽荒而沉靜的古中國了。我們只能止步於文字的復原再現。

我是北人，也常看些雪山大漠、高原牛馬，然後就好奇蔥蘢的南國水鄉，時而想像乘著輕舟過萬重山，漂泊天地之間，看大江流日夜，煙渚月近人。對故國、思古人，臨水登山，還有很多舊事可以書寫。

二〇〇九年秋初稿於清華園
二〇一八年夏再改於天山腳下
二〇一九年初定稿於旅次

# 關於本書體例的一點說明

本書側重敘事而非考據，但不同史書或篇卷總會存在記載的差異，要進行考辨工作，有些我在腳注中做了簡短說明，有些則只寫成了正文，因為考慮到都出注過於煩瑣，細小問題也不值得寫札記論文。如果有史學同行著文指摘商榷，我非常歡迎和感謝。

另外，涉及紀年方式，本書優先採用公元紀年，因為當時不同政權採用的年號繁多，同一年內也常改好幾次年號，不如用公元紀年便利；涉及月日，我則採用舊曆（農曆），因為今天農曆也沒有消亡，還在使用，今日的讀者很容易對照。農曆的一個好處，是可以直接確定月亮的圓缺程度，這也是復原歷史很大的便利。但這又帶來一個問題，就是農曆年和公曆年有一個多月的交錯期，比如我們過完陽曆的元旦，已經進入新年了，但按照農曆，還在舊年的年末。這就只能請讀者注意和理解了。

再現古代戰爭，地圖比較重要，譚其驤主編的《中國歷史地圖集》對古代政區有比較好的再現，但缺乏地形因素，而理解戰爭地理，只靠沒有地形的政區圖就不太夠。我讀研究生的時候，是先把《中國歷史地圖集》相關部分翻得比較熟，再參照現代的地形圖、衛星空照圖，再現古代戰爭的各種地理要素，就彌補了這個遺憾。這裡藉機介紹一點史地基本知識：現代和一兩千年前的古代相比，山川形勢基本沒變化，有變化的是兩點：一、比較低平的海岸線，會因為淤積逐漸向海中推進，主要發生在黃河匯入渤海或黃海的入海口，以及長江的入海口；二、河流在下游平原上的河道，一兩千年的歷史維度中會發生一些擺動、改道。讀者如果了解這些穩定與變化的因素，可以更好地利用現代衛星空照圖和歷史地圖，更可以自行旅行訪古，親身體會山川陵谷之恆常與滄海桑田之變遷。

最後說一點關於慕容鮮卑的相貌問題。史書偶爾提及，這些人中有些皮膚白皙，或者鬚髮呈黃色，所謂「白虜」或「黃頭鮮卑」，陳寅恪最早著文總結這個現象。恐怕有人會想像成金髮碧眼的所謂北歐人種特徵，但我覺得未必，一是因為古史對這個現象的記載並不是十分強調、突出，如果是和中國人差異太大的北歐人相貌，中國史書肯定會用更大的篇幅來描寫；二是北歐人種特徵是頭骨窄長，深目高鼻，這方面不僅史書沒記載，現在的鮮卑墓葬等考古工作也沒有發現。我在山西省有些地方遊歷時，曾見過當地人中有少數人的相貌特徵是：膚色白皙，頭髮偏淺棕色，頭形較圓，體形也多偏短粗，這可能也是中古時期部分鮮卑人的體貌特徵。十六國早期的石勒等羯胡人高鼻多鬚，但史書未寫其毛髮顏色有異，應當是來自中亞的古伊朗人，中亞人毛髮多為深色，和東亞人種差不多。所以史書裡寫了什麼和沒寫什麼，都應當做全面考慮、比對，不宜為攀「洋親戚」而故作驚人之論。

李碩

國家圖書館出版品預行編目（CIP）資料

天下懾服/李碩著. -- 初版. -- 臺北市 : 麥田出版 : 英屬蓋曼群島商家庭傳媒股份有限公司城邦分公司發行, 2022.03
320面 ; 15×21公分
ISBN 978-626-310-196-8（平裝）

1.CST: 南北朝史 2.CST: 戰史
623.4 111001787

# 天下懾服

## 從布衣寄奴到南朝第一帝，劉裕鐵血征伐、啓幕南北朝

作者　李碩
文稿編輯　何維德
責任編輯　何維民

版權　吳玲緯
行銷　吳宇軒 陳欣岑 林欣平
業務　李再星 陳紫晴 陳美燕 葉晉源
副總編輯　何維民
事業群總經理　謝至平
發行人　何飛鵬

出版　麥田出版
115台北市南港區昆陽街16號4樓
電話：(886) 2-2500-0888 傳真：(886) 2-2500-1951
發行　英屬蓋曼群島商家庭傳媒股份有限公司城邦分公司
115台北市南港區昆陽街16號8樓
書虫客服服務專線：(886) 2-2500-7718、2500-7719
24小時傳真服務：(886) 2-2500-1990、2500-1991
服務時間：週一至週五09:30-12:00，13:30-17:00
郵撥帳號：19863813 戶名：書虫股份有限公司
讀者服務信箱E-mail：service@readingclub.com.tw
麥田部落格：http://blog.pixnet.net/ryefield
麥田出版Facebook：http://www.facebook.com/RyeField.Cite/
香港發行所　城邦（香港）出版集團有限公司
香港九龍土瓜灣土瓜灣道86號順聯工業大廈6樓A室
電話：(852) 2508-6231
傳真：(852) 2578-9337
馬新發行所　城邦（馬新）出版集團【Cite (M) Sdn Bhd.】
41-3, Jalan Radin Anum, Bandar Baru Sri Petaling,
57000 Kula Lumpur, Malaysia.
電話：(603) 9056-3833
傳真：(603) 9057-6622
E-mail：service@cite.my

印刷　前進彩藝有限公司
電腦排版　黃雅藍
書封設計　陳文德

初版一刷　2022年4月　著作權所有，翻印必究（Printed in Taiwan）
初版三刷　2024年5月　本書如有缺頁、破損、裝訂錯誤，請寄回更換

定價／420元
ISBN：978-626-310-196-8

簡中版書名：《樓船鐵馬劉寄奴：南北朝啟幕戰史》
本作品中文繁體版透過成都天鳶文化傳播有限公司代理，由傳世活字（北京）文化有限公司授予城邦文化事業股份有限公司麥田出版事業部獨家出版發行，非經書面同意，不得以任何形式任意複製轉載。